U0637970

中国社会科学院重大课题
国家"十五"重点出版项目

列国志

GUIDE TO THE WORLD STATES

中国社会科学院《列国志》编辑委员会

中非 乍得

◉
汪勤梅 编著

社会科学文献出版社
SOCIAL SCIENCES ACADEMIC PRESS (CHINA)

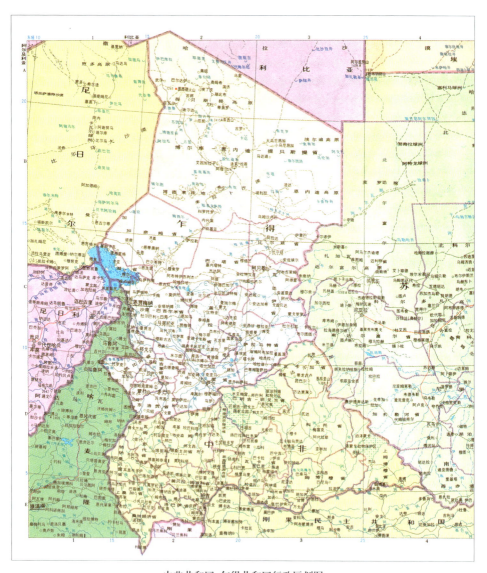

中非共和国 乍得共和国行政区划图

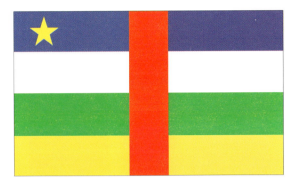

中非共和国国旗

中非共和国国徽

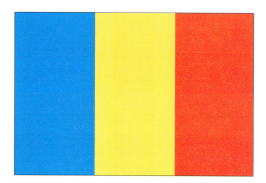

乍得共和国国旗

乍得共和国国徽

中非首都班吉市区的火焰树
（编著者供稿）

班吉市友谊医院门诊楼，该医
院于1987年由中国政府援建
（编著者供稿）

大型中非文化交流活动开幕式晚会在深圳世界之窗举行，中国和来自非洲中部国家的演员们
在开幕式晚会上集体亮相（2008年10月23日，新华社供稿）

乍得贝塔尼孤儿院一角 (2008年4月，新华社供稿)

流经乍得首都恩贾梅纳附近沙漠的沙里河 (2008年4月，新华社供稿)

中非奥运代表团在第29届夏季奥运
会开幕式上入场
（2008年8月8日，北京"鸟巢"，
新华社记者刘大伟摄）

中非奥运代表团在北京奥运村举行升旗仪
式时与其值班村长陈健（前排左四）合影
（2008年8月6日，北京"鸟巢"，新华社
记者徐昱摄）

乍得奥运代表团在北京奥运村举行升旗仪式时合影
(2008年8月9日，新华社记者李紫恒摄)

乍得奥运代表团在第29届夏季奥运会开幕式上入场
(2008年8月8日，北京"鸟巢"，新华社记者郭大岳摄)

前　言

　　自 1840 年前后中国被迫开关、步入世界以来，对外国舆地政情的了解即应时而起。还在第一次鸦片战争期间，受林则徐之托，1842 年魏源编辑刊刻了近代中国首部介绍当时世界主要国家舆地政情的大型志书《海国图志》。林、魏之目的是为长期生活在闭关锁国之中、对外部世界知之甚少的国人"睁眼看世界"，提供一部基本的参考资料，尤其是让当时中国的各级统治者知道"天朝上国"之外的天地，学习西方的科学技术，"师夷之长技以制夷"。这部著作，在当时乃至其后相当长一段时间内，产生过巨大影响，对国人了解外部世界起到了积极的作用。

　　自那时起中国认识世界、融入世界的步伐就再也没有停止过。中华人民共和国成立以后，尤其是 1978 年改革开放以来，中国更以主动的自信自强的积极姿态，加速融入世界的步伐。与之相适应，不同时期先后出版过相当数量的不同层次的有关国际问题、列国政情、异域风俗等方面的著作，数量之多，可谓汗牛充栋。它们

对时人了解外部世界起到了积极的作用。

当今世界，资本与现代科技正以前所未有的速度与广度在国际间流动和传播，"全球化"浪潮席卷世界各地，极大地影响着世界历史进程，对中国的发展也产生极其深刻的影响。面临不同以往的"大变局"，中国已经并将继续以更开放的姿态、更快的步伐全面步入世界，迎接时代的挑战。不同的是，我们所面临的已不是林则徐、魏源时代要不要"睁眼看世界"、要不要"开放"问题，而是在新的历史条件下，在新的世界发展大势下，如何更好地步入世界，如何在融入世界的进程中更好地维护民族国家的主权与独立，积极参与国际事务，为维护世界和平，促进世界与人类共同发展做出贡献。这就要求我们对外部世界有比以往更深切、全面的了解，我们只有更全面、更深入地了解世界，才能在更高的层次上融入世界，也才能在融入世界的进程中不迷失方向，保持自我。

与此时代要求相比，已有的种种有关介绍、论述各国史地政情的著述，无论就规模还是内容来看，已远远不能适应我们了解外部世界的要求。人们期盼有更新、更系统、更权威的著作问世。

中国社会科学院作为国家哲学社会科学的最高研究机构和国际问题综合研究中心，有 11 个专门研究国际问题和外国问题的研究所，学科门类齐全，研究力量雄厚，有能力也有责任担当这一重任。早在 20 世纪 90 年代初，中国社会科学院的领导和中国社会科学出版社就提出编撰"简明国际百科全书"的设想。1993 年 3 月 11 日，时任中国社会科学院院长的胡绳先生在科研局的一份报告上批示："我想，国际片各所可考虑出一套列国志，体例类似几年前出的《简明中国百科全书》，以一国（美、日、英、法等）或几个国家（北欧各国、印支各国）为一册，请考虑可行否。"

中国社会科学院科研局根据胡绳院长的批示，在调查研究的基础上，于 1994 年 2 月 28 日发出《关于编纂〈简明国际百科全书〉和〈列国志〉立项的通报》。《列国志》和《简明国际百科全书》一起被列为中国社会科学院重点项目。按照当时的计划，首先编写《简明国际百科全书》，待这一项目完成后，再着手编写《列国志》。

1998 年，率先完成《简明国际百科全书》有关卷编写任务的研究所开始了《列国志》的编写工作。随后，其他研究所也陆续启动这一项目。为了保证《列国志》这套大型丛书的高质量，科研局和社会科学文献出版社于 1999 年 1 月 27 日召开国际学科片各研究所及世界历史研究所负责人会议，讨论了这套大型丛书的编写大纲及基本要求。根据会议精神，科研局随后印发了《关于〈列国志〉编写工作有关事项的通知》，陆续为启动项目

拨付研究经费。

　　为了加强对《列国志》项目编撰出版工作的组织协调，根据时任中国社会科学院院长的李铁映同志的提议，2002 年 8 月，成立了由分管国际学科片的陈佳贵副院长为主任的《列国志》编辑委员会。编委会成员包括国际片各研究所、科研局、研究生院及社会科学文献出版社等部门的主要领导及有关同志。科研局和社会科学文献出版社组成《列国志》项目工作组，社会科学文献出版社成立了《列国志》工作室。同年，《列国志》项目被批准为中国社会科学院重大课题，国家新闻出版总署将《列国志》项目列入国家重点图书出版计划。

　　在《列国志》编辑委员会的领导下，《列国志》各承担单位尤其是各位学者加快了编撰进度。作为一项大型研究项目和大型丛书，编委会对《列国志》提出的基本要求是：资料翔实、准确、最新，文笔流畅，学术性和可读性兼备。《列国志》之所以强调学术性，是因为这套丛书不是一般的"手册"、"概览"，而是在尽可能吸收前人成果的基础上，体现专家学者们的研究所得和个人见解。正因为如此，《列国志》在强调基本要求的同时，本着文责自负的原则，没有对各卷的具体内容及学术观点强行统一。应当指出，参加这一浩繁工程的，除了中国社会科学院的专业科研人员以外，还有院外的一些在该领域颇有研究的专家学者。

　　现在凝聚着数百位专家学者心血、约计 200 卷的《列国志》丛书，将陆续出版与广大读者见面。我们希望这样一套大型丛书，能为各级干部了解、认识当代世界各国及主要国际组织的情况，了解世界发展趋势，把握时代发展脉络，提供有益的帮助；希望它能成为我国外交外事工作者、国际经贸企业及日渐增多的广大出国公民和旅游者走向世界的忠实"向导"，引领其步入更广阔的世界；希望它在帮助中国人民认识世界的同时，也能够架起世界各国人民认识中国的一座"桥梁"，一座中国走向世界、世界走向中国的"桥梁"。

《列国志》编辑委员会

2003 年 6 月

CONTENTS

目　录

CONTENTS

目 录

CONTENTS

目 录

CONTENTS
目　录

CONTENTS

目　录

CONTENTS

目　录

CONTENTS

目 录

CONTENTS

目 录

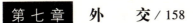

CONTENTS
目 录

乍得（Chad）

CONTENTS
目　录

CONTENTS

目　录

CONTENTS

目　录

CONTENTS
目 录

CONTENTS

目 录

CONTENTS

目　录

CONTENTS

目 录

CONTENTS
目　录

自　序

一

　　中非共和国（简称中非）与乍得共和国（简称乍得）是非洲的两个国家。两国有许多共同点：第一，两国在地理上均位于非洲的中部地区，中非在北纬 2°16′~11°20′，东经 14°21′~27°25′之间；乍得在北纬 7°~24°，东经 13°~24°之间。第二，两国互为非洲内陆的相邻国家。第三，两国都有比较丰富的资源：中非盛产钻石和木材，均闻名于世；乍得已成为石油出口国，而且是一个潜在的石油生产大国。第四，两国目前均是世界上最贫困的国家之一。

　　除上述以外，中非和乍得在历史上和政治上，也有如下四个共同之处。

（一）两国的民族都有着悠久的历史

　　考古学家和历史学家在中非岩洞里发现大量人类的遗物，初步证实，在史前时期，中非地区已居住着当地的土著民族，原始班吉人是在公元前 2500 年以后，从上贝努埃迁移到现在的中非地区。考古学家已在中非地区发现相当丰富的新旧石器时代的各种不同文化时期的遗物。可以断言，在最古的时代，中非地区人口相当稠密。桑加和姆贝雷—洛巴耶—乌班吉轴线地区，宽果—

瓦卡和整个邦古—科托地区，都曾经是史前的交通要道。

乍得境内很早就有人类居住，乍得北方的拉若，在该地西南方偏西 200 公里处，发现了人的头盖骨碎片。1962 年，考古工作者曾在乍得的科罗托罗挖掘出了 150 万年前南方古猿部分头骨。一系列的发现，说明远古时代曾有人在这一带生活过。在乍得北部的提贝斯提高原和恩内迪高原等地，又发现了切削过的石块、雕琢在岩石上的壁画和赤陶器皿。考察发现，远在 6000 年前，已有人在此狩猎。法国普瓦蒂埃大学古生物学教授米歇尔·贝鲁内领导的法国 – 乍得联合考古队，从 1993 年起在乍得沙漠考古。1995 年，考古学家贝鲁内教授，在乍得的艾比勒发现了 350 万年前的人类化石。2001年 7 月 18 日，考古队发现有一块头盖骨化石，还有三颗牙齿，两块颌骨化石。贝鲁内教授和十多个国家的考古学家对化石经过几个月的认真分析、研究，确认它是 700 万年前的人类化石，认为这是自古迄今人类最古老的头骨化石，并从最新的考古资料证实，乍得很可能是人类又一个发源地之一。

（二） 两国都曾经是法国的殖民地

乍得和中非两国均被法国人入侵和征服过，相继成为法国的殖民地，两国人民经过长期英勇的反对法国殖民统治的斗争，终于赢得了独立。

（三） 独立后，两国仍受法国控制，与法国仍保持着密切关系，其政局都长期动荡

两国独立后，不仅在政治、经济、文化等方面继续受到法国的严格控制，与法国关系仍然密切。而且由于两国的国内部族、党派和各种势力的矛盾斗争，长期冲突不停，政局动荡不安。近年来，两国局势趋向相对稳定，但是 2006 年 5 月，乍得还曾有反政府武装进攻首都。

（四）两国同中国的外交关系都经历了建交—断交—复交等过程，如今双边关系日益发展

中非、乍得两国同中国的关系由于多种因素影响，特别是台湾的所谓"金钱外交"，使两国先后曾与中国中止外交关系。在正义与邪恶的较量中，正义终于战胜邪恶，中非共和国和乍得共和国最终先后又同中国恢复外交关系，而且双边关系日益发展。

二

笔者在编著中非和乍得两国志书的过程中，有几点体会可与读者分享。

（一）应以平等的态度尊重和维护非洲国家及人民的利益

笔者多年从事非洲国家研究工作，深深体会到：非洲各国人民都有着强烈的维护国家独立的民族意识和民族自尊心，世界上的每一个大国都应该以平等的态度尊重他们。在全球化的大世界中谁也离不开谁，各国之间，特别是各大国与非洲国家之间，一定要真诚、热情地相互帮助，努力实现互利共赢，以实现共同发展的目的。我们千万不要轻易对某一位领导人领导的政府或一个国家下结论，如某某是"亲法"的或"亲美"的等。中非和乍得两国的领导人过去和现在均曾不同程度地坚持反帝、反殖、反霸、反对种族主义、反对强权政治，为了维护国家主权、民族尊严和发展中国家的利益（如反对美国发动伊拉克战争等），两国都曾在外交上对西方大国采取过强硬的立场，等等。

（二）研究非洲国家，要做到三个"切记"，一定要依其实际情况进行分析研究

在研究发展中国家的政治、经济、文化等方面的情况和问题时，一定要努力做到三个"切记"：即切忌从一般概念出发；切忌从西方观察发展中国家的观点出发；切忌以道听途说为依据。更不宜跟在西方的学者后面人云亦云。人们往往仅从总体上、宏观上或一般概念来观察中非和乍得，而且由于两国时有战乱，从而得出中非和乍得的经济必然是落后的和不发达的，甚至是倒退的今不如昔的结论。但是，这两个国家局势的动荡与卢旺达等国不同，这两国的战乱和冲突并不是遍地开花，而动乱一般局限于首都和部分城镇，对农村不可否认会有一定程度的破坏和影响，但是有限（据笔者长期观察，这是不少非洲国家动乱的特点之一）。

（三）应以发展和辩证的眼光看待中非、乍得的政府及其国家的经济状况

非洲众多国家的历届政府为了巩固和稳定政权，对发展经济和生产还是作了一定的努力，如果对中非、乍得两国独立 40 余年来的农、牧、林业进行全面系统的考察，就会发现两国的农、牧业均有了一定程度的发展，而且有的作物成数十倍的发展（这也是笔者在本书中坚持将联合国粮农组织的相关资料，十分详细地列表介绍的主要原因）。

以中非共和国为例，其畜牧业（包括牛、绵羊、山羊、猪和家禽等）比法国统治时期有了大幅度的增长，独立之后有起伏地增长达几倍乃至数十倍。如中非独立初的 1961 年，牛年产量 40.3 万头，在 20 世纪 60 年代的 10 年中，牛的存栏数稳步上升，1970 年达 68 万余头，比独立时增长 50% 以上。70 ~ 80 年

代，牛存栏数基本呈增长趋势，1977 年突破 100 万头大关，1983 年又迈上一个新台阶，超出 200 万头达到 212 万余头，20 世纪的最后两年和 21 世纪最初两年，牛的存栏数均在 300 万头以上，1999～2002 年，其存栏数分别为 306 万头、312 万头、320 万头和 327 万头。

1961～1970 年，羊（包括绵羊和山羊）的存栏数从 50 万头增至 62 万头，1979 年超过百万头。1994 年和 2002 年，羊的存栏数分别在 200 万头和 300 万头以上。2003 年和 2004 年达到 330 万余头。

猪和家禽：猪的存栏数，1961 年仅两万头，40 多年增长了近 37 倍，2002 年达 73 万余头。家禽生产，1961 年仅 76 万只，到 2002 年增到 458 万只，增产 6 倍多。

人们有理由相信，随着中非和乍得政局的日趋平稳，如果经济发展政策更为符合国情，两国的经济发展指日可待。

三

关于中非共和国志和乍得共和国志的编著工作，时至今日，才完稿。首先，从主观上讲，是个人过去在机关办事，写作的要求是短而明的文章为主，缺乏长篇写作的修养。其次，在编著过程中三次大病住医院，分散了精力，耽误了不少时间。再次，就客观而言，中非和乍得是非洲的两个小国，资料较少，收集整理难度较大。因此，错误和遗漏之处定会存在，诚恳欢迎各位专家和各界读者批评并指正。

在此，我要特别感谢中国社会科学院西亚非洲研究所课题组主持人温伯友同志对笔者的关怀、体谅和支持，并对其初稿进行最后审定；感谢外交部原图书资料室的郭延德同志，为笔者查找和收集了大量有关资料；还要感谢外交部非洲司领导同志的支持，尤其是非洲司主管中非和乍得两国的朱京副处长，他在百忙中对中非和乍得两国志书初稿进行认真审核，并提出了宝贵的修改意见。笔者还对中国支援中非医疗队深表谢意，为我提供了第一手资料——《中非共和国卫生医疗基本情况》，这是一部非常珍贵的参考资料，对笔者完成书稿帮助很大。

另外，对本书进行审读鉴定的两位专家——原中国社会科学院西亚非洲研究所副所长、原中国非洲问题研究会会长陈公元同志，原中国驻中非共和国大使崔永乾同志，两位对书稿十分认真地审核，提出修改意见，使我受益匪浅，深受感动；在本书稿交出版社之后，我又一次住院手术，不能修改文稿和阅读校样，只好委托出版社全权处理书稿。社会科学文献出版社赵慧芝编审花费很大精力，对书稿进行细心调整、修改，查找资料，核实、订正相关内容，反复审对校样、处理图表，进一步提高了书稿的质量；西亚非洲研究所姚桂梅研究员在百忙中帮助复核一些数据，特此一并致谢。

最后，还要感谢我的家人对我在编著过程中的大力支持和帮助。

在编著过程中，值得个人欣慰的两点：一是在拙著中尽可能地为读者提供最新的参考资料，包括 2007 年的中非和乍得的资料。二是从编著过程中，笔者获得了如何较客观地认识中非、乍得和非洲多数国家的问题，尤其是非洲一些国家经济发展缓慢和落后的原因，可以与读者分享其收获。

汪勤梅

2007 年 10 月于北京

中　非
（Central Africa）

列国志

第一章

国土与人民

第一节　自然地理

一　地理位置

中非共和国（简称中非）地处非洲的中心地带，面积
622984 平方公里。边界总长为 5203 公里。与五个国
家相邻，东北与苏丹接壤，两国边界约 998 公里；西边同喀麦隆
相接，与喀麦隆之间的边界穿过巴亚人地区约 700 公里；南边和
刚果（金）及刚果（布）为邻，以姆博穆河和乌班吉河与刚果
（金）为界，边界长约 1062 公里；在西南边与刚果（布）的边
界长约 402 公里，绵亘于多雨和人口稀少的森林地带；北界乍
得，一条长 1046 公里的边界把中非和乍得分开。中非在两个盆
地之间，北部是乍得盆地，南部为刚果（布）盆地。中非共和
国位于北纬 2°16′~11°20′，东经 14°21′~27°25′之间。如果以长
3300 公里的距离为半径，以中非的首都班吉为圆心，画一个圆
周，非洲的四个极点均包括在其中（即最东为索马里的哈丰角、
最南为南非的厄加勒斯角、最西为塞内加尔的佛得角、最北为突
尼斯的吉兰角，都在圆周的附近），中非也因之而得名。

二 行政区划

在 20 世纪 60 年代中期，中非全国原来划分为 12 个省。之后，全国行政体制重新划分为四级。中央政府之下设 16 个省和一个直辖市（首都班吉）；省下设 53 个县；县下设行政检查站（Poste de Controle Administratif），自治镇、半自治镇。

现在全国划分为 16 个省、1 个直辖市（首都班吉），省以下设 69 个县，另设 11 个行政检查站（Poste de Controle Administratif）。

中非各省名称、人口、面积、首府等简况，详见表 1-1。

表 1-1　中非各省简况

单位：人，平方公里

省　名 （Prefecture）	人　口 （1988 年统计）	人　口 （2003 年统计）	面　积	首　府
巴明吉－班戈兰 （Bamingui-Bangoran）	28643	69800	58200	恩代莱 （Ndélé）
下科托 （Basse-Kotto）	194750	288800	17604	莫巴伊 （Mobaye）
上姆博穆 （Haut-Mbomou）	27113	87200	55530	奥博 （Obo）
上科托 （Haute-Kotto）	58838	40200	86650	布里亚 （Bria）
凯莫 （Kemo）	82884	122900	17204	锡布 （Sibut）
洛巴伊 （Lobaye）	169554	251400	19235	姆拜基 （Mbaïki）
曼贝雷－卡代 （Mambéré-Kadéï）	230364	341600	30203	贝贝拉蒂 （Berbérati）

续表 1-1

省 名 （Prefecture）	人 口 （1988 年统计）	人 口 （2003 年统计）	面 积	首 府
姆博穆 （Mbomou）	119252	176800	61150	班加苏 （Bangassou）
纳纳-格里比齐 （Nana-Gribizi）	95497	141600	19996	卡加班多罗 （Kaga-Bandoro）
纳纳-曼贝雷 （Nana-Mambéré）	191970	284700	26600	布阿尔 （Bouar）
翁贝拉-姆波科 （Ombella-M'poko）	180857	268200	31835	博阿利 （Boali）
瓦卡 （Ouaka）	208332	308900	49900	班巴里 （Bambari）
瓦姆 （Ouham）	262950	389900	50250	博桑戈阿 （Bossangoa）
瓦姆-彭代 （Ouham-Pendé）	287653	426500	32100	博祖姆 （Bozoum）
桑加-姆巴埃雷 （Sangha-Mbaéré）	65961	97800	19412	诺拉 （Nola）
瓦卡加 （Vakaga）	32118	47600	46500	比劳 （Birao）
班吉直辖市 （Bangui）	451690		67	班吉 （Bangui）
中非共和国 **（Central Africa）**	2688426	3986400	622436	**班吉**（首都） （Bangui）

　　首都　班吉，海拔 387 米，2005 年人口 62.27 万，最炎热的月份是每年的 2 月，气温 21～34 度，最凉爽的月份是 7～8 月，气温 21～29 度；班吉是全国最大的政治、经济、文化中心。

主要城市 除首都班吉外，还有班巴里（班吉东），贝贝腊蒂（班吉西）等。

三　地形特点

非共和国领土的自然特征是一片巨大的侵蚀平原，全境大部分为海拔 700～1000 米的高原，东西两部分高，中间低，并向南北两侧倾斜。中非的高原大体可分为以下三个部分。

（一）西部耶德高原

该高原海拔 800～900 米，山地被河流切割，多深谷和峻峭山脊，是喀麦隆阿达马瓦高原的东延。

（二）中部脊部高地

中部脊部高地平均海拔 500～600 米，多隘口，东西横亘500 余公里，是南北交通要道。南坡多起伏，陡落于乌班吉河谷地；北坡缓降至沙里河上游平原。

（三）东部邦戈斯高原

该高原平均海拔 1000 米左右，是苏丹阿赞德高原的西延。东北边境的恩加亚山，海拔 1388 米，是全国的最高点。南侧平缓，北侧高峻。南为刚果盆地北缘，西为耶德高原，北为乍得盆地的一部分，约占中非领土的 1/3。

四　河流与湖泊

非共和国河流纵横交错，占有刚果河和乍得湖两大水系的分水岭地带。其境内河流较多，较大的有 20 多条，属内陆水系。水源多起于西部加乌山脉的亚德岭，大部分河流都可以通航。主要河流有南部边境上的乌班吉河。乌班吉河水系各支流流经中非的西南、南部和东南部，它的中游河段多险滩急流和瀑布，连同其一系列南北向山地支流，形成一条著名的瀑布线，水力资源相当丰富。北部的沙里河，它向西北流入乍得湖，是一条内陆大河，众多的支流在北部平原组成稠密的水网，便于灌溉。土地比较肥沃，具有沙质冲积土的地带，是中非共和国的重要农业区。

此外，还有阿乌克河、姆博穆河、上洛果尼河和桑加河及其支流等，这些河流形成了一个密布的河流网。这里简介几条主要河流和乌班吉河水利工程。

（一）乌班吉河

中非的乌班吉河和班吉市，均因著名的经商部族——布班吉人而得名。乌班吉河是一条大河，是刚果河最大的支流，在班吉以上水力资源丰富，班吉以下全年通航，总长 1160 公里，水量充足，乍得湖 85% 的湖水来自这条河流。乌班吉河从姆博穆河口西流 499 公里，然后在班吉突然改变方向，又南下流经大约700 公里，将一股巨量的河水注入刚果河。其全部流域广达 37 万多平方公里。乌班吉河被一些急流分隔成许多可航行的区段，从班吉急流到亚科马之间的地区是古代非洲最重要的通商大道之一。自 16 世纪以来，布班吉人一向就是通过这条大道同非洲东北部的古国——努比亚人交往的。

（二）姆博穆河

这是中非与刚果（金）两国的界河，长 750 公里，发源于距苏丹境内加扎勒河的一条支流源头约 80 公里的地方。此河是乌班吉河的支流，迂回曲折，宣泄不畅。雨季时，在班吉以每秒约 934.46 立方米（3.3 万多立方英尺）的速度奔流，它在一个巨大的和面积经常变化的半湖沼地区中倾泻入刚果河，下泻与桑加河相遇。姆博穆河流域的大部分支流，如瓦拉河、信科河和姆巴里河均相当长。科托河，其流域范围同姆博穆河差不多大。科托河以前曾经是苏丹的达尔富尔省和刚果河之间的主要通道，位于乌班吉河右岸，介于科托河口和巴耶河之间的另一些支流，如

7

宽果－瓦卡河、克莫河、翁贝拉河和姆波科河等是中非内陆航运的重要组成部分。

（三）韦累河

该河是乌班吉河的上游，长 1149 公里，其发源地紧靠尼罗河上游盆地。

（四）洛巴耶河

发源于亚德丛山，在班吉以下注入乌班吉河。洛巴耶河是中非西部的主要河流。

（五）桑加河

卡代河和贝雷河在诺拉会合后称桑加河；贝雷河也发源于亚德丛山。桑加河流至刚果（布）的北方韦索并在此与南喀麦隆的贾－恩戈科河相汇合。桑加河长 1287 公里，曾是刚果盆地和北方的一些穆斯林王国进行贩运柯拉（可作补药）和象牙的商道。在这些大河上所有可以通航的港湾，都有巨大的独木舟航行，有些独木舟可载 200 多人。

（六）沙里河

沙里河是乍得湖水系的大河，上游是巴亚河，在国境北部，多支流，组成稠密的水网，有利于农田灌溉。下流至乍得境内的为萨拉河、奥克河，是沙里河右岸的支流，也是中非共和国东北边界的界河，发源于达尔富尔山脉。

（七）乍得湖流域国家筹建乌班吉河水坝

为合理地利用和协调水利资源，沿乍得湖有关国家（包括中非共和国）组成乍得湖流域委员会。2001 年 3 月 29 日，在第 48 次部长级会议上，决定在流经中非共和国的乌班吉河上游修建一座大坝，以早日实现乌班吉河水北调乍得湖计划。修建这座水坝可以调节乌班吉河下游水量，使刚果（布）首都布拉柴维尔、刚果（金）首都金沙萨和中非首都班吉之间的水运常年畅通，并有利于将乌班吉河水输送到日益干枯的乍得湖，同时还能蓄水发电，改善中非、苏丹等国的供电状况。

为了更有效地将乌班吉河水调往乍得湖，会议还决定在乌班吉河至沙里河之间以及沙里河至贝努埃河之间各挖一条运河，促进中非、乍得、喀麦隆、刚果（布）、刚果（金）、苏丹等沿河国家的经济发展。

五 气候

中非共和国地处北回归线（北纬 23°26′）之内的纬度带，即北纬 2°16′ ~ 11°20′之间，是太阳直射点在一年中的往返地带，属热带型气候。北部湿润，南部靠近赤道，2月份最热，气温为摄氏 21 ~ 34 度；7 ~ 8 月份最冷，气温为摄氏 21 ~ 20 度，平均气温为摄氏 23 ~ 26 度。12 月份最干，7 月份雨量最大。大部分属热带草原气候，全年雨季和旱季分明。5 ~ 10月西南风盛行时为雨季；11 月到次年 4 月东北信风劲吹时为旱季。南方与北方气候有别，南部向赤道雨林气候过渡，属热带雨林气候，终年湿润，年平均温度在摄氏 26 度左右。高原地区平均为摄氏 25 度左右，年降雨量从北部的 1000 毫米向南部递增到1600 毫米。

中非全国分成以下三个不同的气候区。

（一）萨赫勒 – 苏丹型气候

在北纬 9°以上地带，即最南达到西南部的诺拉，最北在不超过东北部的比劳地区，气候属萨赫勒 – 苏丹型。每年的 11 月至次年的 4 月为旱季，4、5 月份平均温度达摄氏 30 度。年降雨量平均保持在 76 厘米左右。

（二）苏丹 – 几内亚型气候

即在北纬 5° ~ 9°的地区。中非领土的大部分即在此地区，气候比较潮湿。每年的 11 月至次年的 3 月为旱季，降雨量不足5 厘米，由于是海拔较高的原因，除乌班吉河流域外，其温度均较温和，晚上有时很凉爽，清早常常有雾。在全国的中心点邦巴里，12 月份的最低和最高温度分别为摄氏 10 度和 33 度，有时在几小时内下倾盆大雨，年降雨量约 137～157 厘米。

（三）赤道型气候

在北纬 5°以南，即是森林茂密的地区。这里常年大雨，旱季时间较短，只有 3 个月或不足 3 个月，这个地区潮湿度很大，在班吉和靠近北纬 4°的贝贝拉蒂，年降雨量一般在 167 厘米左右，雨季气温不太高。在班吉，年平均温度为摄氏 25 度，2～3 月份的最高温度在摄氏 33 度左右。赤道型气候带的北部是最潮湿的地方，1940 年，邦加高苏的降雨量曾达到 208 厘米的最高纪录。中非首都班吉整年都有丰富的阳光，平均每年的日照时间为 2100 小时，北部地区的日照时间更长。

第二节　自然资源

一　矿物

非共和国的矿藏资源丰富。矿业有钻石，东部还有铀，其储量约两万吨，20 世纪 70 年代瑞士与法国联合开采，1973 年的年产量约 500 吨；黄金，主要从河流冲积矿层中开采；铁矿，离班吉 100 多公里的布果县发现铁矿，含铁量达 68%，中非蕴藏铁矿资源约 350 万吨；石灰石，储量 800 万吨；还有镍、铜、锰、锡、汞、铬等矿藏；北部地区发现有丰富的石油资源。目前除钻石、黄金、铀外，其他资源多未开采。

（一）钻石

中非的钻石蕴藏地域广泛，在全国一半以上的地区都蕴藏着钻石，主要产地在西部的诺拉地区。中非的钻石品质高，其中首饰钻石占总产量的一半左右，80％由法国出资开采，法国、瑞士和中非三家公司获得开采权。独立后，钻石产量有较大的增长。1961 年，年产钻石 11 万克拉，1968 年产量创历史新高，近 61 万克拉。1969 年产量开始下降，为 53.5 万克拉。1970 年降为 48.2 万克拉。

　　20 世纪 80 年代初，中非共有 14 家钻石公司，其中，外资占 82％以上。1980 年和 1984 年的钻石产量进一步降为 34 万和 33 万余克拉。20 世纪末产量又有一定的回升，年产上升到 41 ~ 47 万克拉，比独立初的产量增长三倍多。

　　中非的钻石生产仍旧以手工操作为主。1997 ~ 2000 年，中非钻石年产量如表 1 - 2 所示。

表 1 - 2　1997 ~ 2000 年中非钻石产量

单位：万克拉

年　份	1997	1998	1999	2000
钻石产量	47.3	41.9	43.1	44.2

（二）黄金

　　中非独立前，1957 年、1958 年黄金年产量分别为 19 公斤和 27 公斤。独立初产量也相当低。20 世纪 80 年代的年产量除 1983 年低于 100 公斤外，一般产量约为 200 公斤左右。1984 年为 261 公斤，这是中非黄金少有的高产年。90 年代前期年产量如表 1 - 3 所示。

表 1 - 3　1990 ~ 1993 年中非黄金产量

单位：公斤

年　份	1990	1991	1992	1993
黄金产量	226.6	192.1	154.6	175.3

为了加强矿产资源的生产和管理，中非政府于 2003 年召开了全国矿业工作会议，中非共和国总统博齐泽在开幕式上强调，中非共和国政府将严格遵守"金伯利进程国际证书"制度。中非政府将对国内矿产行业进行整顿，并将采取切实可行的办法遏制私运钻石出国等违法活动，打击钻石的非法交易。

二　植物

非森林面积 10.2 万平方公里，约占全国面积的 16%，可开采面积 2.8 万平方公里。有商业采伐价值的森林为 1.2 万余平方公里。专家们认为中非森林是世界上最珍贵的森林之一，集中了一些稀有品种，盛产热带名贵木材。木材储量约 9000 万立方米。

（一）中非的植物分布

中非的植物分布与气候地带相适应，大体可分为如下三个地区。

1. 南部地区

中非南部蜿蜒着巨大的原始森林。境内森林稠密，炎热潮湿，属于热带型气候。森林占南部面积的 20% 强，一直延伸到贝贝拉蒂和首都班吉附近的郊区。

2. 东部地区

在邦加苏和泽米澳之间，森林镶饰在姆博穆河的右岸，沿河形成一条条林带。

3. 北部地区

中非北方各地区也有成片的森林，由于离运输港口太远，交通不便，几乎极少开采。这一带附近，特别有利于咖啡树、橡胶、可可树、柯拉树、胡椒树、棕榈树、阿拉伯树胶和一些粮食作物的生长。此外，还有五彩缤纷的各种花卉植物。

（二）中非的木材产量及出口

1. 圆木产量

中非共和国建国最初 5 年圆木生产逐年稳步增长，1961 年和 1962 年圆木年产分别为 177 万多立方米和 182 万多立方米，1963～1965 年，其产量分别是 185 万、190 万和 198 万立方米。10 年后，1971～1973 年比独立初产量增长 50% 左右。20 世纪 80～90 年代的 20 年间，年产量均在 300 万立方米以上，80 年代中期产量比 1961 年增长约翻了 1 番，如 1987 年达 344.5 万立方米。90 年代的头三年，圆木产量保持在 370 万立方米左右。1992 年达到历史最高水平，产量为 373 余万立方米。到 21 世纪前三年产量呈下降态势，2001～2003 年，其分别为 305 万、297 万、282 万立方米。

2. 圆木出口情况

木材出口是中非共和国主要创汇来源之一。根据粮农组织 2005 年 8 月资料，中非独立时，即 1961 年的年出口圆木量仅 11200 立方米。1962 年上升至 17500 立方米。70 年代的前三年圆木出口增长约 10 倍左右。1971～1973 年，年出口量分别为 10.1 万、10.9 万和 15 万余立方米。1981 年为 12 万多立方米，此后圆木产量波浪式下滑，1991 年仅为 1.6 万立方米，几乎倒退至独立初的水平。

21 世纪初前后，出口创历史最高纪录，2000 年为 25 万立方米，2001 年、2002 年分别为 31 万和 33 万多立方米。2003 年和 2004 年均降为 25 万多立方米。

三　动物

中非共和国动物资源十分丰富，仅面积 900 平方公里以上的国家公园、动物保护区和狩猎区等就有 10 个。最大的巴明吉－班戈兰国家公园，面积达 1 万多平方公里。中非动物有成群的狮、虎、豹、猩猩、狒狒和各种猿猴类动物，还有大蟒蛇和鳄鱼等爬行动物。北部和东部有较多的大象、犀牛等野生动物资源。还有各种珍奇的鸟类。

第三节　居民与宗教

一　人口

历史上许多地区的部族，为逃避殖民主义的抢掠和奴隶买卖而来到中非地区。中非是个地广人稀的国家，平均每平方公里只居住 4.7 人。

中非共和国在独立之前，1952 年中非地区人口有 109 万人。独立初，1962 年底人口为 128 万人。1965 年人口超出 200 万，达 208 万人，比 1952 年增长近 1 倍。1998 年全国有 367 万人，2002 年全国人口增至 380 万人，比 1962 年增长近 3 倍。据 2005 年《世界银行发展报告》资料，2003 年中非人口为 390 万人，每平方公里 6 人，1990～2003 年，人口年均增长率为 2.1%，60% 的人口集中在北部地区和乌班吉河沿岸一带。随着社会经济的发展，2000 年城市人口增至 39.3%，农业人口占全国人口的 60% 以上。

中非人口年出生率为 47‰，死亡率为 190‰。巴亚和班达两大部族的人口占全国人口的 35%。班达族人分布最广，主要分布在中部和东部地区；巴亚族分布在西部地区；泰戈族占 10%，主要居住在乌班吉河一带；还有善于经商的布班吉人等。

中非人口预期寿命：女性为 47 岁，男性 43 岁。儿童死亡率为 115‰，比 1965 年下降了 90%。平均寿命为 49 岁，2002 年平均寿命增至 52.2 岁。15～64 岁人口占总人口的 54% 强。全国工薪人员为 19500 人。

二　部族和民族

非洲是一个古老的大陆，由于历史、地理、文化、经济以及外来者长期侵略等多方面的原因，社会发展是极其不平衡的，有的地区民众已经形成真正意义的民族，即现代民族，如阿拉伯民族等；西方殖民主义者入侵非洲四五百年，严重阻碍着撒哈拉以南广大非洲地区社会和历史的发展，许多国家在独立后的一段时间，尚处于民族发展的初级阶段，即广大的实际工作者和研究者称之为部族阶段，也就是向现代民族发展过渡的初级阶段。

中非国家是由 60 多个大小不同的部族组成，按居住区域又可划分为 10 个较大的部族，主要属苏丹语系。较大的部族有巴亚、班达、班图、桑戈、曼吉阿、乌班吉、恩格班迪、萨拉、赞德、恩扎卡拉等部族。另外有 5% 的阿拉伯人和尼格罗人的混血种人。班达族、巴亚族和曼吉阿三个部族人数较多，约占全国总人口数近 40%。除当地居民外，有为数不多的外国侨民，其中法国人居多，还有少数黎巴嫩人等。

中非的主要部族简介如下。

（一）班达族（Banda）

约占总人口的 17.5%，是中非的第一大部族，属苏丹尼格罗人种。主要从事农业生产，同时还狩猎和进行渔业活动。主要分布在中非的乌班吉河以北及中部和东部地区（即包括上科托地区、下科托地区、恩德累地区的南部、瓦卡地区、格里宾吉地区的南部、翁贝拉－姆波科地区东部等区域），讲桑戈语的班达方言。

（二）巴亚族（Gbaya）

约占总人口的 17.1%，主要种植经济作物咖啡，同时从事渔业和狩猎。也属苏丹尼格罗人种，讲桑戈语的巴雅方言。该族主要分布在班吉以西至喀麦隆边境的广大地区，即处于布阿尔－

15

博桑戈阿 – 博达 – 贝贝拉蒂四边形地区内。

（三）曼吉阿族（Manjia）

约占总人口的 3.7%，主要分布在沙里河盆地上游和乌班吉河一带。

（四）桑戈族（Sango）

这个部族在中非共和国占有重要的地位，它属苏丹尼格罗人种，桑戈人巴雅族，约占总人口的 10% 左右。来自南方邻国的刚果（金），主要居住在乌班吉河一带。他们中大多数人从事农业，主要种粮食（木薯、稻米等）和经济作物咖啡，渔业也较发达。此外，还有些人从事水上运输业。桑戈人历来重视文化教育，其文化水平较其他民族相对较高，因此，在中非共和国的国家公职人员中，约有 50% 以上都是桑戈人。

（五）赞德族（Zande）

该部族以从事农业为主。18～19 世纪，赞德族曾经建立起一个独立统一的国家，其部族主要分布在中非的东南部与苏丹和刚果（金）交界之处，之后，被法国、比利时和英国分割了这个国家。

（六）萨拉族（Sala）

该族系苏丹尼格罗人种，讲萨拉语。以从事农业为主，也从事畜牧业活动。17 世纪曾建立巴吉尔王国。其部族主要分布在从庞代河到巴明吉河一带，包括柏瓦、博桑戈阿、巴汤加福和郎尔堡等地区的北部。

（七）马卡族

该族系班图尼格罗人，以从事农业为主，兼狩猎活动。主要分布在桑戈河上游和喀麦隆交界处。

（八）俾格米人（Pygmee）

俾格米人属尼格罗人种，是世界上身躯最矮小的一个民族，平均身高约 1.2 米，最高不超过 1.5 米。也是世界最古老的居民之一。有关俾格米人的起源问题，有的人认为俾格米人是尼格罗人体态退化的结果。有的人认为是萨恩人的一个支系。还有的人认为是一种独特的非洲人。

俾格米原始居民分为四大群体：特瓦人（Twa），约6万人；盖色拉人（Ggeesera）和齐加巴人（Zigaba），约9.5万人；宾加人（Binga），约5万人；姆布蒂（Mbuti）、阿卡人（Aka）、埃菲人（Efe）和巴苏亚人（Basua），约5万人。

俾格米人属南方古猿－赤道人种的一个特殊支系，也是非洲一个最原始的民族。据考古学家们研究认为，俾格米人远在非洲石器时代的后期就已存在，至今已有6000多年历史。有关俾格米人的文字记载最早见于公元前3000年埃及的碑文上。俾格米人鼎盛时，达200多万人左右，足迹曾遍及全非洲。在班图人大迁移时，相当多的俾格米人逐步被同化了。西方殖民者入侵，战乱不断，他们惨遭杀害，人口锐减。目前他们主要生活在刚果（金）、刚果（布）、卢旺达、布隆迪、中非、喀麦隆、安哥拉、加蓬等8国。俾格米人现有25万人左右，主要分布在以刚果盆地为中心的赤道非洲的森林地带。现今在中非共和国居住的俾格米人属宾加群体，约有1万余人。

他们崇拜图腾，很少有人参加当地的政治生活，至今还过着原始的采集、渔猎生活，每天由妇女们带着孩子集体外出，采摘可以食用的块茎、树叶和果实，还捕捉青蛙、蛇、鱼、白蚁和蜗牛。男人主要是狩猎，采集和狩猎所获的物品，由大家分享。一旦居住地的食物殆尽，整个人群一起迁移其他地方而居。他们不同于其他非洲人，其显著特点是，居住在热带密林深处（位于桑加河流域一带），多数人居住在用树枝和草叶搭成的茅屋里（见附图）；俾格米人肤色较一般黑人浅一点，他们的皮肤颜色有的黑中透黄，有的黑中透红，头发短，黑而卷曲，鼻梁略低平，鼻翼较宽，嘴略宽而唇薄，男人胡须不太发达；臂长腿短，他（她）们虽较矮小，但思想反映较灵，行动相当敏捷，尤其

17

是攀缘能力强。俾格米人还有一个显著的特点是，平均主义的分配方式相当盛行。如狩猎归来，特别是捕到大象之类的动物时，就地安营扎寨共同分享。

经科学家和专门人员的长期研究，发现俾格米人身材矮小的原因，主要是俾格米人体内的胰岛素生长基因只有正常人的2/3，对内分泌造成一定的影响。另外，长期在森林里过着狩猎生活，使他们形成了一种适合森林活动的特有的矮小身躯。

此外，中非还有班图尼格罗人和豪萨人等。

三　语言

中非共有94种语言（或方言）。官方语言为法语和桑戈语。主要语言如下。

（一）桑戈语（Sango）

桑戈语是中非本地最主要的语言，以恩格班迪语（Ngbandi）词为基本词的克里奥尔语。中非大多数居民讲桑戈语，最初桑戈语是居住在乌班吉河两岸的一个部族语言，之后成为班达人、巴亚人和恩格巴迪人的语言，最后发展成为全国大多数人的交际语言。1964年11月中非国民议会通过决议将桑戈语作为民族语言，与法语并列为官方语言。此外，西部还通行巴亚语。在中部和东部通行班达语。在乍得、刚果（金）和喀麦隆也有部分人讲桑戈语。

（二）班达语（Banda）

这是中非中部和东部的通用语，属尼日尔－科尔多瓦语，系尼日尔－刚果语族之阿达马瓦－乌班吉语支，有18种方言。中非有近50%的居民使用班达语。

（三）巴亚语（Gbaya，Baya）

与班达语属同一语支，有15种方言，使用者占中非总人口的27%。

（四）曼贾语（Manja）

属阿达马瓦－乌班吉语支，全国大约有 15 万以上人口使用这种语言。

（五）赞德语（Zande）

与曼贾语同属一语支，中非讲赞德语者不足 10 万人。

此外，还有少数人讲阿拉伯语和豪萨语。

四　宗教

中非共和国是一个多宗教的国家，居民中信奉原始宗教的约占 60%，信奉天主教的约占 20%，信奉基督教的约占 15%，信奉伊斯兰教的约占 5%。此外，还有非洲本土教会、边缘新教、巴哈依教，但信奉的居民数量微不足道。

（一）主要宗教

1．天主教

1894 年第一批罗马天主教传教士到达中非的班吉，成立天主教传教会。1909 年在乌班吉建立一个传教区。自此以后，传教士将天主教逐渐深入传播到内地。1930 年以前，在内地先后建立了姆拜基、邦巴里、邦加苏和贝贝拉蒂等传教点。1937 年班吉升为助理神父教区。1940 年从埃塞俄比亚来的传教士在贝贝腊提建立了一个天主教传教区。同期，法国圣灵会、罗马天主教方济各会的神父也陆续来到中非传教，此时，天主教教徒有四五万人左右。全国天主教共有五个教区，由一名非洲黑人主教管辖。目前，中非约有天主教教徒 60 万人左右，对国家政治生活有一定影响。

2．基督教

中非有两个最大的基督教教会组织，一个是浸礼会，在 1920 年由刚果金沙萨传入中非，首先在拉费（Rafai）建立了第一个传教点。现在中非有 12 个传教点，主要分布在纳扎卡拉人

（Nzakara）、班达人（Banda）、曼德贾人（Mandja）居住地区。自 1960 年 8 月 13 日中非共和国宣告独立至 1975 年，基督教教会在中非发展较快。另一个是兄弟会宣教教会。

此外，还有一些基督教的教派也相继在中非建立，如瑞典和瑞士的五旬节教派，1923 年苏丹宣教会的路德宗教派、美国路德教会等。现在基督教在中非有 900 多个传教点，神职人员有 2000 多人。

3. 伊斯兰教

中非的伊斯兰教属逊尼教派。18 世纪，苏丹人从北部进入中非。同时，阿拉伯商人也从东部来到中非。这些人中有部分人后来定居下来，伊斯兰教也随之传入中非。19 世纪末，博尔努人和瓦岱人先后从西部来到中非定居，大多数人居住在恩德累镇周围。班达人有 0.4%，巴亚人有 1.6%，曼德贾人有 2.6% 是穆斯林。北方豪萨人、阿拉伯人以及波若柔（Boror）等游牧民族也信奉伊斯兰教，他们主要生活在城镇，伊斯兰教在乡村地区影响很小。

4. 本地教

1956 年，曼德贾部族由浸礼会中部传教会分离出一个称为浸礼委员会（Commiittee）的教派。1960 年，由一名班达牧师在波卡（Bouca）从兄弟会教会中，分离出一个称为中非本地教会（Eglise 中心的非洲）的新教派。除此之外，还有一些来自刚果（金）的金班古教徒组建的独立教会中的白袍信徒等。

5. 传统宗教

在中非各部族中有不少居民信奉传统的拜物教。中非独立初期，各部族信奉传统宗教的比例不一，如班达人中约占 27%，巴亚人（Baya）中约占 35%，曼德贾人中约占 25%，萨拉人中约占 21%，慕巴卡人（Mbaka）中约占 23% 等。巴亚人称神为"索"，有时也称"扎姆比"（Zambi）。政府则承认纳扎帕阿赞德运动为正式非洲宗教。

信奉拜物教的人崇拜祖先的灵魂和自然界的威力，有的还崇拜花草树木。许多部族把已故的国王或部族酋长崇拜为神，认为活着的部族酋长和统治者是神的化身或使者，他们能够同神或同一切死人的灵魂通话，并能祈求神灵的庇护或降罪于渎犯者。如果有人生病或遇到人祸、天灾，就乞求神明显圣降福，消除病灾。有人生病就到酋长那里去乞求神的宽恕，或请求酋长为病人驱逐恶魔。

（二）宗教机构

大多数新教教会都是中非福音教会协会的成员。教会在1976年创办了一所班吉福音神学学校，提高圣经神学水平和为法属非洲的新教教会提供服务。中非设有中非共和国天主教主教会议。

（三）政教关系

中非独立后，历届政府对政教关系问题一直无明确规定，但事实上有一个共同的协议。国家社会事务部为教会的乡村发展项目提供资助，有时甚至为修筑教堂提供资金。所有中、小学校和技术学校都由国家管理。允许宗教界开办一些小学，允许公立中等学校的传教士在学校教育之外进行宗教活动，并欢迎西方传教士在学校、医疗机构任职。国家无专门负责宗教事务的机构，但教会必须向内政部通报其在中非的活动，并象征性地交纳一定的税收。

博卡萨执政初期，曾明确规定要保护教会的存在。但1976年博卡萨颁布新宪法，废除共和，建立帝制后，先取缔耶和华见证会，接着于1977年宣布解散中非福音浸礼教会协会。1977年国内的天主教主教和梵蒂冈拒绝为博卡萨举行加冕仪式。1979年博卡萨下台，恢复共和体制。1986年通过新宪法，规定新政府保护教会财产，为其传教活动提供方便。

（四）中非共和国政府与梵蒂冈

梵蒂冈与中非共和国建立了外交关系，梵蒂冈教皇派出一位使节，代表罗马教廷进驻中非首都班吉，办理相关事务。

第四节　民俗与节日

一　民俗

（一）饮食

中非人以吃木薯为主，其他食粮还有玉米、高粱、小米、大菜蕉等。城市的一些居民和机关干部、职员、知识分子中有较多的人吃面包。

中非人进餐时，男女不能一起用餐，必须分围①而食。岳母与女婿，公公与媳妇也一样，一个家庭的男女成员可以同在一个房间分围就餐，但不同姓的男女必须分在两个房间，甚至女婿和丈母娘也不能在一起。孩子和母亲可以一起进餐。

中非人保持图腾信仰，每个家庭都崇拜一种动物，视其为力量的象征，不能捕杀，更不能食用。妇女不能吃蛇肉和豹子肉，孩子也不能吃豹子肉。除巴蒂人外，绝大多数人不食狗肉。

中非的班吉是一个炎热多雨的城市，有时黄昏来临之际，成群可食用的蚱蜢从附近的草丛、树丛、河边等处蜂拥飞来。到处可见密密麻麻栖息的蚱蜢。这种蚱蜢身长约 4~5 厘米，呈草绿色或淡蓝色。当地人介绍，蚱蜢还是一种名贵的药虫，它具有清热、排毒的奇效。特别在非洲的热带雨林中，有许多凶猛的毒虫、毒蛇，人们一旦被咬伤后，过不了多久，便会全身肿痛，甚至中毒身亡。此时，倘若伤者能及时服用蚱蜢，便会毒排肿消，使人安然无恙。而且蚱蜢有丰富的蛋白质，有一定的营养价值，中非的居民常食这种蚱蜢。

---

① 中非农村居民室内很少有桌椅，多席地而坐。

（二）衣着

中非群众穿着相当简便，过去男女老少仅用捣软的树皮遮住身体的下半部。随着时代的进步和经济的发展他们的衣着也有变化，中非城市中许多男人身着大白袍，有钱有身份的人穿的大袍，质量高并有各种花纹。妇女则多数围三块花布，有的从齐胸部到脚围一块布当做衣服，有不少妇女则在腰间再围一块当作腰带，头上又围一块当帽子，以防太阳晒。在农村比较随便，主要是以一块布为衣着，也有不少袒胸裸背的。有许多机关干部、高级职员和高级知识分子穿西装革履。中非人不能与穿黑色丧服的妇女握手，只能口头问候或点头致意。

（三）居住

广大的农村居民住房比较简陋，过去住的小茅草屋，墙壁是将长树棍或竹竿围成形或方形然后再涂上泥巴，屋顶铺茅草，呈圆锥形，小屋都是土木结构并且相当矮小。各部族集体意识较强，因而居住也较集中，大村庄较多。在城市里许多人如官员、高级职员和企业家等人多住着小洋楼，居住的条件较优越。下层的普通老百姓多数人，住在以瓦楞铁做屋顶的平房里。现在农村有条件的农户也住这种平房。

（四）婚姻

在中非流行买卖婚姻和一夫多妻制。当地男女在结婚之前，很重要的一环就是男方要给女方出嫁资。嫁资的形式多种多样：主要有现金、首饰、衣料、牛、羊等。男女双方家庭把有无出嫁资（货币或实物）的传统形式视为能否联姻的重要依据，只有男方给女方出了嫁资，才能将女方正式娶回家。否则，一旦婚后女方发生变卦，她将会借嫁资问题对男方家庭纠缠不休，不达目的，不会轻易善罢甘休，到那时，男方将为婚前未给嫁资而后悔莫及。

男女成婚后，妇女成了丈夫的私有财产。富裕阶层中的男人往往有很多妻子。第一个妻子在家中掌握着一定的实权，其余的

23

妻子担负着各种沉重的劳动，实际上是变相的奴隶。

（五）丧葬习俗

中非人的丧葬习俗比较复杂，一旦家庭不幸有人过世，首要的一项是葬前守灵活动。死者为男性的，家庭为其组织三天守灵活动。死者为女性的，家庭要为其组织四天守灵活动。其主要内容是为死者唱带有浓郁宗教或地方色彩的葬歌、跳葬舞，尤其是下葬前夕，守灵活动达到高潮，死者生前的所有亲朋好友、左邻右舍轮流守灵，通宵达旦。死者被下葬后，按家庭经济实力，还要再延续数日。而后，待死者满41天时，原班人马要为其举行最后一夜祭拜活动。

（六）脸面刺痕

在一些部族，尤其是北部靠乍得边境地区，青年男女从少年过渡到成年人阶段，均要进行刺痕面部仪式。目的是让面部留下疤痕，作为区分不同部族的特殊标记，易于辨认。

（七）包皮环切术

从前，在偏远山区，当男孩尚未成年前，村里的长者要把他们全部召集到一起，送到深山老林中，与世隔绝，不准与外界有任何联系，进行为期3个月的割包皮仪式，其间有人不幸身亡，那死者必须被埋葬在丛林或河段深处。现在，此传统习俗逐步被文明和科学取代，一般男孩到3岁时，父母将其带到医院进行正常的包皮环切。

（八）母亲节

每年5月29日是中非共和国的母亲节。这天在中非首都班吉市要举行盛大的游行活动，游行时，最前面的是国家乐队，他们精神抖擞，吹着欢乐的乐曲，走过观礼台，紧接着就是妈妈们的方阵，妈妈们穿着五颜六色的民族服装，抱着自己的孩子，当她们走到观礼台前的时候，台上的国家领导人和外宾都向她们招手致敬。

（九）其他习俗

在中部非洲的一些部族，人人都携带一个头顶罐子的小木偶，他们将此木偶奉为神灵。据传，这些地方的居民原来常有头痛病，不知从何时起，他们的祖先制作了一个头顶罐子的小木偶，把头痛恶魔给镇住了。这一传统流传至今。

二 法定节假日

非法定的主要节假日如下：

（1）1 月 1 日，元旦；

（2）3 月 29 日，开国元勋波冈达（Boganda）总统（1959）逝世纪念日；

（3）4 月（每年 4 月第一周的星期一），复活节；

（4）5 月 1 日，国际劳动节；

（5）5 月 29 日，耶稣升天节、母亲节；

（6）6 月（每年 6 月第一周的星期一），圣灵降临节；

（7）8 月 13 日，中非独立节；

（8）8 月 15 日，圣母升天节；

（9）11 月 1 日，万圣节；

（10）12 月 1 日，国庆节（从 1958 年起）；

（11）12 月 25 日，圣诞节。

第五节 国旗、国徽和国歌

一 国旗

旗呈长方形，长与宽之比为 5 : 3。旗面自上而下由蓝、白、绿、黄四色的四个平行相等的横长方形宽条和一道垂直于旗面中央的红色竖长方形宽条组成，红色竖条将旗面分为左右相等的两部分。左上方旗角部位有一颗黄色五角星。蓝、白、红三色与法国国旗颜色相同，表示中非共和国与法国特殊的历史关系，并代表和平与牺牲精神，蓝色象征自由，白色象征纯洁，绿色象征祖国的森林，黄色象征热带草原和沙漠，红色象征鲜血，也是世界人民团结的象征。五角星是指引中非人民奔向未来的灿烂之星。

该国旗采用日期为 1958 年 12 月 1 日。

二　国徽

国徽的中心图案是一枚盾徽，盾面上有五组图案：四角图案，左上方是绿地白象，右上方是白地绿树，象征中非有丰富的森林资源，左下方是金地上有三颗钻石，右下方是蓝地上一只举起的黑手，这是"黑非洲社会发展运动"的标志。盾徽中央是一枚小型红色纹徽，其中在白圆地上绘有一幅非洲地图，地图上有一颗金色五角星，金色五角星的五个角分别象征衣、食、住、教育和福利。盾徽两侧是五色国旗，盾徽的顶端饰有光彩夺目的金色太阳，其中用黑体字写"1958 年 12 月 1 日"，这是中非成为法兰西共同体内的"自治共和国"的日期。太阳上方绶带上用桑戈语写着"天下人人平等"。盾徽下面是一枚马耳他十字勋章，表示对天主教人道主义的信仰。十字勋章的下面有一条白色绶带，上面用法语书写着"统一、尊严、勤劳"字样。

三　国歌

中非共和国国歌《复兴》，由巴退尔米·博干达作词，赫伯特·佩佩尔作曲。

歌词内容为：

啊，中非，班图人的摇篮，重新掌握你的主权！长期被征服，长期受侮辱，从今打碎暴虐的锁链。在工作中，凭秩序，凭尊严，你重获统一，重新获主权。让我们一同迈开新的步伐，听祖先正在向我们召唤！努力工作，享尊严，守秩序，维护权利，保持统一，送走贫困，铲除暴政，让我们高举祖国的旗。

第二章

历　史

第一节　古代和近代简史

一　古代的乌班吉沙立（即今中非）

根据考古学家和历史学家在中非岩洞里发现大量人类的遗物，初步证实史前时期，在中非地区居住着当地的居民。原始班吉人是在公元前 2500 年以后，从上贝努埃迁移到现在的中非地区的。从 1966~1968 年，巴黎自然历史博物馆和国家科学研究中心在中非地区发现相当丰富的新旧石器时代各种不同的文化时期的物品，断言在远古的时代，中非地区人口相当稠密。桑加和姆贝雷—洛巴耶—乌班吉轴线地区，宽果—瓦卡和整个邦古—科托地区都曾经是史前的交通要道。

在殖民主义者入侵前，中非长期处于分散的部落状态，还没有形成集中的国家组织，那里的居民一部分以狩猎和捕鱼为生，尚处于原始社会的末期。东部地区进入奴隶社会时代，有些人以贩卖奴隶和象牙为职业。

9 世纪前后，班图人在乌班吉沙立东部建立了几个小王国，其中较大的有腊法伊、宰米奥、班加苏等王国。当时，乍得地区的瓦达伊王国和达尔富尔王国对以上这些王国有很大影响。

从 13 世纪以后，中非地区的诸王国之间一直处于混战的动荡状态。

二 部族王国混战和贩卖奴隶

公元 1520 年，乍得湖东地区建立了巴吉尔米穆斯林王国，1675 年巴吉尔米王国沦为附庸。1751 年巴吉尔米王国打败了比拉拉人。18 世纪末，恩古拉王率领赞德人军队进入博木河、韦累河区。之后不断向前推进，曾一直远征到尼罗河、恩古拉王在中非领土上建立第一批赞德人的诸侯国，并于 1800 年建立了赞德王国。在姆巴里河以西，赞德人碰到了一个有组织的集团——恩扎卡拉人，他们的语言类似赞德人，与"班迪阿"家族结盟，并帮助这个家族打败了武克帕达人。布班吉人长期占有中非领土西部和中部大部分的地方，1825 年巴亚人把布班吉人逐出乌班吉河湾地区的拐弯地带。布班吉人在乌班吉河和洛巴耶河一带地区居住。

1830 年，流亡的巴吉尔米王子奥马尔在奥克河南的恩冈德累高原建立达尔库蒂国家。1840 年，恩冈德雷人与巴亚人进行战争，巴亚人北迁，定居沙里河、乌班吉河之间。1896 年巴亚人与杨格雷人联合起来在沙科尼击败了恩冈德雷人，并将孔代地区夷为平地。

18 世纪，西方的奴隶买卖在非洲日益达到顶峰，在桑加河流域的巴科塔人和和班吉河流的布班吉人中的部族酋长从事买卖奴隶的贸易，许多中部非洲地区的居民被贩卖到大西洋彼岸。

三 西方殖民者入侵百年

公元 1884 年，法国和比利时殖民者达成协议，两国在中非地区划分势力范围分界线。同年，法国又同德国划定了乌班吉沙立同喀麦隆的边界线。不久，法军又吞占了达尔库蒂。

1885 年，柏林会议以后，法国以加蓬和法属中央刚果为根据地，向东北扩张。同年，法国军队在恩库恩基雅建立据点，开始了军事入侵乌班吉沙立。比利时军队在宗戈也建立哨所。第二年，布瓦尔人奋起抗击法国殖民者的侵略，一举摧毁法军的班吉哨所。不久，中非居民在乌班吉河畔和乌埃索地区重创两支入侵的法国军队。

1887年，法国殖民主义者布拉柴，把乌班吉河以北地区划为法国的势力范围。

1889年，法国殖民者在班吉建立了据点，开始占领乌班吉沙立。

1891年，法国殖民主义者与当地酋长签订了所谓的《保护条约》，为进一步扩张做准备。

1892～1895年，法军在利奥塔尔的带领下占领了邦加苏，接着占领了乌班吉河与沙里河之间的地带，并宣布将上乌班吉建立为法国的一个领地。

法国在侵占乌班吉沙立以后，原本想再向西向北扩张，以便往西北将同法属西非连成一片，然后进一步往北把北非的法属领地阿尔及利亚衔接在一起，从中部非洲开始到西非再到北非将非洲的法属势力范围连接成一整片。然而，法国当局向非洲西北部和东北方的殖民扩张政策，与英国和德国争夺非洲的扩张政策发生了矛盾，因而受到英国和德国的阻挠，后来又遭到在乍得地区崛起的拉巴赫的抵抗。乌班吉沙立与比属刚果（即现今的刚果［金］）有1200公里的边界，当法国殖民主义者在乌班吉河岸设立贸易据点时，经常与比利时殖民主义者发生摩擦。之后，法国领地当局与比利时的刚果自由邦达成妥协。

1897年，法国在上乌班吉领地的行政长官利奥塔尔，进一步派法国军队控制了加扎勒河省的省会。

1899年，英法《伦敦条约》确定了乌班吉沙立同东苏丹之间的边界线。从此，英、法、比、德四个殖民主义国家在赤道非洲一带划定了各自的势力范围。同时，乌班吉沙立（今中非共和国）的边界线也被确定下来。

19 世纪末，英、法两个殖民主义国家，又一次达成划分势力范围的协议，将加扎勒河流域和达尔富尔划归苏丹，瓦代划归法国的上乌班吉领地。

1906 年，乌班吉沙立与乍得合并，成为法属乌班吉沙立 - 乍得殖民地。

1910 年，乌班吉沙立又重新被划归为法属赤道非洲的一个领地。

1911 年，法国把赤道非洲〔包括加蓬、中央刚果〔即今刚果（布）〕、乍得和乌班吉沙立〕转让给德国，作为德国承认摩洛哥受法国"保护"的条件。

第一次世界大战以后，《凡尔赛和约》重新规定赤道非洲四国属法国所有。

乌班吉沙立人民对于法国殖民主义者的入侵，进行了前仆后继、不屈不挠的英勇斗争。1886 年布瓦尔人奋起抗击法国殖民军，一举摧毁法军设在班吉的哨所。1891 年 5 月，乌班吉沙立人民曾经在乌厄索地区，大败由富尔诺率领的法国侵略军，打死打伤法军 50 余人，并将所剩残余部队全部驱逐出境。同年，在桑加河上游的一次战斗中，由法国军官克腊姆别耳率领的一支法国军队，被当地人民群众全部歼灭，无一生还。

第二节　现代简史

一　巴亚人民的英勇起义

法国殖民主义者为巩固和加强在乌班吉沙立的统治地位，不断对当地人民群众进行残酷的屠杀和镇压，于是他们与乌班吉沙立各族人民之间的矛盾日益加剧，居住在乌班吉沙立西南部的巴亚部族人，不堪忍受法国公司的压榨和殖民当局的苛捐杂税；法国殖民统治者强制巴亚人修筑从中央刚果通向大西洋的公路，巴亚人坚决反对强加在自己身上的悲惨的奴隶性劳动，于1928年举行了英勇的起义，杀了殖民统治者的官吏，法国殖民当局随即派20名军人镇压，被巴亚人击溃。巴亚人进而包围了博达。驻扎在班吉的法国殖民部队，立即派遣一名法国中尉军官率领军队增援，前往博达解围，结果又被巴亚人击败。在刚果布拉柴维尔的法国赤道非洲殖民政府，决定进一步增调重兵镇压巴亚人的起义。于是起义的战争很快扩大到巴亚人聚居地区的全境。

巴亚人的这次反殖民主义起义延续了两年之久，法国殖民当局采取了两手对付巴亚人的起义：一方面，出动大规模的军队进行武装镇压；另一方面，恶毒地唆使并纵容其他部族的群众抢劫巴亚人的财产，挑起其他部族的酋长与巴亚人之间的不和，共同孤立和打击巴亚人，到1930年，巴亚人的起义被镇压下去，人民的反法武装斗争暂时失败了。

二　乌班吉沙立人民为争取民族解放和独立而斗争

第二次世界大战唤起了被压迫人民的觉醒，亚洲和非洲各地的民族解放斗争蓬勃发展。战后，乌班吉沙立开始形成了有政治纲领、有组织领导的民族独立运动。1946年，在法国共产党的影响下，一批法属黑非洲的激进知识分子建立了"非洲民主联盟"，这个联盟在战后初期，促进了法属西非和赤道非洲的民族独立运动，同时也推动了乌班吉沙立民族独立运动的发展。

1946年，法国实施新宪法，在非洲和乌班吉沙立的民族解放运动不断高长的形势下，法国在镇压的同时，还对非洲殖民地人民的反法斗争做出了若干欺骗性的妥协，以便继续维持其殖民统治，如允许乌班吉沙立的非洲人参加当地的地方议会，成为非洲人议员，而且同意乌班吉沙立人民选出议员，参加法国的国民议会等。

1947 年 9 月，"非洲民主联盟"在乌班吉沙立成立了支部，命名为乌班吉人民党。开始了有组织、有纲领地进行民族独立运动。该党有 18 个地方分支部，党员两万多人，领导人是安东尼·达尔兰。

中非人民争取民族独立的先驱、乌班吉沙立人民爱戴的领袖巴特勒密·波冈达，组建了"黑非洲社会发展运动"，成为领导乌班吉沙立民族独立解放运动的唯一政党。

1957 年初，在乌班吉沙立人民不懈斗争的压力下，法国根据海外领地《根本法》，同意乌班吉沙立宣布为"半自治共和国"，让乌班吉沙立人任副总理和副部长。

1958 年，波冈达代表乌班吉沙立人民，在刚果（布）的布拉柴维尔向法国总统戴高乐递交了要求承认乌班吉沙立独立的请愿书。同年 10 月，波冈达又向赤道非洲法兰西共同体的成员国呼吁，为了摆脱法国的殖民统治，联合建立"伟大的刚果共和国"。但是所有这一切合理要求，遭到法国当局的无理拒绝和反对。

在非洲各国人民的民族解放运动一浪高过一浪的强大压力下，戴高乐被迫在非洲各领地对于建立法兰西共同体的"第五共和国宪法"举行公民投票。投票结果，乌班吉沙立成为"法兰西共同体"内享有自治权的成员国，定名为"中非共和国"（简称中非）。自治共和国成立了非洲人自己的政府，巴特勒密·波冈达担任中非共和国总理，但是外交、国防、财政、经济、货币、战略资源、司法等方面的重要权力仍由法国控制。从此，中非人民获得了政治上和名义上的独立。

1959 年 3 月，波冈达不幸因飞机失事身亡，由他的侄子戴维·达科继任中非共和国自治政府总理和"黑非洲社会发展运动"主席，继续领导中非人民为争取获得完全的独立而斗争。在这一年，中非各地人民纷纷举行反对殖民主义统治的武装起义，要求完全独立。

1960 年 7 月 12 日，在中非全国民族独立运动高涨的形势下，法国政府被迫与中非签订了移交权力的协定。

1960 年 8 月 13 日，中非共和国正式宣告独立，但仍是在"法兰西共同体"内的独立国家。

第三节　当代简史

一　建立总统内阁制

自 1960 年 8 月，"黑非洲社会发展运动"主席戴维·达科当选为中非共和国第一任总统，实行总统内阁制。1962 年，中非共和国的宪法确定了"黑非洲社会发展运动"的一党政治。

1965 年，戴维·达科再次当选为中非共和国总统。当达科总统向议会提交 1966 年预算，建议减少 20 亿非洲法郎的开支时，原陆军参谋长让－贝德尔·博卡萨上校亲自到议会抗议削减分拨给军队的经费。1965 年 12 月 31 日，博卡萨将其劲敌——中非警察负责人伊扎莫，以要签署一些必须在年底完成的文件为借口，请伊扎莫到军营签署文件，待其抵达后加以拘捕。随后命令军队包围政府大厦，逮捕了达科总统，博卡萨迫使达科签署移交全部权力的声明。警察与军队发生激烈冲突，内阁部长被关押。

1966 年 1 月 1 日清晨，博卡萨在首都班吉电台宣布：

从今日开始，军队接管了政府，达科和他的内阁已经辞职。一个全体公民一律平等的新时代已开始了。

推翻达科政府后，博卡萨自任总统。1月2日宣布解散议会，将举行新的选举；最高法院将继续行使职权；3日组成新政府，命名为革命委员会；4日草拟了两个带宪法性质的文件，作为新政权的基础。

博卡萨军事政变上台后，中非的邻国和国际社会均表示反对，不承认其政权，处境十分孤立。为设法摆脱外交上的孤立境地，博卡萨采取一系列措施，力图改变不利的处境。他派外交部长吉马利到巴黎和非洲－马尔加什共同组织部长会议上进行游说解释；1966年2月8日，推动美国向中非派遣57名和平队员；博卡萨宣布与刚果（金）建立外交关系；3月初，博卡萨总统同乍得总统托姆巴巴耶会谈，乍得承认博卡萨政权为中非共和国唯一合法政府。这年争取法国计划代表团到达班吉，受到博卡萨总统的热烈欢迎。

不久，中部非洲关税和经济同盟的四个成员国和多哥给予博卡萨政府以法律上承认。1966年5月，博卡萨派副司令邦扎中校到法国对政变的理由和新政权的目的作了一次说明，从而解除了法国政界和经济界的疑虑。博卡萨7月份对法国进行私人访问，向巴黎介绍了他的政府执政6个月以来取得的成就，以争取法国对该政权的承认和大力支持。

二　推行帝制

19 72年3月2日，在让－见德尔·博卡萨的操纵下，"黑非洲社会发展运动"全国代表大会宣布：博卡萨为其终身主席和共和国终身总统；1976年12月4日，"黑非洲社会发展运动"特别代表大会又通过修改宪法，决定中非实行君主立宪制，废除共和，国名改称"中非帝国"，宣布博卡萨为皇帝，其皇位实行世袭制。

1977年12月4日，博卡萨皇帝正式加冕登基，自称博卡萨一世。

三　恢复共和

79 年 9 月 30 日，前总统戴维·达科发动政变，推翻博卡萨的独裁统治，成立临时救国政府，自任总统，宣布解散"黑非洲社会发展运动"，另外组织"中非民主联盟"。1981 年 3 月 15 日，举行总统选举，戴维·达科当选新总统。达科当选后，由其"中非民主联盟"一党组成政府，并将立法选举无限期推迟。反对派以选举舞弊为由反对达科政府，局势又趋动荡。

1981 年 9 月 1 日，中非武装部队总参谋长科林巴宣布接管政权，中止宪法，禁止一切党派活动，成立了由 23 名军官组成全国复兴军事委员会行使行政权和立法权力。科林巴任全国复兴军事委员会主席、国家元首、政府首脑。科林巴政权强调民族团结，社会安定。

四　推行多党制，局势混乱动荡

东欧发生剧变后，西方大国强制在非洲国家推行多党制，这一浪潮也猛烈冲击着中非，1991 年 4 月，科林巴总统宣布放弃军事统治，实行多党制。1991 年 7 月 7 日，举行全国大辩论，反对党随即开始登记。8 月初中非工人联盟举行 48 小时总罢工，抗议政府逮捕其领导人。

1992 年 2 月，中非政府同反对党和工会召开协商会议。由于对举行全国讨论会问题存在意见分歧，会议历时三个月，以失败而告终。6 月 8 日起，中非教员工会罢教 8 天，其他工会也举行罢工。8 月 1 日，政府军在班吉向游行的人群开枪，打死反对党民主进步联盟领导人。8 月 1 日至 9 月 5 日，科林巴召开全国讨论会，多数反对党予以抵制。会议开幕当天，反对党组织群众游行企图阻止会议召开，治安部队动用武力弹压，造成争取民主与进步党的一名成员死亡。反对党于 8 月 3 日在首都班吉发动

"死城"运动。接着，8 月 15～22 日，公共部门的 6 个工会罢工一周，要求政府发放已拖欠 4 个月的工资。9 月 7 日，科林巴宣布 10 月举行总统和立法选举。后来因首都班吉发生动乱而中止。科林巴与反对党达成协议，推迟总统和立法选举，同意现总统任期延至新总统任职。

1993 年，中非举行了首次多党大选。2 月，科林巴总统发表告全国书，指责马朗多马拒不召开内阁会议审议关于大选日期的法令草案，阻碍民主化进程，并对总统进行攻击，宣布解除马朗多马总理的职务。3 月，科林巴任命社会民主党主席德朗·拉库埃为新总理。

4 月 26 日，中非六个工会组织和学生组织，因数月未领到工资和助学金而举行无限期罢工、罢课，与军警发生冲突，造成一些人员伤亡。

5 月 15 日，中非共和国总统卫队包围了总统府，并在国家电台发表声明，要求科林巴总统补发拖欠他们的 8 个月军饷。科林巴会见了兵变代表并允诺士兵将领到两个月的军饷，兵变士兵情绪有所缓和。5 月 19 日，中非共和国正规部队士兵因不满政府拖欠军饷，在首都班吉再次发动兵变。5 月 20 日，反对党结为联盟。

6 月 17 日，中非共和国政府决定将原定 10 月份举行的总统和议会选举提前到 8 月 28 日举行（自 1992 年 10 月以来，中非共和国大选三度被推迟）。

9 月 27 日，中非共和国最高法院宣布，"中非人民解放运动"候选人昂热·帕塔塞在第二轮总统选举中，以获得 52.45%的选票当选中非共和国总统。

10 月 22 日，中非共和国第 4 任总统帕塔塞宣誓就职，任命"中非人民解放运动"副主席让·吕克·曼达巴为总理。曼达巴在就任后表示，他着手组建一个有四个在野党的广泛政治派别及工会力量参加的政府，并且执行权力下放政策，借此发挥各地政府在振兴国家经济中的作用。总理曼达巴的新政府由 17 名部长和两名国务秘书组成。其中包括 3 名前政府成员和两名女士。

1994 年，中非总统和总理频繁与反对党领导人接触，寻求和解。3 月逮捕科林巴政权的安全国务秘书姆达，前总统科林巴被剥夺军衔，强令其退出军队现役。4 月，班吉大学学生罢课，进行打、砸、烧，政府采取措施使之平息。12 月 28 日，中非举行公民表决，通过了新宪法。

1995 年，中非政局基本稳定。年初通过的新宪法，形成了以"中非人民解放运动"、"自由民主党"、"黑非洲社会发展运动"、"国民公会"为主的新的总统多数派。4 月 10 日，议会通过对曼达巴政府的不信任案，政府辞职。任命科扬布努为总理并组阁。但因拖欠工资和助学金，罢工、罢课仍时有发生。帕塔塞总统及政府多次接见工会和学生组织代表，进行对话和谈判，予以疏导，化解矛盾，使 1995 年中非未发生大的社会动荡。

五　兵变时起时伏，法国军队参与镇压

在 1996 年 4 月 18 日，由于当局克扣军饷，士兵要求政府补发已拖欠 3 个月的工资。中非首都班吉又一次发生政变，大批士兵包围了国家广播电视台等公共建筑。次日，反政府武装力量已在班吉市中心转变为武装对抗，战斗持续了大约 1 个小时，造成数名平民与军人死亡。法国与中非订有防务协议，在中非驻军 1400 人（其中 800 人在首都）。法国驻扎在中非首都班吉的部队随即被部署在市内值勤，保护总统府及外国侨民的安全。4 月 20 日，政府开始补发拖欠的军饷，兵变士兵返回兵营。

5 月 18 日，中非再次发生兵变。政变士兵绑架了代表政府前来谈判的矿业部部长和军队总参谋长。5 月 19 日，中非当局宣布要优先进行"协商和对话"以结束中非部分军人的叛乱。5月20日,中非兵变军人同意停火。5月21日,兵变士兵与政府的谈判破裂,中非共和国首都班吉的局势日益恶化,外国侨民为躲避战火已纷纷撤离中非。5月22日,中非共和国兵变士兵要求中非总统帕塔塞辞职。帕塔塞总统发布宵禁令并对全国发表讲话,呼吁兵变士兵重新回到谈判桌上,和平解决矛盾。5月24日,中非共和国政府军控制住首都班吉的局势,并遏制了一周前发动军事政变的武装势力的蔓延。在激战中,驻中非共和国的法国部队参与了镇压政变者的战斗。同时总统帕塔塞也已同意对他们实行特赦,并许诺组成全国联合政府,中非兵变士兵同意返回兵营。

6月1日,中非政府同兵变部队领导人签署了一项军队改革协议。兵变者同意将武器交给政府官员保管。

11月16日,兵变士兵再次提出支付1992和1993年所欠的军饷,改善士兵待遇的要求。中非首都班吉再次发生兵变,局势又再度紧张起来。中非总理恩古潘德在国家电台和电视台发表讲话,要求班吉的百姓和士兵保持克制和冷静,以维护国家的和平与稳定。11月26日,中非共和国总统帕塔塞在声明中拒绝反叛军人要他辞职的要求。中非兵变士兵与帕塔塞总统的卫队在首都班吉交火,造成1名孕妇死亡,17名平民受伤,班吉局势进一步恶化。中非总统帕塔塞发表广播电视讲话,要求兵变士兵立即无条件放下武器,否则他将采取一切必要措施恢复国家秩序。

12月5日,中非兵变士兵凌晨用重型武器向忠于帕塔塞总统的卫队和法国军队开火,并试图越过总统府安全隔离带,但被总统卫队和法国军人击退。在中非总统卫队和法国士兵与兵变士兵经过一天的交火之后,中非首都班吉暂时恢复平静。交战双方都在等待非洲国家元首调停小组前来调解。12月8日,在非洲元首调停小组的努力下,中非总统帕塔塞和兵变士兵签署了暂时停火协议,双方同意实现15天的暂时停火。非洲统一组织发声明，支持中非共和国敌对两派实现临时停火。12月22日，经过调停，中非总统帕塔塞和兵变士兵首领在雅温德再次达成临时停火协议，将停火期限从12月23日12时延长至1997年1月23日。12月30日，中非反政府军和政府军在班吉市中心发生激烈武装冲突。

1997年1月4日，中非兵变士兵在首都班吉与正在街头执行巡逻任务的法国军人再次交火，造成两名法国军人和1名中非平民死亡。1月5日凌晨，驻扎在中非的800名法国军人对中非兵变士兵采取大规模行动，对杀害两名法国军人的中非兵变士兵进行报复，他们多次用直升机进攻兵变士兵的营地，摧毁了兵变士兵的多个据点，并收复了兵变以来一直被兵变士兵占领的石油港口和中非的国家电台。于是中非停火协议国际监督小组主席、马里前总统杜尔抵达班吉，就中非局势会见冲突各方代表。驻扎在中非的法国军队在班吉再次遭到当地人的袭击，1名法国军人受伤，袭击者被当场击毙。1月25日，中非总统帕塔塞与兵变士兵首领苏来上尉正式签署《班吉协议》，决定结束兵变，重组政府。

同年2月12日，来自加蓬、乍得、马里、布基纳法索、多哥和塞内加尔等6国，负责监督中非兵变协议实施和收缴流散于民间武器的非洲联合干预部队约500名官兵，在中非首都班吉部署就绪。2月18日，由十个政党、社会团体、无党派人士组成的新政府成立。

3月22日，部署在中非共和国首都班吉的非洲干预部队与一部分中非前兵变士兵发生激战，3名前兵变士兵和两名平民被打死。

6月22日，中非前兵变士兵与部署在中非首都班吉的非洲干预部队下午再度交火，持续到23日凌晨，这次激战造成数十人伤亡。经过3天激烈战斗之后，部署在中非首都的非洲干预部队控制了中非前兵变士兵的地区。

7月2日，在中非停火协议国际监督小组主席、马里前总统杜尔的调解下，中非前兵变士兵与部署在中非首都班吉的非洲干预部队再度达成停火协议。

4 月和 6 月，前兵变军人先后两次与六国维和部队发生武装冲突。为了加强维和部队的作用，8 月，联合国安理会通过了 1125 号决议，决定向中非部署非洲监督团。

1997 年 11 月、1998 年 2 月，联合国安理会分别通过决议，延长非洲监督团在中非的任期。

1998 年 2 月 4 日，中非共和国总统帕塔塞致信联合国安理会主席，对联合国秘书长安南提出的在中非共和国部署一支联合国维和部队接替班吉协定监督团的建议表示欢迎。

同年 3 月 27 日，联合国安理会一致通过 1159 号决议，从 1998 年 4 月 15 日起在中非设立一个"联合国中非共和国特派团"，以接替班吉协定监督团，继续协助中非共和国恢复和平与安全，并监督该国将于 8、9 月间举行的议会选举。根据协议，"联合国中非共和国特派团"将由 1350 名军事人员组成。

4 月 15 日，联合国驻中非共和国特派团正式接替班吉协定监督团（非洲多国干预部队），开始在中非执行维和任务，任期为三个月。

之后，根据形势的发展需要，安理会又两次决定将特派团延长至 1999 年 2 月 28 日，并扩大特派团的任务，以协助中非的立法选举顺利进行。

在联合国维和部队的协助下，1998 年 11 月 22 日，中非共和国国民议会第一轮选举举行，全国近 200 万登记选民从 846 名候选人中选出 109 位议员。执政党"中非人民解放运动"获国民议会 109 个席位中的 47 席。

1999 年 1 月 15 日，中非组成由多党参加的"促进民主行动政府"。联合国安理会鉴于中非的形势仍然不稳定，决定特派团再次延期。

9月19日，中非举行总统选举，帕塔塞总统首轮以51.63%的得票率再次当选总统。

同年11月1日，中非共和国组成新政府。为确保大选之后中非局势平稳过渡，10月22日，联合国安理会通过第1271号决议，将中非特派团任期延长至2000年2月15日。

1999年12月17日，鉴于中非局势已基本恢复平静，联合国特派团维和部队于当日开始撤离中非。在维和部队撤出中非以后，联合国将向该国派遣一个政治特派团，以代替维和部队协助中非政府进行政治和经济改革。

1999年12月31日，中非前总统科林巴通过法国国际广播电台发表讲话，呼吁政变分子放下武器。政变者和政府举行了秘密谈判。

2000年2月15日，联合国秘书长安南通过其发言人在联合国发表声明宣布，联合国特派团从当天起"成功地结束"在中非共和国的维和行动，但联合国在维和部队撤离后仍将继续协助中非共和国政府进一步巩固和平。2月20日，联合国驻中非共和国特派团维和部队总指挥巴泰勒米·拉坦加宣布：联合国设立驻中非共和国代表处，以保证在维和部队撤离后继续维护该国的和平局面。有185名"蓝盔"部队继续留在该国，协助设立联合国驻中非代表处，任务是向中非共和国政府提供咨询服务以及监督和协助整编该国军队。

2000年底，由于不满政府拖欠工资，工职人员举行大规模罢工。

六 解除总参谋长职务，政局进一步动荡

在2001年5月28日，近百名全副武装的军人向中非共和国帕塔塞总统官邸和国家电台等地发起了猛烈攻击，企图推翻现政权。经过3小时的激烈交火，总统卫队挫败了这次由前总统科林巴策划的政变企图。政府军向盘踞在班吉市西南部和东南部的反政府武装发起清剿行动。帕塔塞总统发布公告，宣布悬赏 2500 万非洲法郎缉拿科林巴。

同年 6 月 6 日，中非政府军完全收复首都班吉。这起未遂政变共造成 59 人丧生，87 人受伤，8 万多人逃离首都。中非总统帕塔塞在首都班吉呼吁维护国家安定和民族团结，帕塔塞要求持有武器的公民交出武器。

9 月 26 日，联合国安理会发表主席声明，对中非共和国动荡不安的局势表示深切关注，并呼吁该国有关各方根据 1998 年签署的《民族和解协定》的精神进行政治对话，以实现民族和解。

2001 年 10 月 25 日，帕塔塞总统任命了一批将级军官，同时宣布总参谋长博齐泽被解职。

2001 年 11 月 1 日，中非共和国政府安全机构在班吉以北，博齐泽的住所搜查出大量武器弹药。中非司法混合调查委员会立即派宪兵前去拘捕博齐泽。博齐泽拒捕，其卫队与宪兵发生冲突。3 日凌晨，政府军包围博齐泽住宅，并与其卫队发生激烈枪战。联合国秘书长安南的特别代表西塞将军出面调解未果。帕塔塞也通过国家电台表示，只要博齐泽放下武器，政府将保证他的人身安全。

但博齐泽仍令其武装人员与政府军对抗。4 日，博齐泽发动一伙武装民兵占领了班吉以北地区，并向位于首都中心的总统帕塔塞的官邸发射炮弹。总统卫队予以反击，政府军向博齐泽住宅周围发射了 20 多枚炮弹，首都班吉局势骤然紧张。忠于中非总统帕塔塞的军队与忠于前总参谋长博齐泽的卫队，5 日晚上在班吉机场附近交火。政府军和来自利比亚的军队重兵保卫帕塔塞总统的住所。反政府武装人员在首都北部设置了一些路障，6 日双方在首都班吉北部紧张对峙，经过 5 天的激战，政府军挫败了前总参谋长博齐泽掀起的武装冲突，班吉基本恢复平静。

前总参谋长博齐泽将军从中非首都班吉逃到乍得南部城市萨尔。中非总统府 7 日指控博齐泽准备发动政变,企图推翻帕塔塞政权。中非政府表示,希望将博齐泽引渡回国。

2002 年 10 月 27 日,中非共和国政府军对反政府武装发动了进攻,夺回了被反政府军占领的一些地区。政府军包围了叛军,政府要求叛军"要么投降,要么准备被制服"。前陆军参谋长博齐泽则要求中非总统帕塔塞与所有的反对派对话,否则他就要被推翻。同日,法国外交部发表声明说,法国谴责任何推翻中非合法政府的企图,特别谴责博齐泽的声明。中非共和国总统帕塔塞于 11 月 7 日在首都班吉发表声明,要求所有被原中非武装部队参谋长博齐泽蒙蔽的武装叛乱分子应就近向当地政府机关自首,上交所有的武器弹药,各自回家。并保证这些放下武器人员的人身安全。

帕塔塞还呼吁国际社会向中非共和国提供必要帮助,使中非尽早实现和平与稳定。"中部非洲国家经济与货币共同体"(简称"中非经货共同体")10 月 2 日在利伯维尔举行的特别首脑会议上决定,在一个月期限内,于中非部署一支 300~350 人的多国维和部队,以协助保护中非国家元首,监督乍得和中非共同边境的安全,并对中非武装力量进行改组重建。

"中非经货共同"体首批 104 名多国维和士兵,于 2002 年12 月 4 日抵达中非共和国首都班吉,驻扎在原法国驻班吉的军事基地。由利比亚、加蓬、刚果(布)、赤道几内亚、喀麦隆和马里等国的军人组成的多国维和部队也陆续抵达班吉。开始执行维和使命,在班吉执行巡逻任务。维和部队将全面执行协助保护中非国家元首、监督乍得和中非共同边境安全以及中非武装力量改组重建等任务,对阻碍执行维和任务的任何挑衅行动给予回击,一俟局势恢复稳定,以利比亚军人为主力的多国维和部队将逐步撤离中非。

七 博齐泽再次军事政变成功

在 2003 年 3 月 15 日，中非共和国前武装部队总参谋长 博齐泽，乘帕塔塞出访尼日尔之际，再次发动兵变，袭击了首都班吉，迅速占领总统府和班吉机场，与总统府警卫交火，夺取了政权，正在国外的中非总统帕塔塞乘飞机从尼日尔回国途中，被迫在多哥首都洛美避难。

2003 年 3 月 16 日，博齐泽宣布出任"国家元首"。博齐泽对内，成立"全国过渡委员会"，管理国家事务。暂停执行中非共和国现行宪法，解散国民议会和政府，全国进入"民族复兴过渡期"。坚决反对腐败，整顿社会和经济秩序，向国家公职人员许诺按月发放工资，尽快会见各政党和社会各界人士，以制定一项过渡时期的民族复兴紧急计划（包括重新统一和整顿国家军队，在全国各地区大力开展解除武装工作），整顿国家机构和财政管理，加强防治艾滋病工作。为执行上述计划，尽快组成一个"过渡民族政府"。过渡政府在一个由包括前国家元首在内的各界人士组成的过渡民族委员会的帮助下开展工作。过渡政府制订了较详细的 18 个月至 3 年的过渡计划，准备召开民族和会、实行总统全国大选等。

中非全国对话继续在"过渡民族委员会"的框架内进行，以便尽快在国家最高利益的前提下达成民族和解。为稳定国内局势、赢得民心，博齐泽实施以反腐败为目的的"净手"运动，严惩经济犯罪；整顿矿产行业，严厉打击钻石非法交易；主动与中部非洲经济和货币共同体部队合作，改善首都班吉地区的治安。在政治上，博齐泽积极展开全国和解对话，争取"协商过渡"，并向国际社会承诺最晚于 2005 年初举行全国大选。

对外，为取得国际承认和援助，采取积极的外交政策。首先发展与周边国家的睦邻友好关系，寻求中部非洲经济和货币共同体的支持和帮助。同时，争取西方援助，并取得了法国、欧盟和国际货币基金组织的认可，谋求与法国建立友好关系，形势在向好的方向发展。

博齐泽强调，中非共和国目前面临的首要任务是争取和平、实现民族和解。他呼吁全国人民团结一致，为完成这项使命而努力。

2003 年 3 月 31 日，成立以阿贝尔·贡巴①为总理的中非共和国过渡政府，由 28 名部长组成，其中包括 3 月 15 日发动军事政变的领导人、一些政党的领袖和社会知名人士。在新政府中，总统博齐泽兼任国防部部长，并负责整顿军队和解除武装工作。贡巴兼任财经、预算、计划和国际合作部部长。原反政府武装负责政治事务代表卡里姆·梅卡苏阿被任命为外交部部长。博齐泽的发言人博费特·姆巴耶被任命为新闻和民族和解部部长。

博齐泽指出，中部非洲经济与货币共同体（中非经货共同体）派驻班吉多国部队的维和使命将从首都班吉扩大到整个中非领土，以便为保障中非共和国乃至整个中非地区的和平与稳定作出贡献。为解决国内政治军事危机向新政权提供建议。

同年 6 月 5 日，终于争取到"非盟"11 国的承认，并且还得到 50 亿非洲法郎的援助。

9 月中旬，新政府在班吉举行了为期 6 周的中非共和国"全国政治对话"，来自全国各个政治派别的 350 名代表参加了对话，并通过《十点声明》和一系列建议，然后宣布结束。在对话会议上，博齐泽为政变中一些军人的抢掠行为亲自向全国民众道歉。作为中非今后国家领导人行动准则的《十点声明》强调，必须突出对话、和平和安全，巩固民族团结，加强法治，推动国

---

① 阿贝尔·贡巴系"中非争取进步爱国阵线"主席。该党前身是乌班吉爱国阵线——劳动党，创建于 1972 年，1981 年 2 月更名为劳动党。1991 年 7 月改为现名，是中非的合法政党。

家的经济建设和发展。全国政治对话通过的一系列建议包括迅速
恢复国家安全，起草新的国家宪法，改组政府，成立解决国内冲
突的调解委员会以及如期组织全国大选等。

博齐泽政府执政一年来，在稳定国内局势、改善社会治安、
争取外国援助和解决经济困难方面作出了一些努力。但中非国内
的政治经济局势没有明显好转。全国和解对话虽已进行了半年，
反对党与过渡政府缺乏经常性协商，各方在修改宪法和诸多社会
问题上意见不一；博齐泽宣布准备削减 2.4 万公务员的工资，结
果激起政党、民众和工会的愤怒；而博齐泽擅自决定接待海地前
总统阿里斯蒂德又引发全国不满；为表示抗议，大部分反对党都
未参加博齐泽于 2004 年 3 月 15 日在首都班吉举行的政变一周年
阅兵活动。

2004 年 3 月 31 日，弗朗索瓦·博齐泽总统签署命令，改组
中非过渡时期政府。中非政府更迭后，首都班吉和部分地区发生
骚乱，大部分居民外逃。博齐泽宣布宵禁令。经过 7 个月的努
力，使中非形势出现好转，为便于全国群众参加 10 月 27 日结束
的全国政治对话而举办的各种活动，博齐泽发布总统令，宣布取
消宵禁。

八 新政权出现新矛盾和新冲突

在 2004 年 4 月 17 日，曾帮助现任总统博齐泽政变上台
的前反政府的部分成员在班吉北部地区设置路障，骚
扰市民，并要求总统兑现向他们发放政变补偿金的诺言。这些军
人随后与政府军和中非经货共同体维和部队发生武装冲突，造成
7 人死亡，15 人受伤。事发后，中非政府加强了对首都的治安巡
逻，并与前反政府军展开谈判。但由于双方在赔偿金数额问题方
面存在的分歧较大，谈判于 20 日被迫中断，中非共和国首都班
吉北部地区响起零星枪声，先是轻武器，紧接着又有重武器，枪

声在晚上变得密集，持续了 1 个小时之后逐渐变弱。

中非共和国总统府新闻顾问阿兰·乔治·恩加图阿，于2004 年 4 月 26 日在中非首都班吉宣布，部分前反政府军成员在与博齐泽政府达成协议后，在政府军和"中非经货共同体"维和部队的护送下，大约有 200 名前反政府军士兵，于 25 日晚首先离开首都班吉，返回中部非洲北部和乍得边境地区，另有 200多名士兵还滞留在班吉的一个军营里，由中部非洲经货共同体维和部队监管。

九　进行民主选举和成立新政府

中非共和国独立混合选举委员会在班吉宣布，中非总统选举和立法选举将分别于 2005 年 1 月 30 日和 2 月 27日举行。

为了给 2005 年初的总统选举打好基础，并解决内阁"重臣"——原计划、经济和财政部部长与总统在经济问题上的严重分歧，于 2004 年 9 月 2 日，博齐泽对内阁进行重大人事调整，博齐泽总统签署总统令，解散由塞莱斯坦·加翁巴莱领导的政府，接着中非共和国总理加翁巴莱宣布，由他组建"中非共和国过渡政府"。

2004 年 12 月 30 日，中非过渡宪法法院取消了 12 名总统选举候选人中 7 人的候选资格，引起了一些党派的强烈不满，因而引发中非总统选举危机。

2005 年 1 月 22 日，"中部非洲经货共同体"中非问题负责人加蓬总统邦戈·翁丁巴为协调中非危机，邀请中非共和国总统博齐泽、中非某些政党领袖、一些被剥夺了总统选举候选资格的人士以及平民社会代表，在利伯维尔举行为期一天的会谈，各方经过磋商一致决定，除受到司法追究的前总统帕塔塞一人之外，恢复所有被取消总统选举的候选人资格。这次谈判的结果使得角逐总统职位的候选人最终被确定为 11 人。同时决定，中非首轮总统选举日期由原来的 2 月 13 日推迟到 3 月 13 日举行。

2005 年 3 月 13 日，在举行的总统选举首轮投票中，由于 11 名总统候选人无人得票率超过半数，总统选举在得票率最高的现任总统博齐泽和前总理齐盖莱之间展开第二轮投票的角逐。后来现任总统博齐泽在举行的第二轮总统选举中获得 64.6% 的选票，当选为中非共和国总统，任期 5 年。这次选举结束了博齐泽 2003 年 3 月军事政变上台后建立的过渡政府，使中非共和国恢复了宪法秩序，将对这个多年来动荡不安的国家政局稳定和经济发展产生重要影响。

原政府总理塞莱斯坦·加翁巴莱于 6 月 7 日当选为国民议会议长，并于 11 日正式辞去了原政府总理职务。

2005 年 6 月 13 日，总统博齐泽任命农业经济学博士埃利·多特为中非共和国政府新总理。埃利·多特时年 57 岁，曾在中非农牧部任职，历任非洲开发银行农业经济专家、首席专家、非洲开发银行农业和农村发展处处长等职。他拥有多年在法语国家农业领域工作的经验。

2006 年 9 月 2 日，中非政府进行调整，成立了新政府。新的政府成员中，除任命总理、政府首脑兼财政和预算部部长（Premier Ministre, Chef du Gouvernement, Ministre des Finances et du Budget）埃利·多特（Elie Doté）外，还任命了 21 名部长和 4 名部长代表（详见下文）。

2006 年 10 月 30 日，中非反叛势力"争取联合民主力量联盟"在东北部地区发动军事攻势，夺取了比劳市和瓦达贾莱市，并策划向中非首都班吉进军，使得中非国内局势骤然紧张。"中非经货共同体"中非共和国问题专门委员会主席、加蓬总统邦戈·翁丁巴和该专门委员会的其他成员，曾通过各种外交途径，希望以和平方式解决中非共和国内部的冲突问题，但是，均未奏效。

49

　　"中部非洲经济与货币共同体"中非共和国问题专门委员会于 2006 年 11 月 18 日发表声明，授权驻中非共和国多国维和部队对中非境内的反叛势力予以军事打击，以"保障冲突地区的安全"。声明说，这项决定是应中非当局的要求作出的。于是，"中非经货共同体"驻中非共和国多国维和部队的军事部署得到了加强。

第四节　中非著名历史人物——
巴特勒密·波冈达

　　巴特勒密·波冈达（Barthelemy Boganda，1910 ~ 1959），是中非共和国的奠基人。他 1910 年 4 月 4 日生于洛巴勒的一个布班吉人的村庄。成长于农民之家，年幼生活非常贫困。他的母亲被桑加 - 乌班吉林业公司的卫兵杀害后，天主教传教士收养了他，1922 年 12 月 24 日在教堂接受洗礼，成为天主教徒。先后曾在班吉的"激流地区的圣保罗"学校读书，并曾在刚果（金）的基桑蒂、刚果（布）的布拉柴维尔和喀麦隆的雅温得的神学院学习，1938 年 3 月被授予神父圣职。此后他到各地去传教。

　　1946 年，班吉的格朗丹主教鼓励他出来当国民议会的候选人，1946 年 11 月 10 日，他被选入法国国民议会，并在那里参加了法国人民共和运动。他把全部政治活动集中于要求黑人和白人的同等权利、实行基督教原则和共和国原则。

　　1950 年，他创立"黑非洲社会发展运动"，并领导开展争取民族独立的斗争。他创建并主持的"黑非洲社会发展运动"，是领导乌班吉沙立民族解放运动的唯一政党。

　　1951 年，法国国民议会选举期间曾被控以"扰乱公共秩序罪"，被监禁两个月。

1954 年 4 月，中非西南地区巴亚族人与法国当局发生冲突，波冈达利用自己的声望，劝巴亚族人避免暴力行动，解决了这场冲突，从而进一步提高了他在群众中的威望，他领导的"黑非洲社会发展运动"得到迅速发展。

1956 年，在国民议会改选中，波冈达他以绝对多数票再次当选为法国国民议会议员。他积极主张国家独立和民族解放。

1957 年 3 月，根据法国海外领地《根本法》，乌班吉沙立举行领地议会选举，"黑非洲社会发展运动"获得议会全部席位。乌班吉沙立宣布为"半自治共和国"，波冈达出任半自治共和国行政委员会主席。

波冈达热心倡导赤道非洲四个法语国家（乍得、刚果、加蓬、中非）组成联邦国，从 1957 年 3 月起，他曾努力促进"统一联邦国"的建立。他的这一思想对赤道非洲四国产生着深远的影响。

1957 年 6 月，波冈达当选为法属赤道非洲大议会主席。

1957 年 11 月，乌班吉沙立人民举行大规模的反法示威集会，在大会上，波冈达痛斥法国政府是殖民主义的支柱，并提出："让法国人全都滚出乌班吉沙立！"

1958 年，波冈达代表乌班吉沙立人民，向法国戴高乐递交了要求承认乌班吉沙立独立的请愿书。波冈达为乌班吉沙立的独立做了大量工作。同年 12 月 1 日，乌班吉沙立终于成为法兰西共同体内的"自治共和国"，定名为"中非共和国"。波冈达任其自治共和国总理。

波冈达还担任过班吉市市长，反对种族主义和反对犹太主义国际联盟主席等职。

因飞机失事，波冈达于 1959 年 3 月 29 日逝世。

第三章

政　　治

第一节　国体与政体

一　国体与政体演变

（一）国体的形成和变迁

中非的国体经历着三个大的时期。在新旧石器时代，中非地区人口较稠密，公元 9 世纪才有几个小王国，直到法国殖民者入侵前，尚未形成一个中央集权国家。

法国殖民者入侵后，乌班吉沙立成为法属赤道非洲四个领地中的一个领地。在中部非洲地区，乌班吉沙立人民前仆后继地进行抗法斗争，在以波冈达为首的"黑非洲社会发展运动"的领导下，乌班吉沙立人民逐渐形成一个较团结的群体。在乌班吉沙立人民争取独立斗争和非洲民族解放运动高涨的压力下，法国当局被迫让步，于 1957 年同意乌班吉沙立为半自治共和国。

1958 年 12 月 1 日，乌班吉沙立正式成为法兰西共同体内的自治共和国，改名为"中非共和国"（简称中非）。

（二）政体的更迭

中非独立后，初期实行共和体制；1965 年 12 月，博卡萨军事政变上台，于 1976 年 12 月改共和制为君主立宪制，实行帝制。

1979 年 9 月，达科推翻博卡萨，努力恢复共和制。

1981 年 9 月 1 日，陆军参谋长科林巴接管政权，实行军事统治；1985 年恢复共和制。

（三）中非政治体制经历了五个阶段的变化

中非独立前后的 40 多年来，经历了多党共存时期；实行一党执政；军事统治时期；恢复一党制；1991 年又改一党制为多党制。

1. 多党并存（1949 年 9 月~1962 年 12 月）

黑非洲社会进化运动（Mouvement d'Evolution Sociale de l'Afrique Noire）是中非最早成立的一个政党。1949 年 9 月 28 日，波冈达与志同道合的人决定创立一个人民群众运动的组织，称为"黑非洲社会发展运动"，原系法国非洲属地的非洲民主联盟的一个支部。

此后，"黑非洲社会发展运动"发生分裂，以阿贝尔·贡巴（Abel Goumba）为首的一派于 1960 年 7 月另组"中非民主进化运动"（Mouvenemt d'Evolution Democratique de l'Afrique Centrale），1960 年 7 月，立法议会表决法国与中非的"合作协议"草案时，该党 11 个议员弃权，其主席不同意政府的政策，但不反对与法国合作。1960 年 12 月，"中非民主进化运动"被政府解散，主席阿贝尔·贡巴于 1962 年 2 月被撤销议员豁免权，并被捕。

1956 年和 1957 年，另有非洲复兴党、非洲独立党分别相继成立。

2. 实行一党制时期（1962 年 12 月 21 日~1981 年 2 月）

中非独立后，1960 年 12 月，达科政府宣布解散"中非民主进化运动"。1962 年 2 月，达科政府逮捕了"中非民主进化运动"主席阿贝尔·贡巴，同年 11 月又解散了其他政党。12 月 21 日，议会修改宪法，确定由"黑非洲社会发展运动"实行一党专政。1964 年 11 月，议会再次修改宪法，规定"黑非洲社会发展运动"为全国最高组织和唯一政党。

3. 军事统治时期（1981 年 9 月 1 日～1986 年 11 月 21 日）

在推翻博卡萨的帝制后，达科政府未能及时恢复经济，同时以昂热·帕塔塞为首的"中非人民解放运动"为代表的各派反对势力日益强大。1981 年 2 月举行公民投票，通过新宪法，规定实行多党制。但达科在当选总统后，由其"中非民主联盟"一党组成政府，并将立法选举无限期推迟，使局势更加动荡。同年 9 月 1 日，科林巴宣布军队接管政权，中止宪法，实行军事统治。

4. 恢复一党制时期（1986 年 11 月 21 日～1991 年 4 月）

1986 年 11 月 21 日，举行公民投票，通过新宪法。新宪法规定实行一党制——中非民主联盟为执政党。

在实行一党制期间，实际上，仍存在其他政党，不过有的处于地下活动，有的在国外活动。在科林巴接管政权后，宣布禁止政党活动前，中非存在 10 个政党。

5. 推行多党制（1991 年 4 月至今）

苏联解体后，西方大国强制发展中国家实行西方式的多党制，其多党制浪潮也席卷非洲大陆。1991 年 4 月，科林巴宣布中非共和国改一党制为多党制。7 月各政党陆续登记注册，截止到 1991 年底，全国 8 个政党注册登记，成为合法政党。此后，中非新的政党不断增加，1999 年，全国有 19 个合法政党。2000 年，全国合法政党增至 37 个。

二 宪法的制定及其特点

中非共和国自独立以来，制定的宪法有四个明显的特点。

一是独立初期的宪法，深刻地打上了法国殖民统治者的烙印。独立后的第一个宪法，是以法国宪法和法国的海外《根本法》为依据制定的。

二是宪法废立多变。自独立 40 余年来，宪法废立和修改变化达 13 次之多。先后制定了五部新宪法，五次修改，废除或中止三次，平均每三四年有一次变动。

三是出现了一部封建性的宪法。1976 年月 12 月 4 日，在让－贝德尔·博卡萨自称皇帝期间，中非出现了一部由他炮制的令历史倒退的宪法，即从共和国制的宪法倒退到封建社会的君主立宪制宪法。这是近半个世纪来，在非洲甚至在全世界也是极其少见的一次。

四是中非共和国的第一部宪法不是产生于建国以后，而是产生于建国前的法国殖民统治时期。

1959 年 2 月 3 日，中非独立前夕，在法国殖民统治者的控制下，以法国的宪法和海外《根本法》为依据，由中非制宪议会制定并批准了中非共和国的新宪法。该宪法规定："尊重人权"，男女在法律面前一律平等。规定工人有罢工的权利，但以"不妨害劳动自由和财产权利"为限。所有公民都有选举权。总理具有广泛的权力，如有任免部长和解散立法议会权，等等。

1960 年 11 月 17 日，议会通过宪法修正案。规定总统为国家元首和政府首脑，由国民议会产生，任期 5 年。总统有解散议会的权力；还规定中非共和国是"法兰西共同体的成员国"。"法兰西共同体"公民在中非享有与中非公民同等的公民权。

1962 年 12 月 21 日，中非共和国政府解散了所有反对党，修改了宪法，规定：

> 人民在唯一民族政治运动——黑非洲社会发展运动范围内自由和民主地行使自己的主权。

从而确定了"黑非洲社会发展运动"的一党政治地位。

1964年11月，又一次修改宪法，规定总统由普选产生，"黑非洲社会发展运动"为全国最高组织。

1966年1月1日，原陆军参谋长博卡萨发动军事政变，他废除宪法、解散议会，颁布立宪法令，规定总统有全权处理一切国家事务。

1976年12月4日，以博卡萨为主席的"黑非洲社会发展运动"特别代表大会通过了新宪法，该宪法决定中非实行君主立宪制，国名改称中非帝国，并宣布博卡萨为皇帝，皇帝实行世袭制。

1979年9月，戴维·达科推翻帝制，1981年2月，举行公民投票，通过新宪法，规定中非共和国实行多党制。

1981年9月1日，武装部队参谋长安德烈·科林巴宣布达科总统辞职；军队接管政权，中止宪法，并禁止一切党派活动，成立国家复兴军事委员会，行使行政、立法权力。同时，科林巴还宣布，1985年将逐步建立民主体制。

1986年11月21日，再次举行公民投票，通过了新宪法。新宪法规定：中非共和国实行一党制。中非是主权的法治国家，实行共和政体，在民主中以劳动谋求发展。共和国总统是国家元首、军队统帅，总统由直接选举产生，任期6年，可连选连任，总统缺位时，由国民议会的议长担任临时总统职务。总统有立法创议权，有制定规章制度权，一切军政人员任命权，主持部长会议，召集国民议会会议，决定任期期满的国民议会议长是否连任，可宣布解散议会，与国民议会议长共同享有宪法修改创议权。

1991年3月，又一次修改宪法：增设总理职位，总理为政府首脑；赋予议会对政府提出不信任案的权利，以加强对政府的监督作用；规定桑戈语和法语同为官方语言。6月成立全国修宪起草委员会，主要任务是草拟在现行宪法内增加确立多党制和政党法的有关条款。

1992 年 8 月，再次修改宪法：增加确立多党制和政党法的有关条款；确定三权分立，实行半总统制，总统和国民议会相互独立；国民议会可对政府通过不信任案；经济地区委员会成员由任命改为选举产生。

1994 年 12 月 28 日，举行公民投票，又通过了新宪法。该宪法规定共和国实行三权分立和多党制。共和国总统为国家元首、军队统帅，总统由直接选举产生，任期 6 年，可连任一次。总统是最高行政长官，制定国家总政策；任命总理，根据总理提名任免内阁成员及军、政官员；召集主持内阁会议；主持最高防务委员会和最高司法委员会；有权解散议会；宣布 15 天的紧急状态。总统临时不能视事，由总理代行其职权。总统最终缺位，应在 45 ~ 90 天内选举新总统，其间由国民议会议长代行其职权。总理为政府首脑，负责落实总统制定的总政策。议会有对政府提出不信任案和弹劾政府的权力，不信任案通过后，政府成员必须立即向总统辞职。

2003 年 3 月，博齐泽武装推翻帕塞塔上台后，宣布宪法暂停实施。

三 国家元首及其职权

在 1986 年月 11 月 21 日通过的宪法规定，共和国总统为国家元首、军队统帅，由直接选举产生，任期 6 年，可连选连任。部长由总统直接任命。

1995 年实施的新的宪法规定，总统为国家元首和武装部队总司令，通过直接选举产生，以绝对多数票当选，任期 6 年，至多可连选连任一次。其选举时间规定在现职总统届满前 20 ~ 40 天内举行。总统有权决定公民投票来决定是否延长他的任期，如果投票结果拒绝延长，总统必须辞职并在投票结果公布后两周举行选举，只有出现现总统死亡、辞职、被高级法院起诉时，或由国民议会议长、经济和地方委员会及最高法院院长组成的特别委员会，证明总统已失去理事能力，总统职位才能空缺。在总统职位空缺 20 ~ 40 天内举行选举，总统职位空缺时由国民议会议长出任临时总统。

总统是最高行政长官，制定国家总政策；有权任免总理，根据总理提名任免内阁成员及军政官员；召集并主持内阁会议；主持最高防务委员会和最高司法委员会；有权解散议会；宣布 15 天的紧急状态。总统临时不能视事，由总理代行其职权，等等。

四 中非历任国家元首

（一）戴维·达科（Davvid Dacko）两度（分别于 1960 年 8 月 ~ 1966 年 1 月和 1979 年 9 月 ~ 1981 年 9 月）出任总统

戴维·达科，1930 年 3 月 24 日出生在洛巴伊省的布什亚的一个种植园主家庭。系姆巴卡族人。达科曾毕业于刚果布拉柴维尔的穆荣齐师范学校，当过小学校长。之后，在法国殖民当局的基础教育部任职。1957 年当选为中非领地议会议员。1958 年为中非临时立法议会议员。1957 年 5 月 ~ 1958 年 8 月任波冈达政府的总理。1957 年起先后任领地议员，还任过政府农林、水利、内政和经济商业等部部长。他是前中非自治共和国政府总理、"黑非洲社会发展运动"创始人波冈达的侄子，同时也是博卡萨一世的堂兄弟。曾参加他的叔父波冈达领导的争取民族解放运动。波冈达逝世后，达科继任中非共和国自治政府总理和"黑非洲社会发展运动"主席，领导中非人民继续为争取独立自主而斗争。

1960 年 8 月 13 日，中非共和国正式宣告独立。戴维·达科任中非共和国第一任总统、总理兼国防和司法部长。1962 年下令解散所有的反对党，实行"黑非洲社会发展运动"一党制。

1962 年 8 月，在该党第二次代表大会上继续当选为主席。1964 年再度当选为总统，兼任总理和国防部部长。对内主张全国统一，实行一党专政，干部非洲化。在发展民族经济方面，他认为像中非这样的穷国，只有依靠外国的经济和技术援助，才能开发本国资源。与法国关系密切，并争取美、苏、南斯拉夫等国的援助。

1966 年 1 月 1 日，陆军参谋长让 – 贝德尔·博卡萨发动军事政变，夺取政权，达科被其软禁 10 年。1976 年 9 月，达科出任博卡萨私人顾问，同年 12 月博卡萨称帝后，继续任皇帝的私人顾问。

1979 年 9 月 30 日，达科推翻博卡萨一世皇帝，废除帝制，恢复共和制，自任总统，并宣布成立临时救国政府，解散博卡萨操纵的"黑非洲社会发展运动"。另成立"中非民主联盟"，任该盟主席。1981 年再次当选为中非共和国总统。同年 9 月 1 日，总参谋长科林巴为首的武装部队接管政权，达科被迫下台，他领导的"中非民主联盟"被取缔。

之后，他在莫坎达经营咖啡农场。1976 年 11 月曾随博卡萨访问中国。

（二）让 – 贝德尔·博卡萨（Jean-Bedel Bokassa，1966 年 1 月~1976 年 12 月任总统；1976 年 12 月~1979 年 9 月自称皇帝）

让 – 贝德尔·博卡萨，1921 年 2 月 22 日出生于班吉附近的洛巴耶地区的博班吉族的一个酋长家庭，是前"黑非洲社会发展运动"创始人波冈达的侄子。中非共和国第一任总统达科的堂兄。在 6 岁时，他的父亲由于受官方的虐待去世，其母亲因悲伤而自杀。他曾在姆拜基、班吉和刚果布拉柴维尔的教会学校上学。1939 年应征参加法国殖民军队，在法国军队服役 17 年，计从军 20 余年，第二次世界大战期间曾在欧洲和北非战场参加作战。战后在塞内加尔的圣·路易预备军校进修。1950 年 8 月随法国殖民军队到越南作战，同年晋升准尉。

1956 年 12 月 1 日，根据《卡德尔法案》，他被提升为少尉，1959 年 12 月以法国军事援助团成员身份回到中非。1960 年 1 月，负责组建总统府军事办公室，任该办公室主任，并参与创建国家军队。1961 年升为上尉。1963 年 1 月任陆军总司令。1964 年任陆军参谋长。1965 年升为上校。

1966 年 1 月 1 日，博卡萨发动军事政变，推翻达科政权，自任总统、总理兼国防和司法部部长。同年 7 月自任执政党"黑非洲社会发展运动"主席兼总书记。1966 ~ 1967 年任武装部队总司令兼总参谋长，升为将军。1967 年后兼国防部部长、掌玺部部长、农业和交通等部门十几个职务。1972 年任终身总统和"黑非洲社会发展运动"终身主席。1974 年自封元帅。1976 年 9 月将政府改组为革命委员会，自任主席。1976 年 12 月 4 日，修改宪法，废除共和制，建立君主制，定国名为"中非帝国"，自封博卡萨一世皇帝。1977 年 12 月 4 日，加冕登基。

博卡萨挥霍无度，使职工几个月领不到工资，大学生领不到奖学金，对内专横霸道，滥杀无辜，引起广大群众极大不满。他的私人顾问、前总统达科于 1979 年 9 月 30 日发动政变，博卡萨逃到科特迪瓦共和国避难。1980 年中非当局以侵吞国家财产、滥肆残杀等罪缺席判处博卡萨死刑。1983 年被科特迪瓦当局驱逐出境后，流亡法国。1986 年从法国回国后被捕，受到公审。1987 年 6 月中非共和国刑事法庭以杀人、同谋杀人和侵吞公款等罪行被判处死刑，并处以 600 万非洲法郎的罚款。

1988 年，科林巴总统颁布赦免令，将博卡萨的原判改为终身服苦役。之后，博卡萨的刑期又减为 20 年劳役。1992 年 11 月 30 日，中非共和国司法部长让·克普沃卡发表公报宣布：前中非皇帝博卡萨的 20 年刑期将减为 10 年。1993 年 8 月 31 日，中非总统科林巴发布命令，宣布中非前皇帝博卡萨获释。1996 年 11 月 13 日，病死于中非首都班吉。

（三）安德烈·科林巴（Andre Kolingba，1981 年 9 月 ~ 1985 年 9 月任国家复兴军事委员会主席、国家元首；1985 年 9 月 ~ 1993 年 9 月任总统）

安德烈·科林巴，1936 年 8 月 12 日生于班吉附近一渔民家庭，雅科玛族人。原籍下科托省肯贝镇。曾在班吉的中、小学校学习，后在刚果（布）首都布拉柴维尔的维尔勒克军事预科学校、法国弗雷儒斯军官学校和法国蒙塔尔吉通讯军事技术学校学习。1954 年应征入伍，曾在法国装甲部队任通讯军官，中非独立后回国任中非广播电台台长、中非武装部队通信兵司令。1957 年起先后任中非共和国驻加拿大和联邦德国大使。

1979 年 9 月，科林巴回国后，任武装部队总参谋长。1981 年 7 月晋升上将。同年 9 月 1 日接管政权，成立国家复兴军事委员会，出任主席、国家元首、政府首脑兼国防及退伍军人部长、武装部队参谋长。1985 年 9 月成立新政府，自任总统。1986 年 11 月 21 日，经公民投票选举，正式当选为总统。

1993 年，中非举行首次多党选举时，科林巴落选。科林巴爱好摄影、跳舞和足球运动，年轻时曾是颇有名气的足球前锋。1983 年和 1990 年曾访问中国。

（四）昂热·帕塔塞（Ange Patasse，1993 年 10 月 ~ 2003 年 3 月 15 日）

昂热·帕塔塞，1937 年 1 月 25 日生于中非的瓦姆 – 彭代省帕瓦县。曾在热带作物高等学校和法国国立农学院学习，1959 年在法属赤道学院毕业，并获得农艺工程师证书。1962 年任中非农业巡视员。1966 年任农业局长。1966 ~ 1968 年任农村发展部部长。1969 年任交通发展部部长。1970 年 8 月任主管运输等方面的国务部部长。1970 ~ 1972 年曾先后担任交通、贸易、运输、航空国务部部长。1972 ~ 1974 年先后任总统府负责农村发展、卫生及社会事务部部长，1974 年任旅游、水利、森林、渔猎国务部部长，1976 年博卡萨总统将中非政府改为革命委员会后任革命委员会副主席兼总理。同年 12 月博卡萨称帝，他任中非帝国第一首相，1976 年任首相，1978 年 7 月被免职。

1979 年，帕塔塞在巴黎建立反对博卡萨的"中非人民解放运动"，任该"运动"主席。同年 9 月达科发动政变，推翻博卡萨统治后，帕塔塞提出了与达科一起组成"全国团结临时政府"的建议，遭到达科拒绝。帕塔塞成为达科政府的反对派。1979 年 10 月他回国，一度被捕。1981 年参加总统竞选，落选。同年 9 月，科林巴接管政权。宣布禁止一切政党活动，以帕塔塞为首的"中非人民解放运动"也被取缔。帕塔塞流亡法国。1982 年 2 月返回中非。1982 年 3 月 3 日帕塔塞策划军事政变未遂，4 月 13 日逃亡多哥。1983 年 9 月"中非人民解放运动"的特别代表大会取消他政治局主席及该"运动"的其他职务。

10 年后，帕塔塞于 1992 年回国，1993 年当选为总统。1999 年 10 月 2 日再次当选总统。2003 年 3 月 15 日，被前陆军参谋长博齐泽发动军事政变推翻下台。

帕塔塞已婚，有 11 个子女。曾于 1999 年 6 月访华。

（五）弗朗索瓦·博齐泽（François Bozizé，2003 年 3 月任总统至今）

弗朗索瓦·博齐泽，1946 年 10 月 14 日出生于加蓬穆依拉。曾在法国多所军事院校学习。博卡萨执政时期，1973～1975 年任中非国防部军事办公室主任。1976～1978 年任国家元首副官，1978 年任空军司令。1979 年达科执政后，继续任空军司令。1980 年任中非武装力量副总参谋长、国防部部长。1981 年 9 月科林巴政变上台后，博齐泽于 1981～1982 年任新闻和文化部部长。1993 年竞选总统失败。1996 年被帕塔塞任命为中非武装力量总参谋长。2001 年 11 月被控参与前总统科林巴发动的未遂政变，后逃亡乍得。

2003 年 3 月 15 日，博齐泽以武力推翻帕塔塞政权，16 日就任总统、元首兼过渡政府国防、军队重组和收缴武器部部长。

博齐泽会讲法语、英语和桑戈语。已婚，有 12 个子女。

第二节　国家机构

中非共和国的诞生及政府机构建立和变更情况如下。

一　中非共和国诞生前后

在1956 年 6 月 23 日，法国制定了海外领地《根本法》。1957 年初法国国民议会根据《根本法》通过给予法属赤道非洲"地方自治权"的法律，给乌班吉沙立以"半自治共和国"的地位。根据法国戴高乐宪法规定，1958 年 12 月 1 日，乌班吉沙立宣布为"法兰西共同体内的成员国"，定名为"中非共和国"。

中非独立前夕，在法国殖民统治下，于 1959 年 4 月 30 日组成中非共和国政府，由戴维·达科任总理兼内政部部长，该部设有国家计划、国民教育、公共工程、公共卫生、公共事务、经济商业和农业、畜牧、水利、林业等部门。

1960 年 8 月独立后，于 1961 年 1 月 5 日中非政府改组，全部内阁成员均由"黑非洲社会发展运动"的主要成员担任。1962 年中非共和国政府解散了所有反对党，修改了宪法，规定今后"人民在唯一民族政治运动——黑非洲社会发展运动范围内自由地和民主地行使自己的主权"。1964 年 5 月 6 日政府改组，全部内阁阁员仍然都是"黑非洲社会发展运动"成员。戴维·达科任总统兼国防部部长；马赛尔·杜齐马任总统办公厅国务部部长；内阁成员有内政部部长、外交部部长、国民经济部部长、财政部部长和发展部部长等。

二　政府机构的更迭改组

1966 年 1 月，中非废除宪法，另颁布一个立宪法令，规定总统全权处理一切国家事务。博卡萨上台后，多次改组政府。1971 年 10 月改组的政府，自任总统兼总理及国防、掌玺和新闻部部长。

1976 年 12 月 4 日，"黑非洲社会发展运动"特别代表大会决定，中非实行君主立宪制，并宣布博卡萨为皇帝，实行皇位世袭制。皇帝有权解散议会，任命首相和政府成员。1978 年 7 月改组政府，主要成员有首相亨利·杜迈，还有负责协调经济和财政问题的第一副首相阿尔方斯·科扬巴，负责内政和协调行政、社会问题的第二副首相约瑟夫·波托洛，还有国防和帝国军队大臣、外交大臣等。

1979 年 9 月，前总统达科推翻博卡萨，废除帝制，成立临时救国政府，自任总统。

1981 年 2 月，中非武装部队总参谋长科林巴宣布军队接管政权，成立了由 23 名军官组成的全国复兴军事委员会，行使行政、立法权力。9 月 1 日，武装部参谋长安德烈·科林巴宣布达科辞职，军队接管政权。1982 年 3 月 4 日~1984 年 1 月 23 日先后五次改组政府。1985 年 9 月 21 日，科林巴解散军事委员会，成立新政府。

1986 年 11 月 21 日，举行公民投票，通过新宪法并正式选举科林巴为共和国总统。科林巴宣布成立首届民选政府，实现了由军政府向民选政权过渡。科林巴任共和国总统、国家元首、政府首脑兼国防和退役军人部部长、武装部队总参谋长。分别于 1986 年 12 月 8 日、1987 年 12 月 3 日、1988 年 7 月 5 日、1989 年 1 月 5 日、1990 年 6 月 5 日，先后进行了五次改组政府。

1991 年 3 月 21 日，组成的中非共和国政府，并于 11 月 4 日进行局部调整，中非共和国第一次设立总理职务，由爱德华·弗朗克担任。政府其他主要成员有外交、经济、司法、高教、民航运输、公共工程、劳动等 15 位部长和负责部长会议秘书处和议会联络部部长。1992 年 12 月 8 日组成以蒂莫泰·马朗多马总理为首的政府。1993 年中非举行首次多党选举。3 月，科林巴任命在野党的社会民主党主席德朗·拉库埃为新总理。

1993 年 10 月 22 日，昂热·帕塔塞在第二轮多党选举中获胜后，于是日就担任中非共和国第 4 任总统。24 日任命"中非人民解放运动"副主席让·吕克·曼达巴为总理、政府首脑。29 日新一届政府组成，四个在野党和一个民众团体参加政府。

1996 ~ 1997 年，因政府长期拖欠军饷，中非共和国曾先后发生三次兵变，但在法国的干预下都得到了平息。1997 年 1 月，中非政府同反对派和兵变军人签署《班吉协议》，决定结束兵变，重组政府。1997 年 2 月 18 日，组成米歇尔·贝泽拉·布里亚为首的政府。

1998 年年底，中非共和国举行了立法选举，执政党"中非人民解放运动"获国民议会 109 个席位中的 47 席，1999 年 1 月中旬，中非共和国组成了由多个政党参加的"促进民主行动政府"，政局才相对稳定。

2001 年 4 月 5 日，组成以总理马丁·齐盖莱（Martin Ziguélé）为内阁的新政府，主要成员有国务部部长兼邮政、通讯及负责新技术、文化和法语国家事务部部长等人。

2003 年 1 月 16 日，昂热·帕塔塞总统对政府又进行了重大改组，国防部长、外交部长、内政部长等要职易人，总理继续留任。曾担任过内政部部长的莫里斯·雷戈内萨出任新内阁国防部部长；负责政府总秘书处的部长马夏尔·贝蒂·马拉斯改任外交部部长；埃斯伯雷·亚伯拉罕·朗古出任内政部部长；帕塔塞同时还任命了几名新总统顾问。

2003年3月15日，博齐泽再次策动武装政变成功，一举推翻了统治10年之久的帕塔塞政权。博齐泽于3月31日成立了过渡政府内阁。

2004年9月2日，博齐泽对内阁进行重大人事调整，签署总统令，解散由塞莱斯坦·加翁巴莱领导的原政府，则中非共和国现任总理加翁巴莱宣布，由他组建"中非共和国过渡政府"。新内阁由25名成员组成，由于环境部和畜牧发展部的部长和部长级代表等职务取消，政府成员比上届减少了4人。这届过渡政府成员除总统博齐泽兼国防部部长、总理加翁巴莱外，还包括19名部长和4名部长级代表。

这届过渡政府成员如下。

总理、政府首脑：塞莱斯坦·勒鲁瓦·加翁巴莱（Célestin Leroy Gaombalet）；

国防、退伍军人、战争受害者和军队重组部部长：弗朗索瓦·博齐泽少将（Général de Division François Bozize）；

负责国民教育、扫盲、高等教育和研究国务部部长：阿卜杜·卡里姆·梅卡苏瓦（Abdou Karim Meckassoua）；

农业和畜牧业部部长：帕尔费·姆巴伊中校（Lieutenant-Colonel Parfait Mbay）；

负责计划、经济、财政、预算和国际合作国务部部长：达尼埃尔·恩迪蒂费·博伊森贝（Daniel Nditifei Boysembe）；

外交、地区一体化和法语国家事务部部长：夏尔·阿尔夫·韦内祖维（Charles-Hervé Wenezoui）；

内政和国土管理部部长：米歇尔·萨莱中校（Lieutenant-Colonel Michel Salle）；

司法掌玺部部长：蕾亚·科雅苏姆·杜姆塔女士（Mme Léa Koyassoum Doumta）；

装备和运输部部长：姆波科曼吉·桑尼（M'Pokomandji SONNY）；

能源、矿业和水利部部长：西尔万·恩杜廷加伊少校（Commandant Sylvain Ndoutingal）；

新闻、民族和解、民主和公民教育部部长：约瑟夫·基蒂基·库安巴（Joseph Kiticki-Kouamba）；

河流、森林、狩猎和渔业部部长：德尼·科西·贝拉（Denis Kossi-Bella）；

负责政府秘书事务和与全国过渡委员会关系部部长：扎朗博·阿辛甘比（Zarambaud Assingambi）；

公共卫生和人口部部长：内斯托尔·马马杜·纳利教授（Pr. Nestor Mamadou Nali）；

公共建筑重修、城市规划和住房部部长：亚伯拉罕·戈托·布卢姆（Abraham Ngoto Bouloum）；

邮电通讯和负责新科技部部长：伊德里斯·萨拉奥（Idiss Salao）；

公职、劳动、社会保障和专业专业人员安置部部长：雅克·博蒂（Jacques Boti）；

青年、体育、艺术和文化部部长：德西雷·科林巴（Désiré Kolingba）；

旅游和手工业发展部部长：布鲁诺·达科（Bruno Dacko）；

家庭、社会事务和民主团结部部长：玛丽-索朗基·巴格南吉-恩达卡拉女士（Mme Marie Solange Pagonendji-Ndakala）；

商业、工业和促进私营企业部部长：迪迪埃·旺格（Didier Wange）；

负责公共安全和收缴武器的部长级代表：朱尔·贝尔纳·旺德上校（Colonel Jules Bernard Ouande）；

计划、经济、财政、预算及国际合作的部长级代表：穆罕默德·马迪·马尔布瓦（Colonel Mohamed Mahdi Marboua）；

负责初等和中等教育的部长级代表：艾蒂安·纳塔洛（Etienne Natalo）；

外交、地区一体化和法语国家事务部长级代表：居伊·莫斯基特（Guy Moskit）。

2005 年 5 月 8 日，在第二轮总统选举中，博齐泽正式当选总统。6 月 13 日任命埃利·多特为总理，重新组阁。

2006 年 9 月 2 日，中非政府进行调整，成立了这届新政府。

三　当届政府成员

届新的政府成员名单①如下。

总理、政府首脑兼财政和预算部部长（Premier Ministre, Chef du Gouvernement, Ministre des Finances et du Budget）为埃利·多特（Elie Doté）；

部长：

1. 国防、前战斗人员、战争受害者、解除武装和军队重组当属部部长（Ministre de la Défense Nationale, des Anciens Combattants, des Victimes de Guerre, du Désarmement et de la Restructuration de l'Armée）：弗郎索瓦·博齐泽·杨古温达上将（Général d'Armée François Bozizé Yangouvonda）；

▲② 2. 新闻、民族和解、民主教育和人权促进国务部部长（Ministre d'Etat à la Communication, à la Réconciliation Nationale, à la Culture Démocratique et à la Promotion des Droits de l'Homme）：阿布杜·卡里姆·梅卡索瓦（Abdou Karim Méckassoua）；

---

① 名单及译文由驻中非使馆政治处提供，下同。
② ▲表示新任职务，下同。

△① 3. 农村发展国务部部长（Ministre d'Etat au Développement Rural）：夏尔·马西（Charles Massi）;

△4. 运输和民航部部长（Ministre des Transports et de l'Aviation Civile）：帕费特·阿尼塞·姆巴耶中校（Lieutenant-colonel Parfait-Anicet M'bay）;

▲5. 外交、地区一体化和法语国家事务部部长（Ministre des Affaires Etrangères, de l'Intégration Régionale et de la Francophonie）：科姆·祖马拉（Côme Zoumara）;

6. 矿业、能源和水利部部长（Ministre des Mines et de l'Energie et de l'Hydraulique）：西尔万·恩杜丁加伊（Commandant Sylvain N'doutingaï）;

7. 内政和公安部部长（Ministre de l'Intérieur et de la Sécurité Publique）：米歇尔·萨莱中校（Lieutenant-colonel Michel Sallé）;

△8. 装备和疏通部部长（Ministre de l'Equipement et du Désenclavement）：让-普罗斯佩·沃德博代（Jean-Prosper Wodobodé）;

9. 家庭、社会事务和民族团结部部长（Ministre de la Famille, des Affaires Sociales et de la Solidarité Nationale）：玛丽-索朗基·巴格南吉·恩达卡拉女士（Mme Marie-Solange Pagonéndji Ndakala）;

10. 公职、劳动、社会保障和青年职业安置部部长（Ministre de la Fonction Publique, du Travail, de la Sécurité Sociale et de l'Insertion Professionnelle des Jeunes）：雅克·博迪（Jacques Boti, Société civile USTC）;

11. 青年、体育、艺术和文化部部长（Ministre de la Jeunesse, des Sports, des Arts et de la Culture）：德西雷·科林巴

---

① △表示调任职务，下同。

（Désiré Kolingba）；

12. 公共卫生部部长（Ministre de la Santé Publique et da la Population）：贝尔纳·拉拉·博纳姆纳（Dr Bernard Lalah Bonamna）；

13. 司法掌玺部部长（Ministre de la Justice, Garde des Sceaux）：保罗·奥多（Paul Otto, sans étiquette affichée）；

14. 国民教育、扫盲、高教和研究部部长（Ministre de l'Education Nationale, de l'Alphabétisation, de l'Enseignement Supérieur et de la Recherche）；夏尔－阿尔梅尔·杜巴内（Charles-Armel Doubane）；

15. 经济、计划和国际合作部部长（Ministre de l'Economie, du Plan et de la Coopération Internationale）：西尔万·马里科（Sylvain Maliko）；

▲16. 商业、工业和中小企业部部长（Ministre du Commerce, de l'Industrie et des Petites et Moyennes Entreprises）：罗扎莉·库杜恩盖蕾女士（Mme Rosalie Koudounguéré）；

17. 河流、森林、渔猎和负责环境部部长（Ministre des Eaux, Forêts, Chasse et Pêche, chargé de l'Environnement）：埃马纽埃尔·比佐（Emmanuel Bizot）；

18. 公共建筑重建、城市规划和住房部部长（Ministre de la Reconstruction des Edifices Publics, de l'Urbanisme et du Logement）：蒂莫勒翁·姆拜伊库瓦（Timoléon M'baïkoua）；

19. 负责政府秘书事务和与议会关系部部长（Ministre chargé du Secrétariat Général du Gouvernement et des Relations avec le Parlement）：洛朗·恩贡－巴巴（Laurent N'gon-Baba）；

20. 邮政通讯和负责新技术部部长（Ministre des Postes et Télécommunications, chargé des Nouvelles Technologies）：费代勒·恩古昂吉卡（Fidèle Ngouandjika, CN-KNK）；

▲21. 旅游和手工业发展部部长（Ministre du Développement du Tourisme et de l'Artisanat）：伊沃娜·姆博伊索娜（Mme Yvonne M'boïssona）；

部长级代表：

△22. 负责总理事务部长级代表、政府发言人（Ministre Délégué auprès du Premier Ministre, Porte-parole du Gouvernement）：奥雷里安·森普利斯·津加斯（Aurélien-Simplice Zingas）；

23. 财政预算部长级代表（Ministre Délégué auprès du Ministre des Finances et du Budget）：尼古拉·恩刚泽·杜库（Nicolas N'ganzé Doukou）

▲24. 负责农业的农村发展部长级代表（Ministre Délégué auprès du Ministre d'Etat au Développement Rural, chargé de l'Agriculture）：大卫·邦佐库（Dr David Banzokou）；

▲25. 外交、地区一体化和法语国家事务部长级代表（Ministre Délégué auprès du Ministre des Affaires Etrangères, de l'Intégration Régionale et de la Francophonie）：玛丽·蕾娜·阿桑女士（Mme Marie Reine Hassan, sans étiquette）。

第三节　立法与司法

一　立法

独立前，中非地区根据戴高乐宪法，乌班吉沙立的领地议会改为制宪议会。最高立法机关为一院制的国民议会。1959 年 4 月，在法国统治下选举产生的国民议会，共 50 席，"黑非洲社会发展运动"成员占多数。议长米歇尔·阿达马·汤布。

独立后，1964 年 3 月选举产生的国民议会，共 50 席，"黑非洲社会发展运动"指导委员会提出的候选人名单全部当选。

1966 年 1 月，博卡萨上台执政，解散议会。1976 年 12 月 4 日，通过新宪法，规定国民议会是一院制，议员由普选产生，任期 5 年。议会的职能是按照宪法规定通过法律，确定税收，监督政府工作。皇帝有权解散议会。

达科执政时，在 1981 年 2 月以公民投票方式，通过新宪法，规定实行多党制，但是，达科在当选总统后，却由其"中非民主联盟"一党组成政府，并将立法选举无限期推迟，引起反对派的强烈不满。

1986 年 11 月，通过的新宪法规定，议会称为联席会议，由国民议会和经济与地区委员会组成联席议会。国民议会就共和国总统或国民议会 1/3 的议员提交的法案表示意见。经济与地区委员会主要是地方、首都和主要经济与社会活动部门的代表参加国家政策的制定。国民议会由直接普选产生，议长经国民议会领导机构秘密投票选举，共和国总统批准后当选。国民议会议长即联席议会议长，任期半年，经总统默许也可连任。两名副议长由议长在国民议会领导机构指定。经济与地区委员会成员一半由总统指定，另一半则由国民议会议议长提名，通过国民议会选举产生。国民议会议员除首都 4 名外，每省 3 名，任期 5 年。经济与地区委员会 36 名委员，任期 3 年。

1987 年 7 月，科林巴政权致力于恢复国内安定团结和发展经济，在中非举行立法选举，恢复了中断 22 年的议会制度。1987 年 10 月 15 日由 52 名议员组成新议会。

1991 年 3 月修改的宪法，赋予议会有对政府提不信任案的权力，以加强对政府监督作用。

1992 年 8 月的宪法规定，总统和国民议会相互独立。国民议会可对政府提出不信任案。经济地区委员会成员由任命改为选举产生。

1993 年 9 月成立了新议会，国民议会的任务是通过法律、法令，依法对政府活动进行监督；批准国际条约和协定；授权宣布战争状态；负责审计工作，由审计法院辅之。总统、政府成员和议员共同享有立法创议权。这届议会由85名议员组成，分别来自12个政党，其中"中非人民解放运动"拥有34个席位，为议会第一大党。

1998年12月成立的新议会，由109名议员组成，分别来自11个政党，其中"中非人民解放运动"拥有47席，为议会第一大党。2003年3月军事政变后，议会停止活动。

博齐泽执政后解散议会，成立了"全国过渡委员会"（Conseil National de Transition，CNT）暂时行使部分议会职能。"全国过渡委员会"系政治协商机构，负责审议所有呈交总统的法律草案，协助总统行使立法权；可向总统或政府提出其认为有助于国家生活正常运行的建议；协助政府拟定宪法草案并筹备未来的大选；拥有特别预算和财政自主权。全国过渡委员会主席至少每季度召开一次大会。在紧急情况下，可应总统要求召开会议。"全国过渡委员会"设执行局，成员有正副主席和正副总报告人各1名，通过选举产生；"全国过渡委员会"成员和执行局成员的选举由总统发布命令予以确认，目前共有98名成员。

二 司法

在1982年，全国最高司法机关是司法委员会（Conseil superieur de la majistrature），主席由共和国总统担任，下设最高法院、普通法院和劳工法庭等。最高司法会议不定期召开。最高法院和司法系统各级官员均由总统任命。1985年增设司法委员会副主席一职，由司法掌玺部部长担任。

1983年4月22日，中非共和国特别法庭判处乌班吉爱国阵线——劳动党主席阿贝尔·贡巴、总书记帕特里斯·恩吉蒙古有期徒刑，剥夺公民权利10年，后来遇赦获释。6月6日，判处1981年7月14日班吉影院爆炸事件策划者、"中非民族解放运动"伊迪·拉拉等6名领导人无期徒刑。

1988年1月，科林巴政权为加强保障司法独立，重组了最高法院，增设特别最高法庭、上诉法院、大审法庭、初审法庭、仲裁法庭和刑事、军事、行政法庭。检察长、最高法院院长和特别最高法庭庭长均由总统任命。

1994年，中非共和国的主要司法机构除最高委员会外，增设国务委员会，负责审计和行政案件的仲裁，还规定检察权附于各级法院。

1995年，又增设宪法法院和最高司法法院（非常设机构）。

1999年11月~2001年4月，最高法院为最高司法机构，下设宪法法院、司法法院、审计法院、行政法院等，既是处理民事和刑事案件的最高上诉法院，又是行政诉讼的终审法院。此外，还有上诉法院、刑事法庭和16个大法庭、37个一审法庭、6个劳工、行政法庭和1个军事法庭。最高法院院长为米歇尔·安托万·罗比内。

2001年，中非共和国的宪法明文规定，总统保障司法独立。主要司法机构有最高司法委员会、国务委员会（负责审计、行政案件的仲裁）、宪法法院、最高法院、最高司法法院（非常设机构）、上诉法院、初审法庭和仲裁法庭。检察权隶属于各级法院。

总统任最高司法委员会主席。最高法院院长、最高司法法院院长均由总统任命。

第四节　政党与团体

一　政党

40 多年来，中非的政党经历了独立前后的多党共存时期；实行一党制阶段；无政党的军事管制期；1991年又恢复多党制。

（一）多党并存（1949 年 9 月 ~ 1962 年 12 月）

中非的第一个政党——"黑非洲社会发展运动"（Mouvement d'Evolution Sociale de l'Afrique Noire），是中非最早成立的一个政党。1949 年 9 月 28 日，波冈达与志同道合的人决定创立一个人民群众运动组织。称为"黑非洲社会发展运动"，原系法国非洲属地的非洲民主联盟的支部。1958 年 9 月，前法属领地就"戴高乐宪法"举行公民投票时，该党领导人号召投赞成票。波冈达明确提出：

> "黑非洲社会发展运动"的目的是：通过全世界黑人的共同努力以取得进步的与和平的演进，从而使黑种人取得发展并得到解放。

1950 年 4 月，波冈达又提出：运动必须逐步鼓励非洲社会充分发展，应同"黑非洲社会发展运动"的精神和情况相适应。明确指出它的政治纲领是：

> 保卫非洲人民的自由，保证一切人的平等，尊重每一个非洲人的人格和每一个村社或部族的特性。

波冈达主张中非共和国留在"法兰西共同体"内，他主张在中部非洲成立"拉丁非洲合众国"——包括刚果（金）、卢旺达－布隆迪、葡属安哥拉和赤道非洲四国（加蓬、喀麦隆、中非、乍得）成为中非（中部非洲）法语国联邦。1958 年 9 月，在前法属领地举行的公民投票中，"黑非洲社会发展运动"党领导人及其成员投了赞成票。

1959 年 3 月因飞机失事，波冈达逝世。但该党继任领导继续主张与法国合作。

"黑非洲社会发展运动"党于 1960 年发生分裂，以阿贝

尔·贡巴（Abel Goumba）为首的一派，于 1960 年 7 月另组建
"中非民主进化运动"（Mouvenemt d'Evolution Democratique de
l'Afrique Centrale），1960 年 7 月立法议会表决法国与中非的"合
作协议"草案时，该党 11 名议员弃权，其主席不同意政府的政
策，但不反对与法国合作。1960 年 12 月，"中非民主进化运动"
被政府解散，主席阿贝尔·贡巴于 1962 年 2 月被撤销议员豁免
权，并被逮捕。

1962 年 8 月党的章程明确规定，该党的任务：

> 一是在民族独立的基础上，推动非洲社会的全面发展。
> 二是在政治方面要保卫非洲人民的自由和人与人之间的平
> 等，并在集体和部族中，尊重每个非洲人的人格。三是在经
> 济方面要通过开发土地和矿藏来改善非洲人民的生活。主张
> 发展公私合营企业，优先发展农业和建立中、小型的轻工
> 业，解决人民生活问题。四是在社会方面要建立学校、医疗
> 站、幼儿园、生产和消费合作社、扫盲。

对外奉行和平中立的不结盟政策，主张把中非共和国变成
"非洲的瑞士"。其党的领导人宣称，"黑非洲社会发展运动"是
一个"全民的党，全中非每一个人都是党员"。

党的最高权力机关是党的代表大会。党的指导委员会由 17
人组成，负责制定党的方针政策。主席为戴维·达科。总书记为
夏尔·翁多马（Charles Ondomant）。

1966 年，博卡萨任主席兼总书记。1972 年 3 月，举行全国
代表大会，宣布博卡萨为"黑非洲社会发展运动"的终身主席
和中非共和国终身总统。在他的操纵下，该党于 1976 年 12 月召
开特别代表大会，通过新宪法，决定中非实行君主立宪制，国名
改称中非帝国，宣布博卡萨为皇帝。

1979 年 9 月 20 日，前总统戴维·达科发动政变，推翻博卡萨，废除帝制，恢复共和，并于 1979 年 11 月，达科再次执政后宣布解散"黑非洲社会发展运动"党。

此外，1956 年和 1957 年，在中非境内，非洲复兴党、非洲独立党也相继成立。

（二）实行一党制（1962 年 12 月 21 日～1991 年 2 月）

中非独立后，1960 年 12 月，达科政府宣布解散"中非民主进化运动"。1962 年 2 月，达科政府逮捕了"中非民主进化运动"主席阿贝尔·贡巴，同年 11 月又解散了其他政党。12 月 21 日，议会修改宪法，确定由"黑非洲社会发展运动"实行一党专政。1964 年 11 月，议会再次修改宪法，规定"黑非洲社会发展运动"为全国最高组织。

在推翻博卡萨的帝制后，达科政府未能及时恢复经济，同时以昂热·帕塔塞为首的"中非人民解放运动"为代表的各派反对势力日益强大。1981 年 2 月举行公民投票，通过新宪法，规定实行一党制。但达科在当选总统后，由其"中非民主联盟"一党组成政府，并将立法选举无限期推迟。局势更加动荡。

1981 年 9 月 1 日，科林巴宣布军队接管政权，中止宪法。1986 年 11 月 21 日举行公民投票，通过新宪法。新宪法规定"中非民主联盟"实行一党制。

在实行一党制期间，实际上，仍存在其他一些政党，不过有的政党处于地下活动，有的在国外活动。当 1981 年 9 月科林巴接管政权后，至 1986 年底前宣布禁止政党活动前，中非还存在如下 10 个政党。

1. 乌班吉爱国阵线 – 劳动党（Front Priotique Oubanguien）

1972 年成立。领导人是阿贝尔·贡巴。开始总部设在刚果（布）首都布拉柴维尔。在 1979 年推翻博卡萨帝制政权的斗争中，发挥了一定的作用。1981 年 9 月科林巴接管政权后，被禁止活动。

1982 年 3 月起，该党恢复活动，秘密出版"阵线"的刊物《爱津戈》，发表新闻公报，向党员散发文件，在国外召开代表大会。1983 年 4 月，中非特别法庭判处阿贝尔·贡巴 5 年监禁。1983 年 8 月 31 日，军事委员会执政两周年前夕，科林巴主席宣布：本着民族团结与和睦精神，释放"乌班吉爱国阵线 – 劳动党"主席阿贝尔·贡巴、总书记帕特里斯·恩吉蒙古和某些参与 1982 年 3 月政变的政治犯共 64 名。

2. 争取进步爱国阵线（Front Patriotique pour le progres）

该党前身是"乌班吉爱国阵线 – 劳动党"，1972 年创建，1976 年开始活动，1981 年 2 月更名为"劳动党"。1991 年改为现名，成为合法政党。其主要成员是知识分子和职员。领导人阿贝尔·贡巴（Abel Gouba）。

3. 中非人民解放运动（Mouvement de Liberation du Peuple Centrfricain）

1978 年成立，1981 年取得合法地位，同年 9 月被科林巴政权取缔。

1991 年 4 月 5 日恢复活动。同年 10 月 5 日取得合法地位。主要成员是一些高级官员和知识分子，在中非北方有一定的影响。其宗旨是：

反对帝国主义和新老殖民主义统治和剥削，组织全国的工人、农民和知识分子改变贫穷和落后状况。

座右铭是：自由 – 独立 – 正义。

全国代表大会为最高权力机构，每 3 年举行 1 次。1982 年 3 月，帕塔塞谋划政变未遂，该组织被宣布解散。1983 年 3 月，该组织在中非北部召开特别代表大会，解散了以帕塔塞为首的政治局，另成立政治领导小组，由弗朗西·阿尔贝·瓦冈加任执行委员会总书记。会议要求"实行全国政治生活民主化"。

4. **中非民主联盟**（Rassemblement Democratique Centrafricain）

1987 年 2 月成立。该联盟宗旨是：

> 把全国一切有代表性的力量和愿为维护人权、支持国家
> 民主机构的所有公民汇合成一个运动。

其任务是协助总统制定和贯彻国家的总政策，为建立一个"民主的、相互友爱和繁荣的新中非"而奋斗。

科林巴为该联盟创始人和主席，约瑟夫·马宾吉（Joseph Mabingui）为执行书记。1988 年有 6500 个支部，85 万名党员。

5. **进步共和党**

该党以亨利·迈杜（Henri Maidou）为首。

6. **中非民族解放运动**（Mouvement Centrafricain de Liberationa Nationale）

1980 年 12 月成立。领导人伊迪·拉拉（IdiLala），原为乌班吉爱国阵线领导人。该组织于 1981 年 1 月被政府解散，1982 年 2 月，伊迪·拉拉向科林巴政府提出一项"紧急计划"，要求在一个不长的时间内召集一次有中非各派政治力量和工会参加的圆桌会议，组成全国临时政府，在非洲统一组织监督下举行大选。被政府拒绝，伊迪·拉拉流亡法国。1983 年 1 月 3 日，该组织 13 名负责人被捕。同年 4 月，中非特别法庭缺席宣判伊迪·拉拉等 5 名政治局委员无期徒刑。

7. **中非人民同盟**（Rassemblement du Peuple Centrafricain）

该党领导人为西尔韦斯特·班吉（Sylvestre Bangui）。

8. **中非社会党**（Parti Socialiste Centrafricaine）

该党领导人是坦达莱特·霍齐·奥基托（Jean Tandalet Hozi Okito）。

9. 中非全国联盟（Union national Centracaine）

该党以阿达马·当布·米歇（Michel Adama-Tamboux）为首。

10. 政治、经济、文化和社会思考独立集团（independent de reflexion politique、economique、culturelle et sociale）

该党领导人是弗朗索瓦·佩瓦（Francois Pehoua）。

（三）推行多党制（1991 年 4 月至今）

苏联解体后，西方大国强制发展中国家实行西方式的多党制，故非洲大陆不少国家也提倡实行多党制。1991 年 4 月，科林巴宣布中非共和国改一党制为多党制。7 月，各政党陆续登记注册，截至 1991 年底，全国有 8 个政党注册登记，成为合法政党。1999 年有合法政党 19 个。2000 年全国合法政党增至 37 个，其中有 11 个政党在议会中有席位。这里介绍如下几个主要政党。

1. KNK 全国联合会（Convergence Nationale-KWA NA KWA）

该党原为民间组织，KWA NA KWA 系博齐泽总统竞选口号，在桑戈语的语意中为"劳动，艰苦的劳动"。2004 年 12 月在首都班吉举行博齐泽竞选总统的万人集会。此后，KNK 全国联合会在中非政坛的影响与日俱增，逐渐成为支持博齐泽的政党联盟的核心力量。该组织在政府中有 9 名部长，在国民议会中占有 30 个席位。

2. 中非人民解放运动（Mouvement pour la Liberation du Peuple Centrafrication ）

该党为前执政党。1978 年成立，1981 年取得合法地位，1981 年 9 月，被科林巴政权取缔，宣布为非法政党。1991 年 4 月 5 日，恢复党的活动，10 月 5 日，又第二次取得合法地位。

1993 年，党的主席昂热·帕塔塞在首次多党选举中当选总统，该党成为执政党，号称有党员 100 万人。2003 年帕塔塞被博齐泽推翻后，流亡国外。目前，在中非国民议会中有 11 个席位，是中非第一大反对党。

3. 中非民主联盟 (Mouvement de Liberration du Peu ple Centrafricain)

1987 年 2 月成立，其主要成员是一些高级政界人士和青年知识分子。当时该联盟的主要任务是反对博卡萨皇帝的独裁统治。曾是唯一合法的政党和执政党，1991 年 4 月中非改为多党制后，仍为合法政党。该联盟的宗旨是："把全国一切有代表性的力量和愿为维护人权、支持国家民主机构的所有公民汇合成一个运动。"

其任务是协助总统制定和贯彻国家总政策，为"建立一个民主的、相互友爱的和繁荣的新中非"而奋斗。

1998 年，该党是中非第二大党，在中非国民议会中拥有 8 个席位，自称有 85 万党员。主席为安德烈·科林巴 (Andre Kolinba)。

4. 争取进步爱国阵线 (front Patriotique pour le Progres)

其主要成员是知识分子和职员。1972 年创建，前身是乌班吉爱国阵线 – 劳动党；1981 年更名为"劳动党"。1991 年改名为"争取进步爱国阵线"。在中非议会中占有两个席位。现领导人为亚历山大·贡巴 (Alexandre·Goumba)，于 2006 年 3 月接替其父阿贝尔·贡巴 (Abel Goumba) 出任该党的主要负责人。

5. 民族团结党 (Parti de l'Unite Nationale)

成立于 2002 年，党的主席为让·保罗·古恩潘德，2005 年参加总统选举，并在首轮选举中获 5.1% 的选票，在第二轮选举中支持博齐泽。6 月新政府成立后，古恩潘德出任外交、地区一体化和法语国家事务国务部部长。

其他在议会占有席位的政党还有："社会民主党"、"争取民主和进步联盟"、"现代民主论坛"、"民主自由党"、"公民论坛"、"争取共和联盟"。

1991 年 7 月，"黑非洲社会发展运动"恢复活动，并成为合法政党，领导人为普罗斯佩·拉沃特拉马 (Prosper La-vodrama)。

二 团体

中非共和国的工会、妇女和青年组织，自中非独立前后以来大体有几点变化：

独立前，中非工会组织是属地区性组织的一个分支组织，独立后，中非的工会是一个全国性的组织；

20 世纪 70 年代，"黑非洲社会发展运动"的党章规定，"中非全国妇女联盟"、"中非全国青年联盟"均是党的附属组织。"中非劳动者总联盟"，则"是党的不可分割的部分，是党和工人群众的联系机构"；

科林巴执政期间，规定"中非民主联盟"是唯一合法政党，等等。

（一）工会

独立前，中非地区就有工会组织，1960 年设有"中非赤道非洲总工会中非共和国地区工会联合会"（Union locale C. G. A. T. de la Republique Centrafricaine），是一个地区工会的分支机构。总书记：保尔·丹加（Paul Dunga），1960 年 5 ~ 6 月曾来中国访问。

独立后，成立了"中非共和国工人联合会"，该联合会参加全非工会活动。

进入 20 世纪 70 年代，"黑非洲社会发展运动"的党章规定，"中非劳动者联盟"是党不可分割的部分，是党和工人群众的联系机构。

1990 年 7 月，中非共和国成立"中非劳动者工会联合会"。其章程规定：

> 中非劳动者工会联合会是独立于任何政治、意识形态和信仰的群众组织，有权对涉及劳动者利益的国内和国际问题

发表意见。宗旨是积极参与国家经济、社会和文化发展，捍卫中非劳动者的利益；毫无歧视地同世界上一切劳动者保持友好、友爱和合作关系。

1990 年，索尼·柯莱特（Sony Kollet）当选该工会联合会的总书记。

（二）妇联

"中非全国妇女联盟"于 1977 年 2 月成立，宗旨是组织、动员和教育妇女投入国家发展进程。1983 年 5 月举行全国代表大会，修改了章程，改组了领导机关。科林巴总统夫人担任名誉主席，热纳维埃·隆比洛夫人任主席。

1988 年 6 月，"中非全国妇女联盟"改名为"中非妇女民主联盟"。该联盟的宗旨是：

> 组织、动员和教育妇女致力于国家复兴事业；研究解决妇女问题；维护妇女正当权益。

（三）中非全国大学生协会

该协会是中非共和国的青年组织，成立于 1988 年 1 月，主席为让·克洛德·朗加。

第四章

经　济

第一节　经济发展概述

中非共和国气候良好，雨水充沛，河流纵横交错，土地肥沃，特别是西南部和中西部各地区，适宜种植农作物，包括粮食和经济作物等。中非的森林资源和矿藏资源也较丰富。钻石、咖啡、棉花、木材是中非共和国的4大经济支柱。独立40多年来，虽然在各方面的努力下，经济有一定的进步和发展。但是，由于难以摆脱殖民者长期统治的深刻影响和西方大国经济机制的控制，特别是由于中非自己的主观原因，即独立以来，内战不断，政局动荡，经济上没有一个真正符合国情的发展战略和基本国策，所以迄今仍然是一个以农业为主的国家，工业基础甚为薄弱，人们需求的工业品80%依靠进口，经济基础设施和科学文化落后，国民经济发展缓慢，人民生活贫穷，城市就业率极低（约10%～15%）。独立初，人均年收入约123美元，2002年中非人均收入为250美元，2003年为260美元。据联合国发展规划署的《人类发展报告》称，中非在世界174个国家中排名第166位，债务达十余亿美元，艾滋病病毒感染率占全国人口的14%以上。长期被联合国列为世界上最不发达的国家之一。

据 2005 年《世界发展报告》资料：2003 年中非国内生产总值为 11.98 亿美元；农业、工业和服务业增加值分别占 GDP 比重的 61%、25%、14%。

一　中非是以农业经济为主的农业国

中非共和国全国人口 75% 是农民。随着经济的发展，2000 年农村人口占总人口 63%。农业是中非的经济命脉，农、林、牧、渔业总产值占国内生产总值的 53.4%，但农业生产率低下。主要农业经济作物有咖啡、棉花和烟草。主要食品有木薯、薯蓣、小米、高粱、大米、香蕉。粮食不能满足需要，每年平均进口 10% 的粮食（主要是大米和小麦），以弥补不足。

工业基础薄弱，从业人数占劳动人口的 6%，产值占国内生产总值的 7%。工业企业主要集中在首都班吉，以生产进口替代产品为主。主要工业有食品、机械组装（自行车、摩托车等）、日用化工、电力、卷烟、啤酒、纺织、皮革等。出口行业主要为农产品及木材加工。目前矿业仅限于钻石和黄金开采，且以手工操作为主。

中非殖民化的单一经济影响很深。棉花生产和出口长期居重要地位。经历届政府的努力，中非经济以棉花为主的单一经济，逐步发展成为以钻石、咖啡、棉花、木材为中非的四大经济支柱。中非木材资源丰富。同时由于国际木材市场看好，曾一度使该国经济略有复苏。

二　历届政府为发展民族经济均作了不同程度的努力

在 1962 年，达科政府针对法国企业利用在中非的特殊地位，压榨剥削中非群众，如法国电气联盟将中非赤道电力公司生产的电能全部买去，然后以高价卖给中非公民或企业，从中获取巨大利润，等等。1962 年底，中非共和国政府部

长会议被迫决定将该公司实行国有化，并要求从 1963 年 1 月 2
日起，把电力直接配售给用户，其电费也随之下降。接着，中非
政府对所有经济机构包括生产部门进行全面改组，维护国家权
益，初步建立了民族经济。

1964 年和 1965 年，中非政府采取积极措施，发展经济，与法
国烟草管理局缔结协定，共同创建了法国 – 中非烟草公司，生产
并出口年产千吨的优质烟草。与维约集团合作建立了联合经济公
司，开办罗瑟拉麻纺织厂，专门生产供运输及贮存用的麻布和麻
袋，改变了过去中非国家完全依赖进口的局面，节约了大量外汇。

博卡萨执政以后，强调优先发展农业，1976 ~ 1980 年执行
第二个五年计划，预计投资总额为 1420 亿非洲法郎（约合 5.7
亿美元），其中用于生产投资的部分（主要是农、牧业和能源）
占 32%。资金主要依靠外资和外援。由于博卡萨政权铺张浪费，
穷奢极欲，无度挥霍，20 世纪 70 年代，特别是后期，中非经济
更趋恶化，工农业生产不断下降，如主要经济支柱之一的钻石产
量逐年下降，1968 年产量为 60.9 万克拉，1978 年和 1979 年仅
分别为 28.4 万克拉和 31.41 万克拉，只相当于 1968 年生产量的
50% 左右。1977 ~ 1981 年，年均通货膨胀率为 12.85%。中央政
府财政极其困难。1976 年国内生产总值为 3.78 亿美元，人均收
入仅 126 美元。

20 世纪 80 年代初，中非的经济处境仍然困难。1980 年国内
生产总值为 6.8 亿美元，失业率达 20%。1981 年国内生产总值
为 2078 亿非洲法郎，1982 年为 2363 亿非洲法郎，约合 7 亿多美
元（1982 年 1 美元合 336.25 非洲法郎）。经济增长率，1981 年
为 – 1.3%，1982 年为 – 0.2%。通货膨胀率，1981 年为 14.6%，
1982 年为 14%。1983 年遭受严重旱灾，其经济更加艰难。

科林巴执政后，为缓解困难，强调优先发展农业，重视棉花
和粮食生产，国家向农民贷款，提高农产品收购价格等。1983

年中非政府采取如下三项具体经济政策和措施：

（1）实行新征税法，将振兴经济特别税务征收范围由公职部门扩大到所有工资收入者，增收贸易税5%；

（2）紧缩编制，压缩公共事业开支；

（3）提高棉花、咖啡收购价格。

从而取得一定成效，1983年国内生产总值为1385亿非洲法郎，经济增长率为2.9%。国内生产总值，1984年为1425亿非洲法郎，人均收入270美元。1984年国内生产总值的非洲法郎数额合5.86亿美元。1985年，国内生产总值为3120亿非洲法郎，增长率为2.7%(1美元合398.7非洲法郎)，通货膨胀率为12.3%。

20世纪80年代末，中非实行"有计划的自由经济"政策，积极发展私人中小企业，实行商业自由化，鼓励私人和外国投资。1986年，开始实施"经济和社会发展"之间的五年计划(1986～1990)。规定国内生产总值年均增长为3.5%，计划总投资2802亿非洲法郎（其中86.7%为外援资金），完成经济发展项目267个。

20世纪90年代的前5年，中非的经济、财政出现危机，资金短缺，公共投资下降，出口作物产量滑坡，市场疲软，经济萎缩。1990～1993年，国内生产总值分别为3789亿、3620亿、3540亿、3493亿非洲法郎；人均国内生产总值不断下滑，分别为125000、125700、123311、105848非洲法郎；国内生产总值增长率逐年由正增长转变为负增长，分别为3.6%、0.1%、-1.9%、-2.5%。

1994年，非洲法郎贬值，通货膨胀率达19.4%。1995年，中非政府整顿公共财政，增收节支，打击偷税、漏税，经济略有好转。经济作物产销势态看好，出口作物产量增加，外汇收入和货币均有所增长。国内生产总值增长率为4.7%。但是财政窘迫，债台高筑，工商业萧条，经济仍然十分困难。1996～1997年初，国内发生的 3 次兵变，使经济进一步遭受沉重打击。

1998～1999 年，中非共和国政局较稳定，农业收成较好，林业生产和出口量显著上升，国家财政收入有所增长，其经济在艰难中趋向好转。1998 年 7 月 20 日，中非同国际货币基金组织再度签订经济结构调整计划协议，根据该项协议，国际货币基金组织将在 3 年内向中非提供总计 6600 万美元的贷款。1998 年，国内生产总值为 6210 亿非洲法郎。人均国内生产总值为 17.74 万非洲法郎。国内生产总值增长率上升为 5.5%。通货膨胀率降至 2.6%。

2000 年以来，受国内形势和邻国刚果（金）冲突影响，中非遭受"油荒"，波及社会各个方面，经济再度严重恶化。动乱频仍，2001 年，中非经济和财政状况日益恶化。5 月发生的未遂政变，使国家财政收入减少了 31%。11 月初，政府军与前总参谋长之间的武装力量发生冲突，又使国家财政收入减少 40% 以上。国际金融机构计划给予中非的 4000 万美元的援助资金，也因其国内动乱而不能及时兑现。由于国内连年动乱，其经济几近崩溃边缘。

2002 年，国际金融机构要求中非政府就弥补未来财政亏空作出保证，否则拒绝审议中非减贫三年计划（从 2002 年 7 月起）及其提供援助；非洲开发银行则要求中非偿清以往欠款，并以此作为提供新贷款的先决条件。中非政府为此开展了整顿公共财政的"净手运动"，并与国际货币基金组织就减贫发展三年计划进行谈判，但因政局再度动荡导致谈判未取得进展。

三　与历史状况比较，中非经济在进步和发展

长期以来，中非共和国从历史到现今的经济发展水平都比较低下，随着历史的发展，时代的进步，中非地区广大勤劳人民群众的创造和努力，特别是自独立以来的 40 余年，

尽管中非尚处于不发达状态，但是与中非独立前的自身状况相比，中非经济是在进步和发展的。

不过，由于种种原因，其进步和发展还相当缓慢的。中非的经济发展可分为以下三个时期。

（一）公元 1885 年前的自然经济

在中非地区（即乌班吉沙立地区）的社会发展中，曾建立过几个小的王国，均处于原始公社末期的历史发展阶段，当地居民基本上是以狩猎和刀耕火种方式维持生活，是一种自给自足的自然经济。

（二）法国殖民统治时期和独立初期的经济

1891 年，中非沦为法国的殖民地后，打破了自给自足的自然经济状态，这一时期的中非经济也沦为殖民地经济，其经济特征有如下三点。

1. 具有深刻的殖民地性质

法国统治者从自己的利益出发，严重破坏了中非的自然经济结构，殖民者只生产他们需要的农产品和矿产品。法国垄断了中非全部经济作物等产品的生产、收购、运输、销售和对外贸易全过程。中非取得独立地位以后，其经济命脉仍操纵在以法国为首的外国垄断资本者手里，迄今为止，中非也未能从根本上改变殖民经济体系和摆脱西方大国经济控制的枷锁。

2. 畸形的单一化经济发展

中非是赤道非洲良好的农业区，它拥有地域宽阔的热带草原，气候温和，有纵横全境的大小河流，宜于农作物生长。但是，法国殖民当局以他们的统治地位，利用其优越的自然条件，片面地按照他们的需要，迫使中非种植棉花等经济作物，严重地阻碍了中非农业的正常发展。而无视当地广大群众赖以为生的粮食作物的生产，其种植面积大为减少，致使中非老百姓吃粮长期依靠进口为生。

3. 以农业经济为主

法国殖民统治者占领控制中非后，一方面，大量开采中非的钻石和金矿，当时中非除了几家农产品和木材加工厂外，根本没有工业可言。另一方面，法国殖民者极力强制中非发展法国所需要的热带经济作物，如棉花、咖啡等，严重阻碍了中非的民族工业和农业的发展。

以上三个特点的恶果，甚至成为中非当代经济改革和民族经济发展的严重阻碍。

（三）独立后的中非经济

由于种种原因，中非经济发展变化尽管是缓慢的，但是中非的历届政府，为其经济发展还是作出了一定的努力，提出了一些积极的设想，不同程度地促使了中非经济有所发展和变化，而且有些方面的进步比较快。举例如下。

1. 制订经济发展计划

1962 年，中非共和国政府拟订了一个工业化计划，规定要发展食品工业、炼铁工业、建筑工业和纺织工业。但因缺乏资金、技术等，计划未能实现。1965 年又开始执行新的两年计划（1965～1966）。新计划投资 300 亿非洲法郎，其中，38.8% 用于发展农村经济，21.5% 用于基础设施建设（公路、桥梁、港口），16.6% 用于工矿发展事业。

2. 提出经济振兴设想

1981 年安德烈·科林巴执政后，实行"灵活有计划的自由经济"政策，为恢复经济，注意优先发展农业，扶持私营中、小企业，鼓励私人和外国投资。强调振兴经济，采取了一些恢复和振兴经济的措施，实施 1982 年临时计划，制订 1982～1985 年三年国家行动计划和 1986～1990 年五年计划。总目标是要复苏经济，恢复国际收支平衡，加速生产性投资，整顿国有企业，合理开发矿业资源，规定总投资额为 1100 万亿非洲法郎，争取实现粮食自给和均衡地发展经济，力求实现自力更生。三年计划主要是恢复、整顿经济。五年计划的重点是发展生产和生产多样化，使濒临破产的经济有所恢复和好转。

1981年初，达科当选总统，以昂热·帕塔塞为首的"中非人民解放运动"为代表的各反对派势力日益强大，反对派以选举舞弊为由反对达科政权，局势又趋动荡。中非武装部队总参谋长科林巴宣布军队接管政权；1982年3月初，帕塔塞策划军事政变未遂，使中非国内形势动荡不安。动乱的形势，使经济出现负增长，1981年和1982年，其经济增长率分别为 -1.3%和 -0.2%。两年的通货膨胀率达到或超过14%。1983年中非又遭受严重旱灾。针对以上严峻的形势，中非共和国政府，在1983年采取了以下几项改革措施：即实行新的征税法，扩大振兴经济的特别税征收范围，增收贸易税；紧缩编制，压缩公共开支；提高棉花和咖啡收购价格等。

积极的措施和政策，使中非的粮食和经济作物产量有所回升，农业生产恢复有所成效，1985年，粮食自给率已达到70%～80%。1984年和1985年的国内生产总值增长率分别为2.9%和2.7%。1986年的该项增长率为2.8%。经济发展状况，由负增长转为正增长，从1989年起，农业生产连续数年平均增幅为3%，超过了2.5%的人口增长率。

但是，由于国际市场初级产品价格下跌，给脆弱的中非经济造成不小的困难。1987年和1988年，国内生产总值分别下降了2.8%和1.05%。中非政府为大力恢复棉花生产，缩小财政赤字，保持国际收支平衡，改善交通运输不断作出努力。制订了1986～1990年经济和社会发展的五年计划，在此期间，中非政府三次同国际货币基金组织和世界银行达成协议，执行经济结构调整计划，着手进行经济调整，强调减少国家对经济的干预，发挥中、小企业和私营企业的积极性，逐步实行价格自由化，冻结工资，压缩公职人员的编制，减少国家补贴等。经济结构调整计划的制订和实施，使中非在整顿经济环境、控制行政开支方面取得了一些成绩。

1986 年，中非开始实施 1986～1990 年"经济和社会发展"五年计划。并于 1986 年 7 月、1988 年 6 月和 1990 年 7 月，中非政府先后同国际货币基金组织和世界银行达成协议，并采取积极措施，执行其经济结构性调整计划。

1992 年和 1993 年，中非经济受到多党民主化思潮的严重冲击，出现财政危机，资金短缺，公共投资下降，出口作物产量滑坡，市场疲软，经济萎缩。

1993 年，帕塔塞在首次多党大选中获胜当选总统后，不断作出努力，争取并得到了法国和国际货币基金组织、世界银行的大量资金援助，实行自由经济，积极发展中小企业，鼓励私人和外国投资，缩小财政赤字，保持国际收支平衡，改善交通运输，打击偷税、漏税，使出口作物产量有所提高，外汇收入和货币量有所增加。加上 1994 年非洲法郎贬值 50%，使产品成本下降，政府整顿公共财政，增收节支，中非经济稍有起色。1993 年和 1995 年国内生产总值分别为 3493 亿非洲法郎（1 美元＝283 非洲法郎）和 5820 亿非洲法郎（1 美元＝500 非洲法郎）；人均国内生产总值从 105848 非洲法郎增加到 176363 非洲法郎；国内生产总值增长率由 −2.5% 提高到 4.7%；通货膨胀率降为 2.9%。

1996～1997 年初，连续发生的三次兵变，又使中非经济遭受沉重打击。1998 年 7 月 20 日，中非政府再次与国际货币基金组织签订经济结构调整计划协议。根据该协议，国际货币基金组织将在三年内向中非提供 6600 万美元贷款。1998 年以来，由于政局趋于稳定，经济虽然仍很艰难，但略有好转。农业收成较好，林业生产和出口量显著上升，通货膨胀率由 1996 年的 3.4% 下降到 1998 年的 2.6%。同期，经济增长率从 −2% 上升到 5.5%，国家财政收入有所增长。1996 年和 1998 年，国内生产总值分别为 5450 亿非洲法郎和 6210 亿非洲法郎；人均国内生产总值分别为 16.03 万非洲法郎和 17.74 万非洲法郎；国内生产总值增长率从 -2% 上升为 5.5%；通货膨胀率有所下降。

中非主要农作物产量如表 4 - 1 所示。1992 ~ 1996 年外汇储备情况参见表 4 - 2。

表 4 - 1　1995 ~ 1998 年中非主要农产品产量表

单位：万吨

年　　度	1995 ~ 1996	1996 ~ 1997（估计）	1997 ~ 1998（估计）
籽　棉	3.20	4.24	3.8
咖　啡	0.57	1.27	1.05
木　薯	49.2	52.6	57.9
花　生	8.55	9.06	9.78
玉　米	7.08	7.58	8.26
高粱、粟子	3.30	3.56	3.88

表 4 - 2　1992 ~ 1996 年中非外汇储备情况表

单位：亿美元

年　　度	1992	1993	1994	1995	1996
外汇储备	1	1.2	2.1	2.34	2.32

但是，国内经济管理多有失误，偷税、漏税严重，官员腐败成风。1996 ~ 1997 年政府拖欠工资，引发多次兵变。在重重压力下，帕塔塞总统任命改革家恩古潘德为总理，继续执行结构调整计划，主张财政实施透明度，因而触犯了上层人物的利益，政府改组。1997 年初，米歇尔·格布泽拉 - 布里亚出任新总理，对经济管理采取谨慎态度，以缓解矛盾，尽力减少对抗和阻力。

第二节　农林牧渔业

一　农业

（一）概况

农业在中非共和国的国民经济中占有十分重要的地位，全国可耕地约 650 万公顷（已耕地约 60 万公顷，约占可利用耕地的 9.2%），永久牧场占 4.8%，森林和林地占 57.5%，其他用地占 34.5%；人均可耕地 1.7 公顷。农业还有很大的发展潜力。

据 2003 年的《世界银行发展报告》称，中非 1980 年农村人口占全国人口的 65%，2001 年为 58%。2000 年农村人口密度，每平方公里有 113 人。1984 年农业劳动力占全国劳动力的 85%，1983 年农业产值约占当年国内生产总值的 36%。1996 年农林业产值占国内生产总值的 53.4%。1990 年和 1999 年，农业生产总值占 GDP 的百分比分别为 48% 和 55%。全国从事农业的人口有 180 万人。农业生产主要分为粮食作物和热带经济作物两大类。农业主要集中在西南部的热带雨林地区和中部、西北部的热带草原地区。但农业生产方式落后，生产效率低下。

（二）农业类型和土地使用

农牧业是中非共和国的经济基础和主要生活来源。中非经济以农业为主，根据农业种植、农作物的类型和土地的使用情况可分为以下 5 大地区。

1. 东北部地区

中非东北部地广人稀，土地开垦少，该地区最西北部，是苏丹游牧民季节性放牧的地方。但自然风光优美，有些地方野兽经常出没，也是一中非狩猎和旅游的理想地区。

2. 西北部高地

中非西北部地势相对较高，其气候也不适宜危害牲畜的萃萃蝇繁殖，故该地区没有萃萃蝇，是旱季饲养牛群的主要生产活动地区。

3. 赤道西南地区

该地区有巨大的森林资源和咖啡种植园，是中非国民经济发展的重要地区，中非蕴藏丰富钻石矿的博姆山谷也在这地区；该地区不但盛产咖啡，还盛产木薯、香蕉和棕榈油等作物。

4. 中西部地区

该区人口稠密，主要生产棉花和花生，也是中非重要的畜牧区，中非政府努力采取有效措施，使牧民定居，大力发展畜牧业以为西南部地区提供牛羊肉。

5. 中部棉花带

该地区主要产品是棉花、花生油、棉籽油、芝麻油和众多的牲畜群。

（三）农业指导思想和战略目标

为改变中非共和国的农业落后面貌，中非政府将农业发展的指导思想定为：把农业放在国民经济增长的第一位，增加对农业的投入，对农民提供货款、化肥、农药、良种，开放农产品价格，提高对农民粮食作物的收购价，创造发展农业的宽松环境；重视基础设施建设；加强农业研究和推广工作，扩大粮食生产，努力实现粮食自给；以农业为主导产业，带动其他产业的发展；使国民经济持续、稳定地发展。

根据国情和上述指导思想，中非于 20 世纪 90 年代确定农业战略目标：实现粮食自给自足的内向型发展战略，即强调"以人为中心的发展战略，开发人力资源和满足基本需要是首要的重点"。其具体战略目标如下。

1. 扩大食物生产，增加投入

中非政府每年将国家预算的 25% 投入农业。主要是对食品的投入，包括粮食、肉类、鱼、糖、蛋、奶、油、蔬菜等。

2. 提高出口经济作物产量

中非为提高经济作物产量，努力与其他非洲国家合作，争取建立公正、公平和合理的国际经济新秩序，提高农产品出口价格，以增加国民经济收入。

3. 注重增加出口产品

中非政府注重调整产品，实现多样化，努力扩大出口新途径。

（四）发展农业的措施

20 世纪 80 年代以来，中非为发展农业生产，主要采取如下措施。

1. 加强基础设施建设，发展交通运输业

1982～1984 年，中非政府拨款 7000 万美元，修筑公路 3200 公里，建设农村便道 2000 公里，运输条件的不断改善，促进了农产品的销售，活跃了城乡经济。政府为扩大农产品出口，还计划从首都班吉到喀麦隆沿海的克里比市修建一条 1160 公里的公路，以利产品出口运输。

2. 实行"灵活，有计划的自由经济"政策

适当增加农业投资和贷款，提高农产品收购价，放开农产品销售价，降低农业税，低价向农民销售农具、种子、化肥、农药，加强对农民技术培训和农民的技术援助，奖励农业生产能手等，采取一系列的有效政策和措施，从而使农业取得一定程度的发展。

3. 成立各种专业公司，各施其责，加强对农业的生产和管理

中非共和国先后成立了"中非农业发展公司"和"中非烟草公司"两个混合公司。前者负责棉花和粮食生产，国家资本占 75%，法国资本占 25%；后者负责烟草生产，国家资本和烟草、火柴经营公司资本各占 50%。还建立"咖啡种植发展公司"和"中非棕榈公司"，这是两个国营公司，分别负责咖啡和咖啡区的粮食生产以及棕榈种植。

另外，还建立了"中非瓦姆－彭代发展公司"，主要负责协调瓦姆－彭代省综合发展计划。

4. 制定政策法规

先后制定了农业引进外资政策和税法、投资法、劳动法、企业法等，以保证农业的发展。

5. 设立农业科研机构，努力推广新技术

中非政府在各级行政单位设立了农机局（站）和中非农业研究所、咖啡和可可研究所、油料植物研究所等。研究机构将成果传播到相关的省级农机种子局，再进一步推广到县、镇的农机种子站。基层的技术人员组成工作组，带着良种、农药到农村和种植园进行技术指导，帮助农民学习各种种植技术、育种、栽培、施肥、农业机械的使用以及病虫害的防治技术等。

从 20 世纪 70 年代，中非政府开始重视对农作物种子的选育工作，对提高产量和免疫抗灾具有重要意义，加强培育良种的研究工作，成立了热带农作物研究所、咖啡和可可研究所、中国援助博亚利农业站等农作物研究机构，加强对农作物良种的选种，培育高产早熟的可可品种，引进阿拉伯斯塔杂交咖啡种（该种具有质量好、产量高、抗疫性强、味美等特点）。

在县、镇还设立了农业技术咨询站，常年为农民服务。咨询站的工作人员每年下乡若干次，进行现场技术咨询，宣传农业技术的重要性和使用方法。初步建立了农业新技术推广应用机制，从而大大提高了农作物的产量。

（五）农业的组织形式

中非农业组织形式，主要有以下三种。

1. 个体经营

即以家庭经营为单位，以自给自足的小农经济形式为主，这种形式在农村中占绝对优势。土地属国家所有，由部族或酋长所控制，个人只有使用权，中非的粮食和棉花的生产几乎全部由家

庭种植。咖啡生产的 75% 都来自小农种植。

2. 种植园经营

中非独立前，咖啡多由欧洲人经营，种植规模小于 100 公顷的占 60%，大于 400 公顷的占 4%。独立初期，西欧的园主纷纷外逃，种植园面积减少。之后，非洲人掌握了咖啡种植的所有权，开始了以种植园形式的大规模生产。

20 世纪 80 年代以来，中非共和国注重发展加工业，建立起制糖厂、棕榈油榨油厂，为了给加工厂提供原料，政府积极鼓励发展大面积的棕榈种植园和甘蔗种植园，其中甘蔗种植园约 3000 公顷。

3. 国营畜牧场

中非因有萃萃蝇为害、缺乏兽医和防治的设施，影响了畜牧业的发展，每年需要从邻国乍得和苏丹进口大量的牛羊肉。为了节约外汇，改善和提高居民的生活水平，中非政府决定进一步发展自己的畜牧养殖业，决定由政府投资，在班吉西部巴利河地区建立国营畜牧场和兽医站网，同时还建立了屠宰场和畜牧加工场等配套设备。

（六）中非的农业作物

中非的气候和土壤适合多种粮食作物的种植和生长。粮食作物，主要有木薯、薯蓣、高粱、玉米、稻谷、粟子等。北部和高原区也种植稻谷和高粱。

热带经济作物，主要有棉花、咖啡、烟草、花生、芝麻、剑麻、黄麻、胡椒、橡胶、香蕉、柑橘和油棕等。近年来，又开始种甘蔗。中非的咖啡质量良好，占出口第一位，约占出口产品的 33%。

1. 粮食作物

中非独立以后，粮食作物生产有了一定的发展。在科林巴执政时强调优先发展农业，中非政府每年将国家财政预算的 25% 左右投入农业，使粮食产量有了较快发展。1989 年，中非的玉米、薯蓣和高粱比建国初增长两三倍。农业生长率连续数年超过人口 2.5% 的增长率，达到 3% 的水平。

但是，由于自然灾害（旱涝、虫灾等）、战乱和政策失误等多种原因，粮食产量时起时落不稳定。粗粮基本能自给，大米可以大部分或部分自给，部分需要进口，中非几乎不产小麦，主要靠进口。

木薯　木薯是生长在土地下的块根作物之一，是中非居民最主要的一种粮食。因木薯对水分适应性广泛，抗旱耐瘠，拒蝗虫，种植费工少，可以备荒，产量高，便于储藏，粗加工后可贮存两三个月。食用方法较简单，可以将其制成粗粉、细粉、糊团，以粗粉较为普遍，即将干透的木薯用水浸泡，除掉所含氢氰毒素以后，进一步加工成黄褐色粒状物，以备贮存。木薯生长期间颇耗地力，经常作为玉米、高粱等其他作物的后作，也可以间作。有的种在垄上，有的种在丘上，种植期一般为 5 ~ 6 个月，有的因水、肥和品种条件的差异，生育期则需要 9 ~ 12 个月不等。

木薯全年都可以收获，每公顷产量 2 ~ 10 吨，其增产潜力较大。在阿达马瓦高原的农田试验中，曾获得每公顷产 15 吨的纪录。

中非独立初期，1961 年的木薯年产量为 72 万吨，但在 60 年代，其产量起伏不定，1962 ~ 1964 年，其年产量在 62 万吨左右，1965 年达到 78 万吨，1966 年产量又下降，1971 年创纪录，上升为 82 万吨。70 年代是中非木薯产量最高的 10 年，其中有 5 年的年产量均超过 90 万吨，1973 年达到 94 万余吨，创历史最高水平。

进入 80 年代，1980 年年产 90 万吨，此后，由于中非遭遇大旱灾以及其他多种因素，产量步步下降，从 1985 ~ 2001 年，产量一般为 50 余万吨，2003 年为 56 万余吨，2004 年产量为 56.3 万吨，也未超过 60 万吨。

薯蓣　是中非人民群众另一种生长在地下的最常食用的块根作物，这种作物的产量不断增长，1961 年的产量为 10 万吨，1971 年增为 12.5 万吨，1981 年进一步增为 16 万吨，1991 年产

量比 1961 年翻了一番多，上升到 23 万吨。1995 年突破 30 万吨，
达到 34 万吨，直到 21 世纪的第一年产量达 38 万吨，再创历史
新高。2003 年为 33 万吨，2004 年达 35 万吨。

高粱　高粱也是中非当地的主食之一。初独立时，1961 年
产量为两万吨，1962 年提高到 3.9 万吨，1964 年增至 4.2 万吨，
此后十余年高粱产量维持 3 万多吨。80 年代年产量基本上超出 4
万吨，最高曾达到 6.1 万吨。但从 1989～1998 年 10 年间，年产
量仅在两万吨左右徘徊不前。1999 年起逐渐回升，1999～2002
年产量分别为 4.5 万吨、4.7 万吨、5.03 万吨和 5.2 万吨。2003
年和 2004 年保持在 4.8 万吨、4.2 万余吨的水平。

粟子　独立初，1961 年粟子年产量仅 5000 吨，1962 年增至
11 万吨，增产 1 倍多。从 1962～1980 年，近 20 年的年产量未超
过此数，1981 年才略有增长，达到 12 万吨。从 1981～2002 年
的 20 年间，其产量一直在 1 万～1.2 万吨之间浮动，其中，
1991～1994 年的 4 年中，其年产量均未超万吨，1998～2002 年
产量较稳定，每年为 1.2 万吨。2003 和 2004 年分别为 1 万吨和
1.25 万吨。总之，40 多年产量增长有限。

玉米　1961 年的年产量为 4 万吨，之后数年减产，1967 年
恢复至 4 万吨，第二年增为 5 万吨，此后十余年，每年保持在 4
万余吨。80 年代的大旱之后，1986 年猛增至 9.4 万吨，1987～
1994 年玉米年产量 5～6 万余吨，1995 年以后，中非的玉米产量
从 1995 年的 7 万多吨节节攀升，1996～2001 年，年产量分别为
7.58 万吨、8.26 万吨、8.8 万吨、9.5 万吨。2000 年开始突破
10 万吨，2000～2001 年分别增至 10.1 万吨和 10.7 万吨。2004
年创历史最高纪录，达 11.9 万吨。

不仅如此，另外，因需求量的大幅增加，玉米的进口也不断
增长。从 1983～2001 年，中非每年从国外进口数百吨玉米，
1993～1995 年进口玉米超过千吨，1994 年最高达 6197 吨。主要

原因是中非国内对玉米的需求不断增加，尽管大旱之后，政府采取了增产措施，但仍跟不上需求的增长速度，中非粮库的库存入不敷出，从 1982～1990 年，库存连年为负增长，分别为 –1000 吨、–4000 吨、–4300 吨、–9000 吨、–1.8 万吨、–3000 吨。1991 年玉米库存才开始达 1.1 万吨。

稻谷　随着城市化的进展，农村人口不断涌入城市，据《世界银行发展报告》推算，中非共和国城市人口以 4.5%～4.8% 的速度增长，现在城市人口约占总人口的 41%～42%，吃商品粮的人口大幅增加。同时，人民对生活的要求日益提高，人们对大米和面包的需求倍增，这一趋势将保持下去。

每年 7、8、9 三个月是中非的雨季，平均月降水量达 330 毫米，雨量充沛，完全具备种植水稻的条件。但中非的自然条件也非常适合种植"旱作稻"。旱地种旱作稻，耕作简单，成本较低。土地一般只需耕两次，耙一次便可下种，与传统的种植水稻方式相比，耕作方法粗放简单，不需要建立耗资很大的水利设施，当地农民比较乐于接受。中非人少地多，种植旱作稻的潜力很大，土地还可进行休耕和轮作，投入少，而效益高。

旱作稻 1 公顷可收稻谷 5 吨左右，加工后可得 2.5 吨到 3 吨大米。按当地市价每公斤 360 非洲法郎（约合 5 美元）计算，可收入 100 多万非洲法郎，比种植传统的木薯经济效益高出 20 倍。中国专家经过多年的不懈努力，试验种植旱作稻，在近几年已获得成功，目前旱作稻已在中非 2000 多公顷的土地上得到推广，受到当地农民和政府的欢迎与重视。

在中非，许多年轻人由于对收入微薄的传统种植业不感兴趣，他们中的许多人纷纷离开农村到城市去谋生，但城市里就业也很困难，从而导致了许多社会问题的产生。中国专家推广种植旱作稻以来，不少年轻人看到了旱作稻在经济上给他们带来的实惠，许多人又从城市返回了农村。发展粮食生产是人类在 21 世纪的重要课题之一。中非试种旱作稻的成功，对推动中非和非洲国家粮食生产有普遍的积极意义。

中非共和国生产稻谷的历史不长。又缺乏精耕细作的劳动习惯，总的态势是产量不断增长，从独立初的年产约 3000 多吨增至两万吨，虽然稻谷进口量逐步减少，但仍供不应求，需要进口。1961 年的年产量为 3000 吨，60 年代产量不断有所增长，1969 年突破万吨，达 1.3 万吨。70 年代前半期产量在 6000 吨~1.2 万吨之间，1977 年创纪录增至 1.8 万吨，从 1978~1998 年的 20 年间，稻谷产量在 8000 吨左右至 1.7 万吨左右，其产量起伏波动不定。1998 年以来稳步增长，每年增收约两千吨。1998 年 1.85 万吨、1999 年 2.1 万吨、2000 年 2.31 万吨、2001 年 2.53 吨、2002 年和 2003 年达 2.74 万吨，创历史最高水平。

稻谷产量，在 20 世纪 60 年代至 70 年代基本能自给，每年略有进口。自 1981 年开始，除个别年份外，年进口量均超出两千吨，1985 年和 1990 年分别为 5700 余吨和 5100 余吨，1986 年是进口最多的一年，达 8414 吨。进入 21 世纪之初，进口似有减缓之势，2002 年进口 2200 吨。

小麦　中非共和国基本不生产小麦，独立以来一直依靠进口，同时由于需求增加，其进口量呈现不断倍增的趋势。2001 年比 1961 年进口增长约 10 倍。1961 年为 4810 吨，1968 年超出万吨，1971 年升为 1.27 万吨，1981 年和 1991 年分别 1.65 万吨和 2.438 万吨，1994 年和 2001 年进一步增至 4.679 万吨和 5.08 万吨。

2. 经济作物

棉花　棉花是中非最主要的经济作物之一。中非种植短绒土棉始于若干世纪以前。19 世纪末 20 世初法国殖民者入侵后，为了他们的需要，开始引种商品性的长绒棉。第二次世界大战后，中非的棉花种植面积为 12 万公顷，1954 年扩大到 15.6 万公顷。中非是法兰西共同体内仅次于乍得的第二个棉花供应国。

除东北边界地区和森林地带外，全国各地均产棉花。现在产棉区主要集中在中非的西北部和中部高地，沙里河上游平原为重要产区。

在法属赤道非洲四个领地中，中非也是第一个遭受法国殖民政府强迫种植棉花的地区。最早在 1924 年，法国殖民总督就强制命令当地居民种植棉花。不久，法国的大小垄断公司蜂拥而来，其中最大的棉花垄断公司——"法国非洲棉花公司"，霸占了很大一片土地。中非独立之初，棉花的贸易全部为法国赤道非洲棉花公司、法国非洲棉花公司、上乌班吉棉花公司和乌阿麦－纳纳棉花公司四大公司控制。据统计，中非的籽棉产量 1930 年为 800 吨，1948 年上升到 2.5 万吨。之后，由于世界市场的棉价不断下跌，大批使用原始农具和落后耕作方法的非洲小棉农，被迫放弃种植棉花。中非的小棉农从 1955 年的 34.36 万人减到 1961 年的 28.2 万人。独立前，1958 年棉花产量为 3.14 万吨，是殖民时代的最高产量。

中非独立初期，1960 年和 1961 年棉花产量分别为两万吨和 2.73 万吨。中非共和国为实现经济非殖民化，将法国资本经营的棉花公司改为合作经营企业，并为稳定棉花、咖啡价格和调配其他农产品，成立两个基金组织。60 年代，中非棉花发展较快，1962 年籽棉产量迅速上升达 3.27 万吨。1966～1969 年产量分别为 3.98 万吨、4.86 万吨、5.80 万吨，1969 年创历史最高水平，达到 5.91 万吨。从 1970～1976 年始，其产量在 4～5 万吨上下浮动。1967～1976 年的 10 年中，可以说是中非独立以来，棉花生产的黄金时段，增产的主要因素有二，一是种植面积比独立初扩大；二是单产每公顷增产 40%～50%。

由于政局动荡，资金和化肥等严重不足，棉价低，纳税重，沉重打击了棉农的积极性，1981 年度，棉花产量仅 2.28 万吨，比独立初的 1961 年产量还低，降至 1961 年以来最低点。1982～1983

年，全国开展"棉花运动年"，政府采取一系列措施，鼓励发展棉花生产，全国棉田从 1981 年的 5.4 万公顷分别扩大到 7.95 万公顷和 8.41 万公顷，棉花产量 1984 和 1985 年分别上升至 4.56 万吨和 5.23 万吨。此后，从 1986～2004 年的 18 年间，1991～1993年，分别为 2.1 万吨、2.4 万吨和 1.59 万吨。除 1996、1997、1998 年外，产量徘徊在二三万吨左右。其中最糟的是 2003 年和 2004 年，年产量仅 1000 吨。

棉花减产的主要原因，除战乱不断，政局动荡外，1986 年世界市场棉价暴跌，中非政府按照世界银行的建议，减少了对农民的补贴，关闭了七家轧棉厂中的三家，减少棉花分散种植，加强集中种植，结果 1986 年棉花产量降至 3.4 万吨。为改变这一状态，政府作出决定，停止减少植棉区，确保棉花收购价。经过 10 年的努力，1996 年和 1997 年终于走出低谷，产量分别达到 4.2 万吨和 4.6 万吨，但维持时间不长，从 1998 年产量又开始下滑。

咖啡 在中非，咖啡是仅次于棉花的第二经济支柱作物。咖啡的主要产区在中非的西南地区和中南部地区。1922 年，法国总督强迫中非农民在他们村庄周围种植咖啡。1929 年，欧洲殖民主义者纷纷来到中非，开始创办小型咖啡种植园，获得高额利润。此后，咖啡种植面积不断扩大。到 1935 年，欧洲人种植咖啡面积达到两万公顷。咖啡的产量在一个时期不断上升。1936年为 788 吨。

1950 年，世界市场咖啡价格高涨，中非农民种植了 1000 公顷土地的咖啡。而法国殖民者以种种借口限制非洲人发展自己的咖啡生产。但是遭到非洲农民的反抗。他们继续在自己土地上扩大咖啡种植面积，并发展自己的咖啡加工工业。1958 年，他们已能生产 200 吨质量很好的咖啡豆。1959 年，中非的咖啡种植面积为 2.7 万公顷。

中非的咖啡品种优良，其中以高种咖啡（Caffeaexcelsa）、纳纳种咖啡（Caffea. nana）和中粒种咖啡（caffea. robusta）的原产地而著称。高种咖啡树高 15～20 米，产量高，耐旱，咖啡质量好，在农作物中出口占第一位，咖啡出口额占总出口额的 20% 左右，其中浓咖啡占咖啡总产量的 90% 以上，这种咖啡产于南方的洛巴耶、桑加、翁贝拉－姆波科、下科托、瓦卡、姆博穆等几个省。

中非独立前，由欧洲人经营大规模的咖啡种植园，1959 年中非的咖啡产量为 6000 吨，是独立前的最高产量。独立后最初两年，产量提高，1961 年上升为 8200 吨。1963 年达到 1.26 万吨，产量比独立前增长一倍。中非是参加国际咖啡协定的国家，规定对传统市场的出品份额为每年 9000 吨。中非只好将其余的咖啡出售给东欧和日本。中非的咖啡生产产量，70 年代除个别年份外，产量均在 1 万～1.6 万吨。80 年代前半期产量为 1.3 万～1.7 万吨（每年约出口 1 万～1.6 万吨），1982 年曾一度达到 1.97 万吨。80 年代的后半期是历史上咖啡生产最好的时期，1986～1989 年，连续 4 年的年均产量超过两万吨，其中 1988 年，达到 2.44 万吨，创历史上最高产量。

因国际市场咖啡价格的波动、中非咖啡园遭受水灾以及战乱的影响，咖啡产量也随之起伏不定，尤其是自 90 年代实行多党制以后，产量在 0.9 万～1.8 万吨之间起伏徘徊，再也未超出两万吨的水平。

烟叶 中非的烟叶生产，经历了由低到高，再从高走向下滑的趋势。1961 年，中非的烟叶产量 450 吨，种植面积 1100 公顷。1965 年，其年产量增至 700 吨。1970 年超过千吨，1975 年翻了两番，达到 1876 吨。1977 年产量达到 2753 吨，是独立初的 6 倍。但是，从 1979 年开始，产量下降，自 1986 年以后迄今，产量再也未过千吨，一直在 430～700 吨之间浮动。2003 年为 475 吨。最主要的原因之一，是种植面积大幅度减少。

花生　1961 年产量 4.4 万余吨，20 世纪 60 年代，先略减产，从 1967 年之后产量平稳增长，至 1975 年达 9.2 万吨，产量比独立初翻了一番，这一年的产量也是历史上最高的一年。1976～1983 年，绝大多数年份均在 8 万吨以上，从 1984～1999 年间，花生产量在 4 万～7 万余吨之间浮动。2000～2001 年，其产量又分别回升至 8.1 万吨和 8.5 万吨，花生的产量基本能满足国内需求。1961～1965 年，每年还出口上千吨花生，但 1966～1973 年国内需求增加，每年还进口约两三千吨。1974 以后，为调剂品种，每年花生的出口量大于进口量。

此外，中非每年还产棕榈仁、可可、麻和橡胶等经济作物等。

（七）中非农业中存在的问题

中非农业技术的进步还是初步的，从总体上讲，生产工具原始，生产方法落后，生产组织形式远远不能适应现代农业的发展。耕作方法基本上有迁徙种植、灌丛轮作和定耕三种耕作制，以前两种为主，最常用的是灌丛垦荒轮作，土地休闲时间长短不一。最广泛的方式是刀耕火种，通常是旱季一到，放火烧草，将草木灰撒在地上，然后由妇女翻地和播种。

中非独立 40 余年，全国使用的农业机具还不足百台。1961 年全国有农用拖拉机 15 台，收割机－脱粒机两台。10 年后，1971 年分别增至 48 台和 3 台。从 1971～2001 年的 30 年间，农业机械非但未增加，反而减少，拖拉机仅约 30 台左右。总之，耕作方法亟待改善和提高。

中非已逐渐形成积肥和施农家肥的习惯，施草木灰作肥料，或将树叶杂草埋在地下使其腐烂当肥料。中非没有化肥厂，化肥需要进口，其外汇匮乏，无力进口更多的化肥，故化肥使用较少，全国每年最多仅施氮肥 1000 吨，磷肥和钾肥各 100 吨。以 20 世纪的 90 年代为例，1993～2001 年，前 4 年每年仅进口化肥 300 吨，后 4 年年均进口 600 吨。化肥的严重匮乏，影响了农作物产量的进一步增长。

中非农作物产量不高的另一个原因是病虫害问题，由于植保措施不力，特别是经济作物的病虫灾更为严重，在多雨潮湿的情况下，咖啡和可可的病虫害蔓延快，果实腐烂病比较普遍。防治病虫害需要大量的农药和杀虫剂，中非本国不能生产，因外汇所限，每年无法大量进口，1961～1973年每年进口农药不超过百万美元，1974～1994年农药进口偶尔达到300万美元，1995～2002年也未超过400万美元。

二 林业

中非木材资源丰富，多为名贵木材，产量大，出口多，是中非外汇重要收入来源之一。中非的林区分布在南部地区，覆盖着大面积的热带原始雨林，北部为草原稀疏林，中部为灌木和乔木混合林，东部茂密的河谷有大片森林。全国森林面积为3.5万平方公里，约占全国总面积的6%，可采面积2.8万多平方公里，木材储量近9000万立方米，盛产乌木、红木、花梨木等各种热带名贵木材。

中非有5个主要林区，分别分布在洛巴伊、班吉西南的宾博、伦巴木、洛巴伊以西的姆拜基－恩戈托、上桑加省南部。西南部热带雨林属刚果热带雨林型，树种多达200余种。现仅开采筒栋、非洲梧桐、艳榄仁木、非洲胡桃木、桑巴桃花心木、安哥拉非洲栋、阿芙苏木等十余种珍贵热带木材。储量最多的是伦巴木（Limba）、萨佩利木（Sapless）和阿伊乌斯木（Ayous）三种木材，总储量达3500万立方米。

独立前，森林采伐主要由外资经营，法国公司占最大的份额。中非木材主要依靠河流运输，旱季沿刚果河传统航线运输。水位低，运输费用较高，使森林开发速度减慢，只有10%的林区能利用河流运输。法国的国营铁路公司、森林与海运马加公司、日贡比内等公司攫取了采伐中非森林的权利。法国殖民当局每年发给这些公司大片森林面积的伐木执照。1959 年就发放了 9.15 万公顷森林地域的 18 个伐木执照。

中非地处内陆，运输不便，运费高昂，成本较高，加之法郎升值使中非木材价格竞争力降低。但中非成立了新的木材公司和锯木厂等，实行开发与保护资源并重的方针，在采伐森林的同时，从 70 年代开始中非政府注意造林，每年造林数百公顷，主要种植艳榄仁树、肉桂、桉树等。为保护森林资源，1990 年，中非政府向联合国国际开发协会贷款 1900 万美元，改良树种，植树造林，并计划开发邦戈斯高原的原始森林，扩大生产，增加出口。

中非森林采伐生产在不断起伏中发展。中非共和国建国最初 5 年，圆木生产逐年稳步增长，1961 年和 1962 年，圆木年产分别为 177 万多立方米和 182 万余立方米，1963～1965 年，其产量分别是 185 万、190 万和 198 万立方米。1966 年超过 200 万立方米，1971 年达到 250 万立方米以上，10 年后，1971～1973 年比独立初产量增长 50% 左右。20 世纪 80 年代和 90 年代的 20 年间，年产量均在 300 万立方米以上，80 年代中期产量比 1961 年增长翻了约一番，如 1980 年突破 300 万立方米。1995 年又上了一个新台阶，达到 350 万立方米以上，进入 90 代至 2002 年，除 1992 年为 373 万立方米，创独立以来最高纪录外，其他年份维持在 300～350 万立方米的水平。到 21 世纪的前 3 年产量呈下降态势，2001～2003 年，其产量分别为 305 万、297 万、282 万立方米。

木材出口是中非共和国主要创汇来源之一，但大起大落。根据联合国粮农组织 2005 年 8 月资料，中非 1961 年出口圆木量仅为 11200 立方米。1962 年上升至 17500 立方米。70 年代的前 3 年圆木出口比独立初增长约 10 倍左右。1971～1973 年出口分别为 10.1 万、10.9 万和 15 万余立方米。1981 年出口为 12 万多立方米，此后圆木产量波浪式的下滑，1991 年仅 1.6 万立方米，几乎倒退至独立初的水平。21 世纪初前后，出口创历史最高纪录，2000 年为 25 万立方米，2001 年、2002 年分别为 31 万和 33 万余立方米。2003 年和 2004 年分别为 25 万余立方米。

从出口经济创汇收入分析，1961 年为 11.5 万美元，60 年代圆木出口基本未超过 100 万美元，1971 年猛增至 260 万美元，1973 年超过千万美元，达到 1061 万美元。1979 年增至近 3000 万美元。进入 80 年代圆木收入逐渐下滑，从 1998 年又开始迅速回升，进入 21 世纪前后的两年，圆木外汇收入创纪录，分别是 3968 万美元和 7825 美元。80 年代的头几年，国家总收入的 1/5 来源于木材出口。中非全国有 8 个森林采伐公司和木材加工公司，现均为私营企业，其中 7 家属外资经营企业。

三 畜牧业

中非西北部养牛业相当发达，牛贩们冒着烈日酷暑，长途跋涉将成群的牛源源不断地赶往南方各地。北方市场上牛肉丰盛，价格便宜。南方很少产牛，主要原因是南方森林有一种牛的天敌——萃萃蝇和锥体病（又名昏睡病）。萃萃蝇分布于湿度大、植被茂密荫蔽热带非洲低地。北纬 14 度以南，雨季萃萃蝇繁殖快，活动多。锥体病是由一种锥体寄生虫，通过萃萃蝇嘴上一个十分锋利的针，能轻而易举地穿透坚韧的牛皮，将寄生虫的病毒注入牛的体内，使牛昏睡死亡。

萃萃蝇是威胁牛和人生命的锥体虫病的媒介。20 世纪 50 年代广泛流行于非洲中部地区，中非是撒哈拉以南非洲主要疫区之一。由于锥体病的流行，使犁耕农业没有强健有力的牵引役畜，农业发展受到严重影响。有关当局采取了积极措施，防治和消灭萃萃蝇的工作取得了初步成效，1960 ~ 1980 年逐渐得到控制。但是，在 1982 年仍有部分地区暴发流行，主要在桑加、瓦姆、上姆博穆三个省，发病率较高，萃萃绳和锥体病仍然是该地区生态环境中的一个难题。然而，猪、鸡、鸭、羊等畜禽在中非普遍饲养，并生长良好。

为了防治牲畜疾病，中非共和国于2001年5月28日，参加了在喀麦隆经济首府杜阿拉市召开的非洲中部地区经济共同体牲畜卫生防疫会议，会议决定扩大共同体内部牲畜饲料的生产规模，联合防治本地区的牲畜疾病，以保障人民的食品安全。这次会议，有力地促进了中非共和国牲畜疾病的防治。中非历届政府积极努力采取了各种措施，使畜牧业有了较大发展，牛羊大牲畜成倍增加。

畜牧业（包括牛、绵羊、山羊、猪和家禽等）比法国统治时期有了大幅度的增长，中非独立之后有的成倍增长，有的则有起伏地增长几倍乃至百倍。

（一）牛和羊

中非独立初，1961年牛年产40.3万头，在20世纪60年代的10年中，牛的存栏数量稳步上升，1970年达68万余头，比刚独立时，增长50%。70～80年代牛存栏数量基本呈增长趋势，1977年突破100万头大关，1983年又迈上一个新台阶，超出200万头，达到212万余头，20世纪的最后两年和新世纪最初两年，牛的存栏数均在300万头以上，1998～2002年，分别为306万头、312万头、320万头和327万头。

同期，中非羊（包括绵羊和山羊）的存栏数量从50万头增至62万头，1979年超过百万头。1994年和2002年，羊的存栏数量分别在200万头和300万头以上。2003年和2004年达到330余万头。

（二）猪和家禽

猪的存栏数量，1961年仅两万头，中非独立以来的40多年，猪的存栏数量增长了近37倍，2002年达73万余头。

家禽1961产量仅76万只，2002年增到458万余只，增长到6倍多，参见表4－3。

表 4-3　中非独立以来猪和家禽增产情况

年　　份	1961	1971	1981	1991	2001	2002
猪（头）	20000	94000	300000	454306	707000	738000
家禽（只）	760000	1105000	1569000	2870000	4399000	4585000

四　渔业

中非是一个内陆国家，但全国河流纵横，有河、湖、池、沼约 2000 处，淡水渔业资源较丰富，广泛进行淡水养殖，尤以北方河流面积大，地处热带，因水温较高，有利于浮游生物和水生植物的繁殖，同时，为鱼类提供了丰富的饲料，每年产鱼约 1.5 万吨左右。主要出产鲤鱼、脂鲤鱼、淡水鲱鱼类、鲈鱼、丽鱼、鲶鱼等。全国有渔业工人近万人。

中非东北部建有全国的渔业生产合作社，其产量为全国鱼产量的 50% 以上。中非地区由于气候炎热，加之缺乏足够的冷藏设施，所捕获的鱼产品不易贮藏，因而将捕获鱼的 60% 加工为熏鱼和干鱼。

中非政府较重视渔业的发展。由于水产品蛋白质含量高，营养丰富，可以改善人们的饮食结构，又可以鱼、虾、蟹等水产品弥补粮食的不足，减少粮食的进口，节约外汇。为此，中非当局专门设立养殖咨询小组，负责研究养殖水产品的技术，如鱼饲料的配制，鱼生活的最佳环境等。

1984 年，中非渔业部门从中国引进鲤鱼、草鱼、鲢鱼等 5 种鱼苗，并在博亚利农场养殖试验成功，中非农村发展部在全国推广养殖这些鱼种。

1961~1962 年，年产鱼 2000 吨，从 1963~1979 年鱼产量逐年上升。1974 年突破万吨，产量为 1.19 万吨。1977~1995 年，鱼的年均产量 1.3 万余吨，1996~1998 年约 1.4 万余吨，1999~2003 年，进一步提高到 1.5 万吨左右。

第三节　工业和矿业

一　工业

在第二次世界大战时，法国为了保障自己国家军队的需要，在中非建立了每年可生产30万双鞋的鞋厂，以及被服厂和两家碾米厂。此外，还修建了屠宰场、制革厂、铝制品厂和自行车厂。

独立初期，中非的工业很落后，仅有的一些农业加工工业都为法国公司所垄断。法国在中非建立了21家轧棉厂，每年能轧棉6万吨。

独立后，中非当局力图发展自己的民族工业，1965年初，中非政府同法国威纳特公司签订协定，这家公司在班吉建立一座纺织厂（约合1000多万美元）。为使合作多元化，中非政府还同德国的克努仆斯公司签订了六个协定，由该公司贷款帮助中非建立咖啡加工工厂、棕榈油厂、水泥厂、果汁饮料厂等。

1968年，中非政府用外国贷款建造成全国最大的工业企业班吉纺织印染厂。由原来同外资合股开办的纺织印染厂、麻纺厂和麻袋厂三家工厂组成全国最大的企业，1976年1月收归国有。该公司现有职工1200多人，每年能生产坯布240万米、花布510万米。而且还能生产床单、棉毯、医用纱布和药棉。除基本能满足国内市场需要外，并有少量出口。20世纪70年代末80年代初，中非政府为鼓励和帮助中小型企业的发展，成立了援助中非中小企业中心。中非民族资本已有所发展，占总资本19.5%。民族资本主要经营电力、纺织厂和屠宰厂等。

中非约有250家企业，其中有十多家规模较大的企业，各企业有四五百人，其余均为小企业。工业企业主要集中于首都班吉，以生产进口替代产品为主。现在中非主要工业有：食品加工、机械组装（自行车、摩托车等）、日用化工、电力、卷烟、啤酒、纺织、皮革等。出口行业主要为农产品及木材加工。

1979 年，工矿业生产总值占国内生产总值的 14.1%。1990 年上升为 17%。近几年工矿业产值占国内生产总值为 20.5% 左右。1997 年，工矿业产值为 2.55 亿美元，占国内生产总值的 26.6%。但中非加工工业仍十分落后。

二　矿业

中非共和国具有丰富的矿藏资源，蕴藏着黄金、铜、镍、锰、铬、锡、汞和石灰石（储量 800 万吨）等多种矿物。北部地区还发现了石油。

（一）钻石

中非的钻石蕴藏量相当丰富，全国有一半的地方都蕴藏着钻石，分布广，钻石质地优良，其中，有 1/2 以上的产量是制作首饰用的上等产品。而且部分蕴藏在河流的冲积层中，最主要的产区在西南部靠近刚果（布）和喀麦隆之间的卡诺、贝贝腊提、博达、瓦达 – 亚林等地区，该地区产量占总产量的 70% ~ 80%。北部恩代莱附近的钻石矿区也开始开采。钻石开采以手工操作为主。中非钻石的产量从前仅次于科特迪瓦，占法属非洲地区的第二位。中非是世界上第五大钻石生产和出口国。

1913 年，在中非的伊皮地区发现第一颗半克拉重的钻石。在殖民统治时期，法国实行杀鸡取卵的政策，法国赤道矿业公司和东乌班吉矿业公司不仅垄断了中非的钻石开采权。而且施行掠夺性的开采，严重地破坏了钻石矿层。1930 ~ 1931 年，开采出 3000 余克拉。1934 年产量下降为零。1937 年在上桑加发现新的矿床，开采出 6000 余克拉。1939 年上升为 1.45 万克拉。第二次世界大战刺激了对钻石的需求，产量从 1940 年的 31927 克拉

上升到 1945 年的 82891 克拉。1944 年，在卡诺开采时，发现了一颗当时法属领地上最大的达 391 克拉的钻石。由于掠夺性的开采和国际市场钻石价格下跌，使钻石产量不断下降，1960 年进一步降至 7 万克拉。

独立后，中非政府采取了一系列保护钻石工业的措施，1963 年底，成立了国家矿业勘探和开采公司。1964 年 3 月，在班吉开辟了自己的钻石市场，中非政府还开办了一家合资钻石加工工厂，打破了完全由法国资本垄断中非钻石生产、加工、销售的局面。1964 年非洲人自己开采经营的钻石在总产量中占有相当的比重。1968 年钻石的产量创历史最高纪录，年产 60.9 万克拉，是 1960 年产量的 8.7 倍。

20 世纪 70 年代，中非政府对出口钻石抽税过高，一般钻石生产国出口税率为 2%，而中非的税率却高达 20%，这种税率政策既严重打击了外国投资者，又造成钻石大量走私和偷税漏税。为打击走私，鼓励生产，中非政府从 1983 年开始调整钻石出口税率，先后将钻石出口税率降至 14% 和 12%，使钻石有起伏地不断增产。1983 年为 26.1 万克拉，1984 年和 1985 年，分别上升到 32.5 万克拉和 46 万克拉。90 年代后半期，中非钻石年产量都保持在 40 万克拉以上，1995～2000 年，中非钻石产量参见表 4－4。

表 4－4　1995～2000 年中非钻石产量

单位：万克拉

年　　度	1995	1996	1997	1998	1999	2000
钻　　石	48.43	48.73	47.34	41.99	43.11	44.26

中非的钻石走私情况严重，据官方分析，走私价值占生产价值的一半左右。为了加强打击日益猖獗的钻石走私，尤其打击反

政府武装以钻石换军火的"冲突钻石"活动。2005 年 5 月，中非共和国颁布了关于钻石生产和出口的新条例，规定新成立的从事钻石收购和出口单位每月钻石出口最大限额为 100 万美元，以前的钻石经营单位则为 200 万美元。任何从事钻石非法交易的个人或单位将受到司法惩处。政府每 3 个月将对新条例实施情况进行检查，以便及时发现违法违规行为。

中非开采钻石最大的公司是中非矿业研究与开采公司，系合营企业。还有四家规模较小的公司进行开采。此外，有以手工方式生产的个体户约 5 万人，其钻石产量占全国产量的 90%。中非钻石主要由几家在中非的外国独资商人收购。

主要企业：中非钻石加工厂，这是非洲法语国家最大的钻石加工工厂，有职工近百名。

（二）黄金

中非当地居民中很早就有人以淘金为业。1912 年，在邦巴里以北地区河床中发现黄金矿藏。黄金是开采钻石的副产品，产量不稳定。1927 年和 1928 年，法国殖民者的赤道矿业公司，在南部河谷地区，设厂采金。之后，随着钻石开采的发展，采金业日益衰退。中非独立初期，每年在邦巴里和伊皮地区朗日开采金矿，并于 1929 年开采出四磅半黄金（约两公斤的黄金）。1930～1931 年，产量分别上升为 200 磅和 550 磅。第二次世界大战期间保持在 1500 磅左右（六七百公斤）。80 年代初，中非政府采取积极措施，实行减税政策，推动黄金开采，使黄金产量有所恢复，1980 年的年产量高达 538 公斤，1984 年降到 261 公斤，1988 年上升为 384.9 公斤。从 1984～1990 年，黄金产量每年都在 200 公斤以上，此后产量不断下滑。

（三）铀

1963 年，距班吉以东 480 公里的巴库马地区发现铀矿，储量估计约为两万吨，汰选率为 50%。中非政府曾计划于 20 世纪

80 年代开始采掘，年开采量为 800 吨。但是，由于国际市场铀的价格下跌和没有直接通往喀麦隆边界的公路等原因，阻碍了铀矿的开发。

三 能源

第一次世界大战后，法国殖民当局在班吉建立了第一座小型柴油发电厂，发电能力为 1170 千瓦。1955 年，法国人在离班吉 100 公里的由布瓦利瀑布处建立了一座水电站，发电能力为 3200 千瓦，主要为法国资本在波里的纺织厂提供廉价的电力。1958 年，中非地区的发电量为 440 万度。

中非独立后，中非政府为发展电力工业作了一定的努力，1963 年，发电能力提高到 1728 万度。到 1993 年底，中非在布瓦利瀑布又建设了一座新水电站，水力发电能力和火力发电能力共有 4.3 万千瓦，可提供全部用电量的 80%。另有 10 座小型热电厂。1995 年，全国总发电量为 1.02 亿千瓦时，主要为水力发电。虽然在中非北方已发现石油矿藏，但尚未开采。目前，石油进口量占中非贸易额的 70%。为解决能源短缺问题，中非计划在卡博地区再建造一座水电站。

第四节 商业与服务业

一 市场结构与商业特点

由于中非工业基础薄弱，绝大多数工业民用产品和农副加工产品均依靠进口。中高档产品，如家电、化工用品、纸张、文具、食品、饮料、机械设备、运输工具等主要来自欧洲。日本的运输工具在中非也占据一定市场，其他低档日常用品，如纺织品、布匹、床上用品、小五金、箱包、鞋类、小收音机、收录机、计算器、缝纫机、暖瓶、风扇、玩具、自行车、三轮车等多来自亚洲。近年通过直接和间接途径，中国产品在大市场（当地普通百姓选购商品的简易棚集中地）、低档商品商店、地摊上占据很大份额。

二 商业布局

班吉市繁华地段为中、高档商品店面，主要消费对象为驻外机构、外国人和本地有钱人；当地居民居住区也设有地摊性市场、低档产品商店、药店等；城边有一个综合性大市场（当地人称为五公里市场），该市场是小商小贩的集中经营地，中低档商品比较齐全（多为低档商品，有新、有旧、有逃税的走私商品、甚至还有盗窃来的物品），从活、鲜农副产品到各类轻工、电器、建材等商品。基本上应有尽有，价格便宜，其他城市除个别连锁店外，多以地摊为主。

中非人民生活极其贫困，消费水平低下，加上中非的特殊地理环境（商品运费太高），构成了中非商品市场价高、量小的特点。除了大市场外，其他商店几乎门可罗雀。由于开店的房租、水电、员工工资、商品关税、企业经营税等均较高，而每天的商品销售又有限，故只有提高商品价格才可勉强支撑，形成恶性循环。其价格和中国市场相比，均高出 3 至 10 倍以上。如苹果每公斤价格之高，相当于近百元人民币。由于消费水平低，所以高、中档产品每次进货量都不多，以防积压。如一次性购货量较大，则需提前与商家联系，以量订货。

三 中非的主要商业机构

中非具有工业、矿业、手工业商会；农业、牧业、水利、森林、打猎、渔业商会；还设有雇主联合会和商人协会。主要商家几乎全部为外国人所经营，主要商业机构如下。

1. 卡马诗集团

该集团下设 6 个公司和连锁店。主要经营房地产、木材采伐、五金电器、轻纺产品、家电、自行车、摩托车、食品和娱乐设施。其集团董事长为叙利亚籍中非人，是中非首富。

2. 发图尔集团

该集团下设 4 家商行。主要经营车辆、文具和书店。其董事长为黎巴嫩人。

3. 斯凯格集团

该集团下设 4 家公司。主要经营综合性贸易、文具、国际运输和咖啡园。董事长为黎巴嫩人。

4. 考曼拜克斯集团

该集团下设 6 家商店，主要经营轻纺产品、儿童玩具、杂货等综合进出口贸易。董事长为黎巴嫩人。也是黎巴嫩在中非最有实力的商人。

5. CFAO 责任有限公司

该公司总部在巴黎。主要经营建材、电器、食品、超市、车辆等，是中非最大的建材商行。其公司经理为法国人。

6. SCODIAL 公司

该公司下设 6 家连锁店。主要经营建材。除一家在班吉市外，其他 5 家均设在内地经济省。其公司法人代表为葡萄牙人。

7. 李奥集团

该集团下设 3 家公司，主要经营旅店业金属车间等。董事长为瑞士人。

8. SFFC 集团

该集团下设 3 家商行，主要经营木材对外贸易、木材内销、国际贸易。集团董事长为黎巴嫩人。

9. 迪亚斯兄弟责任有限公司

该公司下设 3 家连锁店，主要经营食品、杂货超市（有一家在内地省）和综合性贸易。公司法人代表为葡萄牙人。

10. 让·马利集团

该集团下设两家公司，主要从事转口贸易和五金商店，董事长为中非人。

11. SODIPHAC 集团

该集团下设 3 家商店，主要从事药品业务和五金商店。董事长为法国人。

12. CCCG 公司

该公司主要从事综合性进出口贸易。有一家食品、玩具、杂货超市。公司法人代表为黎巴嫩人。

13. 全国钻石商行

该商行设在班吉。主要经营钻石开采及钻石制品销售业务。商行总经理为瓦索。

14. 全国农业开发公司

该公司设在班吉。主要经营棉纺织品，棉籽油、花生制品。经理为帕特里斯·昂德因戈伯马。

15. 全国公路运输公司

该公司设在班吉。主要经营公共汽车和汽车客货运输业务。总经理为乔治·雅巴达。

16. 中非棕榈油生产公司

该公司在班吉，主要经营开发和生产棕榈产品。其总裁为让－普里拉·姆贝耶。

17. 中非水上运输公司

该公司设在班吉。主要从事水上交通运输业务。其总经理为弗朗科瓦·杜塞安。

中非的商业和服务业不发达，商业贸易主要为法国、黎巴嫩、葡萄牙商人所控制，中非的民族资本势单力薄。除少数资本较大外，多系小本经营的小商小贩。

第五节　交通与通讯

非系一个内陆国家，无出海口，亦无铁路，空运规模小，交通运输主要靠公路和河运。

一　公路

中非公路总长 24578 公里，其中，国家级公路 5400 公里，地方级公路 3910 公里，乡村便道 15268 公里。1996 年货运量为 12.81 万吨。

二　水运

内河航运对外贸易起重要作用。全国共有内河航道7080 公里。进出口物资多由水路经刚果（布）运输，乌班吉河（刚果河支流）是主要的国际运输线，班吉是全国最大的河港，年吞吐量约 30 万吨。

三　空运

中非航空公司成立于 1963 年，班吉姆波科为国际机场。有定期航班通往巴黎、布拉柴维尔、杜阿拉、恩贾梅纳、洛美和利伯维尔等地。中非有 12 个中型机场和 50 多个简易机场。年均客流量为 10 万人次。1994 年货运量为 6144 吨，客运量约 5 万人次。

从中非班吉至中国北京可选择两条航线，即：北京—巴黎—班吉；北京—亚的斯亚贝巴—班吉。

四 通讯和邮电

（1）电话 IDD 适用。有些电话一直是通过话务员转接。移动电话：在首都斑吉（Bangui）有 GSM、Telecel、Telecom Plus networks 等可以接通。

（2）因特网、电子邮件 旅游者可以使用 Socatel、Fateb、Bangui 和 Institut de Language Appliquee 因特网服务上网。

（3）电报 中非电报业务，仅在星期六和星期日两天规定的时间内，可以发报和收报。

（4）邮局 每个专区都有一个邮局，地方邮局的服务较差。航空信寄到欧洲约需一个星期，有时需要更长的时间。普通邮件要花上三个星期。在首都斑吉有留局待领邮件这种服务。邮局开门时间：星期一到星期五：上午 9 时至下午 6 点半。买邮票和打电报仅在星期六的下午及星期日的上午。

第六节 财政与金融

一 财政

在独立以前，1959 年，中非的财政预算为 23.62 亿非洲法郎（其中，投资预算为 1.26 亿非洲法郎）。1960 年，普通预算为 27.97 亿非洲法郎，特别预算为 4325 万非洲法郎。1960 年 6 月，法国的援助与合作基金组织决定给中非共和国 2400 万非洲法郎的投资贷款。同年 12 月，欧洲经济共同体决定从欧洲发展基金中给中非贷款 13300 万非洲法郎，用于发展其水利和医疗设施。

独立以来，中非国家的经济收入来源主要靠税收。

中非共和国的财政和金融有如下特点。

（1）仍与法国的财政金融紧密而不可分割地联系在一起，或者说基本上仍受法国金融机构的严格控制。

（2）中非是中部非洲经济货币共同体〔（CEMAC），其前身是中部非洲经济关税联盟（UDEAC）成员〕成员国。中非共和国没有自己独立的国家中央银行，由中部非洲国家银行行使其中央银行的职能。

（3）中非不能单独发行本国货币，只能使用由中部非洲国家银行发行的金融合作法郎。

（4）非洲法郎规定要与法国法郎挂钩，比价原固定为50∶1。自1994年1月改为100∶1。

（5）独立40多年，中非财政收支几乎每年入不敷出，依靠西方大国主要是法国的财政补贴，以维持预算的平衡。

中非共和国的财政预算分为普通预算和发展预算，财政收入主要靠税收，但财政收支经常不能保持平衡，连年赤字，财政困难，依赖法国的贴补。独立初，1962～1964年，普通预算分别为60.9亿、64亿、57.9亿非洲法郎，其中，法国的财政补贴分别为6亿、4亿和3亿非洲法郎。独立后最初的10年，平均每年从法国得到7亿非洲法郎（约250万美元）的财政援助。另外，还从西欧共同市场国家、美国和世界银行获得贷款，截至1971年，共得美国援助600万美元。

20世纪80年代前后，中非共和国的财政预算依然连年赤字，1979年预算收入271亿非洲法郎，结算赤字70亿非洲法郎；从1980～1983年，财政预算情况是，1980年收入210亿非洲法郎，支出260亿非洲法郎，结算赤字达50亿非洲法郎。1981年预算收入275亿非洲法郎，支出362亿非洲法郎，预算赤字约87亿非洲法郎。1982年和1983年，预算赤字分别为82亿和74.9亿非洲法郎。支出主要用于支付职员工资，工资额分别占预算的78.8%和93.7%。偿还债务本息分别占20.9%和

14.5%。20世纪最后几年，中非的财政预算情况如表4-5所示。

表4-5 1997~2000年中非财政预算收支情况

单位：亿非洲法郎

年　　度	1997	1998	1999	2000
收　　入	731	1094	1116	926
支　　出	822	1065	1163	991
差　　额	-91	-26	-47	-68

二　金　融

非共和国的主要的金融机构如下。

1. 中部非洲国家银行

行使中非中央银行职能，1973年成立，为中非关税和经济联盟成员国发行货币的中央银行。总部设在喀麦隆的首都雅温得。资本和储备额为1649.3亿非洲法郎。其总裁为让·弗利克斯·马马拉波。

2. 中非投资银行

主要经营投资银行业务。于1976年成立，其资本为10亿非洲法郎。中非投资银行的总裁为阿尔蓬塞·孔戈罗。

3. 农业信贷和发展银行

主要经营商业银行业务。行长为米歇尔·肖塔。

4. 中非麦里递安-西非国际银行

主要从事各种存款和信贷业务。总裁为拉马尔·孔特苏。

中非流通的货币是中部非洲国家金融合作法郎（简称非洲法郎）。1法郎等于100生丁。纸币流通票面有五种：100、500、

1000、5000、10000 非洲法郎；金属铸币有 1、2、5、10、25、50、100、500 非洲法郎共 8 种。

中非外债逐年递增，1978 年达 600 亿非洲法郎，1979 年底接近 800 亿非洲法郎（约合 3.4 亿余美元）。1981 年欠外债 650 亿非洲法郎（约合 2.13 亿美元），占国内生产总值的 32%，同年偿还债务本息 582 万美元，相当于出口收入的 5%。1998 年累计外债 9.21 亿美元。据 2005 年《世界银行发展报告》，2002 年中非累计外债 10.66 亿美元。外债现值占 GNI 的 78%。

第七节　对外经济关系

一　对外政策

非实行自由贸易政策。商品进口无许可证管理，出口则需根据与政府有关部门签订项目合同。对本国和外国投资者完全一视同仁，在合同范围内可自由经营。

中非的经济运行严重依赖对外经济，财政年收支平衡需要外援；发展建设的资金、技术、设备主要依赖外国援助；中非绝大多数工业民用产品和农副加工产品均依靠进口。中高档产品，主要来自欧洲，低档日常用品多来自亚洲，但是，日本的运输工具在中非共和国占据一定市场。

（一）海关管理

1. 进口商品管理

中非的进口商品均实行代理报关办法管理，经营者将进口商品合同和有关单据交代理报关行，报关行代理客户交纳关税和办理提关手续，之后，报关行与经营者结算。也有大集团公司自己办理有关手续，仅到报关行签字盖章，缴纳签字盖章费。

代理报关手续费如下。

（1）1 万 ~ 60 万非洲法郎商品　代理手续费为 1%；

（2）60 万 ~ 300 万非洲法郎商品　代理手续费为 0.8% + 1200 非洲法郎；

（3）300 万 ~ 600 万非洲法郎商品　代理手续费为 0.6% + 7200 非洲法郎；

（4）600 万 ~ 1000 万非洲法郎商品　代理手续费为 0.45% + 12000 非洲法郎；

（5）1000 万 ~ 1800 万非洲法郎商品　代理手续费为 0.40% + 16000 非洲法郎。

1800 万非洲法郎以上商品，则根据其不同物品收取费用，其具体类别如下。

（1）食品类　收取 0.30% + 19200 非洲法郎；

（2）酒水类　收取 0.8% + 288000 非洲法郎；

（3）车辆、机械、药品、零配件类　收取 1.3% + 38800 非洲法郎；

（4）日用品类　收取 0.25% + 148000 非洲法郎。

2. 商检（SGS）

中非实行国际统一商检。其商检费如下。

（1）100 万 ~ 300 万非洲法郎商品值　收取 25.000 非洲法郎；

（2）300 万 ~ 1200 万非洲法郎商品值　收取 140.000 非洲法郎；

（3）1200 万以上非洲法郎商品值　按商品值的 1% 收取。

（二）鼓励投资法

为鼓励投资，1996 年 10 月 8 日，中非政府正式颁布《中非共和国投资法》。规定如下优惠政策和优惠办法。

投资规模低于 1 亿非洲法郎的企业，按 A 类企业验收，可享受下述优惠：从工业部认定的经营开始日起的三年内，免交公司税、所得税（包括各类的销售利润与非销售利润）、社会发展基金。上述税率与基金上缴率将逐步复原：第 4 年，50%；第 5

年，75％；第6年，100％。营业税的税率如下：第4年，50％；第5年，75％；第6年，100％。

投资规模大于或等于1亿非洲法郎的企业，按B类企业验收，可享受下述优惠：从工业部认定的经营开始日起的五年内，免交公司税、所得税（包括各类的销售利润与非销售利润）、社会发展基金。从工业部认定的经营开始日起的三年内，免交公司税、所得税（包括各类的销售利润与非销售利润）、社会发展基金。上述税率与基金上缴率将逐步复原：第4年，50％；第5年，75％；第6年，100％。营业税税率如下：第4年，50％；第5年，75％；第6年，100％。

材料、机械、设备、备件、原料、消耗品的进口关税按海关税率表办理。

按营业额扣缴的增值税（TCA）以及特别消费税按"税法"办理。

出口特类商品企业，以出口非传统的外销品为主要业务的新企业，被接受为出口特类商品企业，即为"C"类企业。当这些企业在免税区经营出口产品时，长期全面免税。如果企业自愿，可将其产品的20％销往国内市场。这时，它们要按同类进口产品的税率缴税。

建在班吉市之外的A类与B类企业，按其距离享受下述优惠：距班吉100公里：优惠年限增加一年；距班吉100～300公里：优惠年限增加两年；距班吉300公里以外：优惠年限增加3年。

企业重建时，根据其投资额，享受A类或B类企业的优惠。与本法宗旨相符的企业，投资规模等于或多于50亿西非法郎时，则可享受B类企业的优惠。在本法B类企业的优惠期满之后，上述企业还可以签署"组建协定"，这时可以享受特许欠税；但同时该企业要在有利宏观经济的公共领域内投资，关税与营业额增值税（TCA）不能拖欠。

（三）税收管理

中非共和国实行自由贸易政策。商品进口无许可证管理，出口则需包括与政府有关部门签订项目合同中对其产品出口的规定，按合同执行。对本国和外国投资者完全一视同仁，在合同范围内可以自由经营。

1. 关税

中非共和国是中部非洲地区关税和经济联盟成员国之一（该联盟包括赤道几内亚、刚果、加蓬、喀麦隆、乍得和中非），执行六国关税联盟统一税制。进出口商品税率如下。

（1）进口关税（商品值） 第一类商品（基础设施中最缺、最需商品）为5%；第二类商品（原料与设备）为10%；第三类商品（中间商品）为20%；第四类商品（普通消费品）为30%。

（2）营业额税 以上四类商品均征收18%，此税为经营者代政府向消费者征收。计算方式为商品值+关税×18%。

（3）最低承包税 征收1%（商品税+关税×1%）。

（4）地区联盟税 征收1%（商品值）。

（5）电子开发海关与国库基金 征收0.25%（商品值）。

（6）运输行业基金 征收0.25%（商品值）。

根据以上税率，进口商品需缴纳的海关税是：第一类商品为26.45%；第二类商品为32.40%；第三类商品为44.30%；第四类商品为56.20%。

中非主要商品出口税，参见表4-6。

2. 经营税

中非投资法规定，凡满18岁以上的本国和外国自然人将有权申办注册公司，并按以下税种缴纳费用。

（1）营业执照税 每年3月底前更换营业执照，并缴纳营业执照税。该税率按现经营范围、规模及公司地点（距首都越远其税费越低）而定。

表4-6 中非主要商品出口关税

单位：%

商品名称	海关税和最低承包税	电子开发海关与国库基金	运输行业基金
钻石(毛钻)	7.75	0.25	0.25
钻石(加工钻)	3.75	0.25	0.25
黄金	3.75	0.25	0.25
木材(原木)	30	0.25	0.25
木材(锯材)	10	0.25	0.25
棉花	6	0.25	0.25
咖啡	8	0.25	0.25
烟叶	90 非洲法郎/kg×3%	0.25	0.25

（2）经营税 公司初建第一年不缴纳经营税，公司享受减免税优惠待遇不在其列。经营税分个体小型经营和公司型经营。

个体小型经营类：年营业额300万非洲法郎（简称非郎）以内，缴纳165.000非洲法郎/年；

年营业额300万~600万非洲法郎者，缴纳390.000非洲法郎/年，600万以上者缴纳5%。

公司型经营类：年营业额5000万非洲法郎以内，缴纳100万非洲法郎；

年营业额5000万~1亿非洲法郎，缴纳150万非洲法郎/年；

年营业额1亿~2亿非洲法郎，缴纳200万非洲法郎/年；

年营业额2亿~5亿非洲法郎，缴纳555万非洲法郎。

（3）营业额税 按营业额的18%缴纳。此税种是经营者代政府向消费者征收（如在商品缴纳关税时已完纳此税种，可根据凭证不再重缴）。

（4）所得税 每年1月底前，根据公司的经营利润，缴纳30%的所得税。

（5）社会保障基金 按公司每位员工工资额计算，每月缴纳工资额的10%的社会保障基金。

（6）医疗保险基金 公司内每位员工每月需缴纳自己工资额的 5% 的医疗保险基金。

（四）劳动管理法

（1）招聘员工 当地求职人员和公司所需招聘员工，可到国家劳动局咨询。该机构向用人单位提供劳动合同范本，指导双方签约。合同签字后，再到 ONMO 签证、备案。有劳动合同的员工才可获取工作证。企业录用后，再给员工发职工证。

（2）社会保障和医疗保险问题 企业员工每月投保，企业负担工资总额的 10%，员工负担 5%。按规定投保后，社会保障局应对员工的伤亡、退休和医疗负责。但实际上很难做到，特别是医疗保险，基本上都是企业与员工协商解决。

（3）劳动监察 劳动监察局负责劳动仲裁，如雇主败诉，将被课以重罚。故被雇用人员在与用人企业签订劳动合同之前，必须到该部门对工资、补贴、劳保等敏感问题应先与该单位协商，得到认可后再签写合同。

（4）劳动合同期 分临时合同（3 个月，过期自动变成定期合同）、定期合同（2~4 年）、无限期合同。

（5）有关证明 健康证明、求职登记卡、三张照片，以办理工作证。管理岗位的人员要提供履历表和岗位指述。

（五）外汇管理

中非的外汇管理比较宽松，外国投资者可以将自己的盈利部分和撤离时将其固定资产变卖后换成硬通货币汇回本国，但必须在创办公司时，在合同（或章程）中注明，政府有关部门签字生效。银行可根据合同规定予以办理兑换和汇款事宜。但目前在中非投资者不多，许多投资者在欧洲都设有自己的银行账号，在本地银行很少存外汇，故当地银行（包括外国在中非的银行）外汇储备有限，如兑换额较大，则需提前与银行协商。

（六）工商登记

工商企业登记时，依次到如下部门办理登记手续。工商企业登记程序如下。

（1）到 Tribunal（书记官办公室）

　　a. 填写申办公司注册登记表格和贷款申请。

　　b. 手续费：10.000 非洲法郎。

（2）到商会

　　a. 交申办公司注册登记表格、存档。

　　b. 商会出具证明。

　　c. 手续费：10.000 非洲法郎。

（3）到税务总局

　　购买营业许可证；

　　购买商人证（1.500 非洲法郎）。

（4）到工商部

　　a. 交批准（同意）的申请复印件。

　　b. 交公证复印件（居住证、出生证或护照）。

　　c. 交申办公司注册登记复印件。

　　d. 交商会的证明复印件。

　　e. 交营业执照复印件。

　　f. 交银行出具证明复印件。

　　g. 交两张近期照片。

　　h. 商人证。

　　i. 税票（印花税）。

合作公司、集团公司：除上述（1）、（2）、（3）、（4）项外，还应有创建公司董事会会谈纪要、公司（合作公司或集团公司）章程等。

费用：20.000 非洲法郎。

商会：20.000 非洲法郎。

说明：除上述手续外，还需与中非社会安全办公室和国家职业培训与就业中心联系，为公司人员办理相关手续。

有的公司根据其业务性质，还应到相关业务部门申请、咨询并得到同意和批准。

二 对外贸易

（一）中非进出口贸易简况

中非国家贫困，但气候条件好，雨量大，土地肥沃，农业、水利、森林、矿产资源都很丰富。钻石资源储量大、品位高、易开采；森林资源享誉非洲，并且多为名贵木材；咖啡、棉花也是主要产品。中非这四大产品的出口占据总出口约75%～80%的比重；活牛、皮革、棉饼、食糖、棕榈油等也是中非的主要出口商品的一部分。

进口商品中，家用电器、车辆、机械、设备类占40.5%；食品类占10.8%；燃料类（包括交通燃料）占8.4%；药品类占5.7%；建筑材料类占5.13%；化工、轻纺类产品占7.18%；文具、办公用品类占6.42%。几年来，主要出口对象是比利时、卢森堡、法国；主要进口对象是法国和日本。中非1995～2000年对外贸易情况如表4-7所示。

表4-7 1995～2000年中非对外贸易情况

单位：亿美元

年 份	1995	1996	1997	1998	1999	2000
出口额	1.79	1.46	1.73	1.82	2.26	2.37
进口额	1.79	1.26	1.30	1.55	1.53	1.50
差 额	0	0.20	0.43	0.27	0.73	0.87

中非与美国的贸易额有限，约在1000万美元之内，2001年比2000年略高，出口稍大于进口，参见表4-8。

表 4 – 8　中非与美国的贸易情况

单位：万美元

年份（月）	1999	2000	2000（1~9）	2001（1~9）
美对中非出口	370.0	180.0	160.0	260.0
美对中非进口	290.0	300.0	290.0	220.0
总　　额	660.0	480.0	450.0	480.0

（二）1997 年中非与欧美国家贸易情况

（1）黄金、钻石　其中，出口到德国、比利时的约为 32 万克拉。

（2）咖啡　国际贸易情况，参见表 4 – 9。

表 4 – 9　中非咖啡出口国家及贸易情况

国　　家	数量（吨）	金额（非洲法郎）
瑞　士	30918	3490965000
法　国	801	1557447600
苏　丹	536	326532000
喀麦隆	500	382500000
合　计	32755	5757444600

（3）木材　中非木材出口贸易情况，参见表 4 – 10。

表 4 – 10　中非木材出口贸易情况

国　　家	数　　量	金额（非洲法郎）
英　国	3937585 米^3	31058216688
德　国	630693 米^3	31178196059
毛里求斯	442068 吨	724592450
苏　丹	44482 吨	55760890
刚果（布）	229225 吨	50814380
喀　麦　隆	318193 吨	102450700
乍　得	1354829 吨	302280245
合　计		63472311412

（4）阿拉伯树胶 国际贸易情况，参见表 4 - 11。

表 4 - 11 中非树胶出口国家及贸易情况

国 家	数量（吨）	金额（非洲法郎）
法 国	1500	1425000000
喀麦隆	90	63000000
合 计	1590	1488000000

三 中非商业习俗

（一）热情待客

中非的传统习惯是，拜访朋友应事前联系，得到主人同意后，要准时赴约，除特殊情况外，如突然造访让主人措手不及，是一种不礼貌的行为。

（二）文面艺术

中非许多人脸面上，有用刀刻的各种刀痕以文面，有的刻成如三角形纹，有的刻成家禽或飞鸟，或是几条横的或竖的刀痕纹理，等等。不同的面纹有不同的含义，一般不向外人吐露。同中非人交朋友，不可对其脸上的面纹指指点点，说三道四。

（三）宴请

中非人接待代表团或商户，多安排在宾馆、饭店吃西餐。私人朋友可请客人到家中吃传统饭菜。其中一点，应注意尊重各地的习俗，特别是农村，信奉拜物教，将各种动植物等当作神灵崇拜，如狗肉、牛肉、豹子肉、蛇肉等因各地崇拜的对象不同，他们禁忌吃不同的动植物。

（四）感情丰富

中非人感情丰富，往往在语言表达的同时，还用各种手势和动作传达他们的丰富情感。当他们同客人谈得十分融洽投机时，常常以自己的右手掌不停地打着客人的手掌；当他们与客商谈得投机时，往往用自己的食指敲打桌子；他们在商务谈判中遇着困难时，想到一个好的解决方案，常常高举着拳头不停地挥动。

四　外国资本与外国援助

（一）外国资本

非独立前后，法国垄断资本几乎掌握着中非的各经济命脉部门。到 1963 年底，法国在中非的投资总额为 80.04 亿非洲法郎（约 3240 万美元），占外国对中非总投资的 50% 左右，其他外国投资为 3200 余万美元。法国非洲棉花公司和上乌班吉棉花公司等棉花垄断公司，从法国殖民当局手中取得了收购、加工和出口等中非棉花的特权。1964 年，三家法国棉花公司共同组成中非棉花联合公司，同中非政府签订了新协定，继续控制中非全国棉花的生产、加工和销售各个环节。

美国通过贷款、器材供应和派技术人员等形式，在中非取得了某些特权。如美国在贷给东乌班吉矿业公司 260 万美元，取得该公司的钻石开采权。1964 年 7 月，美国又同中非政府合资开办了一家钻石加工企业。

西德资本也以贷款方式建立工厂，提供机器设备和建立研究部门等形式打入中非。1965 年初，西德贷款 10 亿非洲法郎，约合 405 万多美元，为中非政府在首都班吉建立一个木材研究所，并提供专业人员两名。

20 世纪 70 年代末，中非有外国企业 146 家，资金总计 190 亿非洲法郎。有德国、美国、法国、加拿大等国资本，其中以法国的资本为最多，共有 111 家企业和公司，资本 115 亿非洲法郎，占外资总额的 60.5%。

1985 年，外资企业和合资资本在中非均有增加。外资企业增至 212 家，资金总额为 161.4 亿非洲法郎。合资企业 17 家，外资和合资两者资本总共 258.57 亿非洲法郎，占全国企业资本总额 90.37%，法资仍居榜首，占外资总额的 80.24%。法资企业 136 家，资本 129.5 亿非洲法郎。在工商业部门中，外资企业创造的利润占 71.11%，其中法资企业占 44.4%。其余为葡萄牙、黎巴嫩、比利时、美国、德国等国资本。

2005 年 4 月 22 日，中国中兴公司与中非 SOCATEL 通讯公司及中非邮电部签订了价值 6000 万欧元、覆盖中非全国移动通讯网络、固定通讯网络各 150000 线的供货和安装商务合同。合同规定该项目自本合同生效后的 12 个月内完成。在上述合同之外，拟在年内先在班吉市安装 15000 线的无线通讯网络。此工程竣工后，使中非全国的邮电通讯大为改观。

（二）外国援助

20 世纪 60 年代，中非独立之初，法国每年给予中非的援助约为 1100 万美元，欧洲共同市场援助约 400 万美元，美国援助约 100 万美元。中非每年约获外国援助 2000 万美元。1962 年，法国派往中非的技术援助人员数百名，其中教员 149 人。

20 世纪 70 年代，中非接受的外援大幅度增加，1975～1976 年，共接受法国、德国、美国、南非、利比亚、罗马尼亚、南斯拉夫、欧洲共同体和国际货币基金组织等援助 1.6 亿多美元。1979 年中非接受外国援助 8889 万美元，其中技术援助 4390 万美元，主要来自法国，约 2128 万美元，占技术援助总额度的 48.46%，除原有的援助国外，瑞士、比利时、日本等国也加入了援助中非的行列。

进入 20 世纪 90 年代，中非共和国接受外国援助有以下三方面变化。

1. 西方大国将"多党民主"与援助挂钩

苏联解体、东欧剧变后，西方大国在非洲强制推行多党制，将西方民主强加于人。对非洲国家执行一种将多党民主与援助挂钩的政策，如果某一个国家不实行多党制，便停止援助。为在中非实行多党制，鼓动反对派罢工，利用中非共和国财政困难之际，推波助澜。1992年，除法国外，国际货币基金组织和世界银行冻结了对中非的贷款，西方的德国、美国以及亚洲的日本也拒绝提供其财政援助。1993年中非推行多党制大选后，西方大国及日本才相继恢复对中非的援助。1994年，中非共获得外援资助总额为1.66亿美元。

2. 法国对中非援助大幅下降

1993年，法国经济衰退，20世纪90年代中期法国经济不太景气，法国政府决定减少对外援助。1997年援外金额为373亿法郎，占其国内生产总值的0.48%。1998年为347亿法郎，占国内生产总值的0.41%。法国总体对外援助金额的减少，同时也使法国对中非共和国援助金额下降。1996年，法国对中非的官方援助为6300万美元，1997年降为3110万美元，占中非接受外资援助总额的39.9%。1998年降为3070万美元，但仍占中非获得外援的1/3左右。

3. 欧共体对中非的援助第一次超过法国对中非的援助

自中非共和国独立以来，法国一直是中非的最大援助国，占中非所获外援总额的30%～50%，1984年曾一度达到77.5%。而1998年欧共体对中非的援助达到4300万美元，故援助中非的第一把交椅让位于欧共体。1999年，中非获得外援总额达1.17亿美元，其中欧盟为3800万美元。

第八节　旅游业

一　旅游政策

非的基本旅游政策，是通过发展旅游事业，合理利用野生动物资源，反对偷猎，保护自然环境，逐步提高旅游业的经济效益。

中非共和国地处非洲中心地带，雨水充沛，境内多急流瀑布，景色壮观（如博瓦利瀑布等），遍布原始森林和草原，有各种奇花异草和野生动物，旅游资源相当丰富，但尚待进一步发展和合理利用。

二　主要旅游城市

（一）首都班吉

班吉海拔 386 米，建城历史不长，1890 年才开始建立，迄今为止仅 100 余年。1958 年 12 月 1 日，中非被法国允许成为法兰西共同体内的"自治共和国"，并定都班吉。1960 年 8 月 13 日，中非宣布正式独立，该市成为中非共和国的首都。

独立前的班吉，1956~1957 年约有 7.7 万人。独立初为 8.8 万人。经过 40 多年的发展，特别是 20 世纪 80 年代以来，城市的人口大量增加，1982 年增至 40 万人，1998 年增加到 50 万人，2004 年已达到 68.71 万人，约占全国总人口数的 1/5 强。

班吉是全国最大的政治、经济、文化中心。地处于乌班吉河从西向南的拐弯处，与刚果（金）赤道省宗戈镇隔河相望。班吉面积约有 70 平方公里。四周河流环抱该市，南边和北边有乌班吉河和恩古巴格拉河，东边有恩吉托河，西南边有博贾沃伊河。

班吉位于赤道带，基本属于热带雨林气候，常年有雨，高温炎热，空气湿润。班吉年均气温在摄氏 26 度上下，在每年 2~3 月的少雨季节，日夜温差大，夜间气温为 7~10 度，白天最高温度近 40 度。年降水量为 1600 毫米左右。11 月至翌年 2 月东北风劲吹时，出现少雨时期，月均降雨量仅有 60 毫米。由于班吉地区气温高、雨水多、空气湿润，热量丰富，植物生长茂盛，终年郁郁葱葱，呈现一派生气勃勃的热带风光。宽敞的街道两旁，一排排高大的芒果树、火焰树、棕榈树、椰子树、非洲的梧桐树等，绿荫蔽天，清凉宜人；市区建筑物和住宅的周围，绿草如茵，树木林立，班吉热带风光迷人。乌班吉河风景秀丽，河畔有一座富丽豪华的别墅曾是中非前皇帝博卡萨的行宫。

班吉是中非全国文化水平高、文化事业最集中的城市，该市小学入学率为 80%。著名的波冈达中学和烈士中学均设在该市，还有全国唯一的综合大学——班吉大学，其中包括社会学院和师范学院各一所。班吉市还设有两个博物馆、一所国家艺术学院及一些科学研究单位。全国的主要报纸、电台、电视台也主要集中在班吉。

中非约有 200 多家工业企业，主要是一些中小加工厂和装配厂，其中大部分开设在班吉。如棉纺厂、屠宰厂、啤酒厂（年产 3190 万升）、卷烟厂（年产香烟 2300 万包）、中非雪茄烟厂（年产雪茄烟 12 万支）、中非铁雪龙汽车组装厂（年产 100 余辆）。

此外，还有发电站和发电厂等，经过战火的洗礼，有些已遭破坏，有些正在恢复中。

班吉是全国公路交通枢纽。以班吉为中心，通过三条公路将物资运输进口和出口：一是从班吉到喀麦隆首都雅温德；二是从班吉途经乍得的蒙杜或萨尔赫到乍得首都恩加梅纳；三是从班吉到西北非［洲］苏丹的坦布腊。北方、西部和乍得的部分物资多经公路在班吉运转。全国绝大多数物资的进出口需要经过刚果共和国［即刚果（布）］。

班吉是全国唯一现代化的河港，千吨以下的河轮经刚果河和乌班吉河可以到达刚果（布）的首都布拉柴维尔和刚果（金）的首都金沙萨。年均吞吐量约为 20 万吨，中非和乍得两国的大部分进出口物资经班吉先运到布拉柴维尔，再由铁路运到大西洋边的黑角港。班吉有姆波科国际机场，可起降大型客机和货机，年运送量约 10 万人。

(二) 其他城市

中非的主要城市除首都班吉外，还有邦巴里（位于班吉东）、贝贝腊提（在班吉西面）。主要经济省有西部和西南部地区的桑加省等。

三 中非的主要旅游项目和特色

中非共和国旅游项目以捕猎和观赏野生动物为主，位于中非东部和北部数万平方公里范围内，有3个国家猎场、8个野生动物保护区（包括著名的塞蒙哥保护区、雅坦加雅保护区、菲里库斯国家公园、密亚提保护区等），那里有大量的各种热带野生动物。

天然动物公园和生态圈每年的狩猎季节，为观赏野生动物的较好时光。私人狩猎者需先向中非政府缴纳准猎费。进入猎区后，再根据准备猎取的动物大小向当地有关部门申办准猎证。每年全国各猎区为中非政府带来一定的收益。法国、美国和沙特等外国的私人旅游公司曾在此开业，专供有钱的旅游者狩猎服务。中非政府明令禁止捕捉狮子和大象等动物后，这类旅客明显减少。中非政府成立旅游局，为扶持旅游业的发展，决定中非旅游局直属单位免征税收。

为建设旅游区，在班吉国际机场向外籍旅客征收旅游发展税。中非新建了两个旅游区，并批准将博卡萨时代在巴明吉·班戈兰省修建的总统公园开辟为游览区。中非政府还准备将大型狩猎区改成动物观赏区。

中非共和国的马诺沃－贡达－圣弗罗里斯国家公园（简称马贡弗公园），有各种珍稀动物，如黑犀牛、非洲大象、印度豹等，曾获誉为非洲最好的国家公园之一，并被联合国列为濒危世界自然遗产。马诺沃－贡达－圣弗罗里斯国家公园位于非洲腹地——中非共和国北部的巴明吉－班戈兰省东部，毗邻乍得，公园由北部的平原、南部的断层山脉和南北部中间起伏的过渡性平原组成。

由于中非共和国接近赤道，这个国家公园属热带草原气候，全年高温，植被以热带珍稀树大草原为主。旱季时，长满橄榄树的草原是大型哺乳动物如大象的主要栖息地；蹄类动物如瞪羚羊及水牛等则喜欢在北部林地草原觅食生活。公园有大量不同种类的珍稀动物，例如，黑犀牛、非洲象、猎豹、金钱豹、红面瞪羚及靴嘴鹳等。

中非的马贡弗公园内有 5 条河流，北部平原在雨季时是河水及鱼类的汇集地，有多达 320 种禽鸟在此栖息或停留，有 25 种珍稀禽鸟，如非洲鱼鹰等，而数以千计的非洲大鹳和鹈鹕也会随季节转变而迁徙此地，因而这里也是观鸟的最佳场所。

此外，中非还有洛巴耶省俾格米人（矮人部族）居住区、布阿尔石窟、班吉波冈达博物馆、瓦卡村的手工艺、巴明吉 – 班戈兰省的历史古迹、巨石文化遗址（在中非境内，靠近喀麦隆边界的高原上）、博瓦利瀑布、塞蒙哥保护区等，均是旅游胜地。

四　旅游设施和主要组织

总体讲，首都班吉的旅游条件较好，其他地区较简陋。首都有大鹏旅馆、密涅瓦旅馆等 4 家比较现代化的旅馆接待外国游客。外省只有极少旅馆和狩猎公司供狩猎游客临时居住的小木屋。全国有库库鲁、布明吉远征俱乐部、上欣科狩猎公司、萨弗卡公司、中非沙诺尔比公司和中非远征公司等 5 家私营公司定期组织旅游狩猎。旅游者多是欧、美人。中非共和国旅游人数每年达 15 万人，旅游收入约 1 亿非洲法郎。旅游热点主要集中在北部和东部野生动物聚集的地方。

中非虽然野生动物资源丰富，景观多样，但是国家经济困难，旅游部门缺乏接待能力和接待设施。加之，中非是内陆国家，交通不便，旅客往返费用较高，旅游场地缺少管理，也影响中非旅游事业发展。

另外，由于时有政局动荡，武器散失民间，游客安全缺乏保证，更使旅游业雪上加霜。

第九节 国民生活

中非共和国，1982 年国内生产总值按人口平均为 287 美元。1983 年人均为 300 美元，1984 年为 289 美元。据 2005 年据《世界银行发展报告》资料称，2003 年人均为 260 美元。失业人数，1980 年为 8820 人，1982 年增至 1 万人。

1986 年，全国共有公职人员 7 万人，职工最低工资 1.3 万非洲法郎。公职人员还享受相当于工资 10% 的补贴。以 1981 年为 100 计，1984 年为 133.2%，1986 年消费品价格指数为 150%。1987 年为 139.8%，1989 年为 135.3%，1990 年为 134.9%，1991 年为 131.3%，1995 年 3 月消费品价格指数 206.3%。又据 2005 年据《世界银行发展报告》资料，中非每天生活不足 1 美元的人口占全国人口的 66.6%。基尼系数为 61.3。

1992~1998 年，儿童中度营养不良状况，5 岁以下儿童占 23%，6% 的儿童患营养严重不良症。全国平均每千人有两分报刊，每千人有 5 台电视机。2002 年人文发展指数列世界第 165 位。人均寿命为 44 岁。

第五章

军　　事

第一节　建军简史

一　独立前的军队简况

公元 16 世纪初，法国入侵中非前，该地区尚未形成一个统一的国家，仅有几个小王国，各自有自己的武装力量，为保卫自己的势力范围和征服别的王国互相争战。

1885 年柏林会议后，法国军事入侵中非地区，当地的人民群众纷纷拿起武器抗击法军。如 1886 年布瓦尔人武装奋起抗击法国殖民者的入侵。1928 年巴亚人举行英勇起义等。中非独立前还没有中非人自己的统一的现代意义的军队。只有一支法国的殖民军。独立后根据中非与法国签订的协定，法国在中非建立一个军事基地和长期在中非驻军。

二　独立后的军队情况

（一）军队的建立、发展和变化

中非共和国宪法规定，总统是全国武装力量最高统帅。国防部是军队的最高领导机关，负责军队的建设。科林巴执政时，总统兼任国防部部长、武装部队参谋长。1983 年 2

月 9 日，全国分设 4 个军区。明确军区司令在紧急时，有权过问辖区各省的治安。

1960 年，中非建立了一支 500 人的军队（4 个步兵连和一个指挥部）。此外还有宪兵、保安队、警察。1961 年，建立了中非的第一个步兵营。

20 世纪 70 年代前后，中非有军队 1100 人，还有宪兵、警察、空军。1971 年 8 月，博卡萨宣布取消空军。1976 年全国武装力量共约三四千人。1979 年博卡萨被推翻后，科林巴改编了军队。

1980 年，有正规军 2000 人，1981 年总兵力 2300 人。1982 年增加海军。准军事部队增至 3000 人。

1994 ~ 1999 年，武装力量又进行了调整。中非全部兵力裁减为 4950 人（其中，陆军 2500 人，空军 150 人，准军事部队 2300 人）。

2002 年，中非军队由中非武装力量、宪兵和共和国卫队组成，共 5030 人。

2003 年，博齐泽执政后对军队进行重组。现有武装力量约 2550 人，其中，陆军 1400 人、空军 150 人、宪兵 1000 人。

（二）国防预算

1969 ~ 1970 度，军费开支为 505 万美元，超过国家预算的 10%。1981 年，国防开支为 2000 万美元。1982 年，国防开支为 1280 万美元。1994 年，国防开支约为 177 亿非洲法郎（约合 3500 万美元）。

第二节　军种与兵种

中非的武装力量由正规军和准军事部队组成。正规军包括陆军、海军、空军。陆军中有坦克兵、装甲兵和炮兵。准军事部队包括总统卫队、宪兵、警察和共和国卫队。

一　三军变化

（一）陆军

在 1960 年，中非建立了 500 人的军队（4 个步兵连和一个指挥部）。1961 年，中非设立了第一个步兵营。20 世纪 70 年代前后，中非有军队 1100 人。1976 年，全国武装力量共 3000 ～ 4000 人（包括正规军、宪兵、警察和保安队）。1980 年，有正规军 2000 人，其中陆军 1650 人。1987 年，武装力量扩充到 7000 人，其中陆军从 2000 人增加为 3700 人。1989 年，陆军为 3500 人，编成 4 个团和 1 个总统警卫营。现有武装力量约为 2550 人。其中陆军为 1400 人。

（二）空军

中非共和国初建时，有空军约 100 余人，1971 年 8 月，博卡萨宣布取消空军，1979 年博卡萨被推翻后，1980 年恢复空军建制，有空军 125 人。1981 年增至 300 人。后经几次调整，现有空军 150 人。

（三）海军

在三军中，中非共和国的海军是一支更较年轻的部队，1980 年，仅有海军 85 人。

二　准军事部队

在 1981 年，中非共和国准军事部队为 1500 人，1982 年扩充到 3000 人。

（一）总统卫队

1989 年，中非共和国有一个总统警卫营；2002 年，其总统卫队有 528 人。

（二）宪兵

1964 年，宪兵成为一支独立的武装力量。20 世纪 70 年代前后有 600 人；1987 年从 700 人扩充至 2400 人；1989 年增加到 2700 人；1999 年减为 1000 人。

（三）警察

1960 年，中非共和国警察部队有 330 人；20 世纪 70 年代前后增至 650 人。

第三节　军事装备

中非共和国军事主要装备情况如下。

一　陆军

1979 年，中非共和国陆军的主要装备：有 4 辆坦克，36 辆装甲车，几十门火炮等。1989 年，其主要装备有坦克 4 辆，各种装甲车 49 辆，大炮 26 门。

2002 年，全国陆军有坦克 4 辆，装甲车约 50 辆，火炮约 30 门。

二　海军

中非共和国，目前海军部队的主要军事装备：有海军巡逻艇 9 艘。

三　空军

目前，中非共和国空军的主要装备：有各种运输机 19 架、直升机两架。

1994～1999 年，在中非的军事武器装备中，不仅有法式武器，而且还有苏式武器。

第四节　军事训练和兵役制度

一　军事训练

为培养自己的军事人员，中非共和国设有军事学院、现役军人培训学校、宪兵学校、全国警官学校，并在布瓦尔市设有军事训练中心等。

二　兵役制度

中非共和国实行有选择的义务兵役制，服役期限为两年。政府规定，凡政府机关、事业、企业单位的工作人员，在被录用后，一律要服兵役 6 个月，大学生毕业后都规定要服兵役。

第五节　对外军事关系

自独立以来，历届中非政府同法国的政治、经济、军事关系都比较密切。独立初，根据中非共和国与法国签订的防务协定，法国在中非驻军 1200 人，分别驻扎在班吉和布瓦尔市两个军事基地。1967 年 11 月，法国曾派一个伞兵营进驻中非首都班吉，两年后，法国宣布撤出。

1996～1997 年，中非发生三次兵变，均被法国军队镇压下去。从 1993 年起，由于法国国家经济衰退和调整军事政策，1997 年 8 月，法国国防部部长宣布，法国关闭在中非的两个军事基地，并于 1998 年 4 月 15 日，法国驻中非的军队正式从中非共和国撤军，仅留 250 人参加联合国驻中非维和团。1999 年，该维和团中的法国士兵也撤离中非，从而结束了法国在中非共和国的驻军历史。

2003 年 12 月 15 日，法国三军参谋长邦泰雅访问中非，并宣布法国正在全面恢复与中非共和国的军事合作关系，帮助其改组军队。法国将帮助中非培训和武装三个营的军队，其中，一个营的军队和武装任务在 2003 年底完成。法国还将帮助中非建立一支宪兵机动部队和一个宪兵连，以及在中非各省建立宪兵队，以改善中非首都班吉和其他地方的治安状况。

为改善首都班吉和其他地区治安，尤其是改变自 1996 年以来，受频繁政变和军人哗变影响而不断恶化的安全状况，以确保到 2005 年中非全国大选之前过渡期的政局稳定，在 2004 年之前，法国还曾帮助中非培训和武装三个营的军队。

中非独立之初，其军队武器装备主要来自法国；独立之后，直到苏联剧变前，军事装备由苏联和法国两国供给；1989 年以后，又全部由法国提供。

第六章

教育、卫生、新闻出版、文化艺术、体育

第一节　教育

中非独立后，其教育事业不断发展，初步建立了自己的教育体系。中非政府发布教育改革法令，明确教育的战略目标是：

　　使受教育者在智育、体育和德育方面获得充分发展，并使其受到公民责任感、艺术和职业方面的教育与培训。

全国分为六个教育区域：西部、中北部、中东部、中南部、东南部和班吉等学区。

独立前，中非文盲率达 90% 以上，20 世纪 90 代中期，降为 65% 左右，2002 年，男性文盲率为 43%，女性文盲率为 68%。儿童入学率为 71%，中学入学率为 11.5%。中非对大、中、小学实行免费教育。小学分官办小学和教会小学两种小学，1954 年全国有小学 243 所，小学生 4.57 万人，1962 年增加到 6.75 万人。现有小学千余所，小学生 20 多万人。独立前有两所中学，400 多名学生。1962 年全国中学 15 所，中学生 1891 人。1962

年，兴办技术学校 15 所，学生近 1300 人，其中有班吉职业学校、建筑业速成训练中心等，为国家培养专门人材，并且为青年就业创造条件。

据 1996～1997 年度《中非共和国年鉴》资料，1992 年，中非的中、小学校和学生数如表 6－1 所示。

表 6－1　1992 年中非中、小学校情况统计

	学校（所）	学生（人）	教师（人）
小　学	986	223661	3851
中　学	73	47167	1383

1966 年，中非创办了国立艺术学校，以培养文化艺术干部，设有音乐、戏剧、摄影与电影、书画刻印和博物馆等 5 个专业，学校仅有校长、教务长、学监是专职人员，老师均为兼职。

中非政府于 1969 年建立了自己的大学。全国现共有 6 所大学。班吉大学是全国唯一的综合性大学，设有法律、经济、文学、人文科学、医学和理科系，以及实用语言和数学教学研究所等，班吉大学在校学生有 6000 余人。从而结束了过去上大学必须到法国去的时代。

2001 年，全国在校大学生约 6 万余人。中非还设有专门培育师资的国立高等师范学院，中非还有政法学校和两所私立神学院。中非政府与欧洲共同市场签订协定，向该组织贷款 12 万余美元，在瓦岗博地区建立农学院。另外，还有地质矿产和公共工程学院、企业管理学院等。

1989 年，中非共和国教育经费占国家预算总额的 13%。据 1983 年统计，中非向 24 个国家派出留学生 908 人，实习生 175 人。独立以来，中非教育事业有了明显发展，但是教育体制和制度基本承袭了法国的做法，不仅难以符合中非的国情，甚至阻碍

了中非教育发展需要。

由于中非共和国长期经济严重困难，校舍和设备匮乏，师资不足。同时，中非全国尚有大量文盲，中非的教育事业仍相当落后。

第二节　卫生

一　概况

非共和国虽然实行免费医疗。实际上严重缺医少药，门诊一般医生只开处方，患者需到药房自购药品。农村医疗条件更差，许多地方医疗门诊是无医无药，较现代化的医疗设备和医生主要集中在城市里。中非本国不能生产药物，更无条件制造医疗设备，全靠进口，价格昂贵。尽管中非政府作了一定的努力，医疗卫生事业有了一定的发展，但缺医少药的现状短期内尚难以改观。

独立时，全国有两家医院，共有医疗单位 20 家和为数不多的诊所，总共只有 124 位医务人员，而且大部分是法国人。

独立后，中非政府为改善医疗卫生状况，增建卫生设施，采取措施努力培养本国民族的医务工作人员。创建全国最大的综合性医院——班吉医院，设有内科、外科、妇产科、儿科等。

1982 年，全国有医生 113 人，其他医疗卫生人员 932 人，病床 3640 张。平均每 2.3 万人有 1 名医生。

1988 年，全国有 8 家医院，44 个诊所，251 个卫生站，病床 3907 张，有各类医务人员 1686 人，其中专业医生 150 人。

1992 年，全国共有医疗单位 440 个，病床 4030 张，平均每 2.9 万人有 1 名医生。

1999 年，据中国援助中非医疗队的统计资料，中非全国共有医疗单位 444 个（其中，363 个为公立医疗单位，其余为私人医院或诊所），共有 4571 张病床。公立医疗单位有各类医务人员近千人（其中，医生 173 人、牙医 8 人、"医卫"工程师 3 人、"医卫"高级技师 262 人、高级检验师 26 人、药剂师 20 人、助产士 163 人、护士 273 人等）。

二 医疗卫生的方针政策与机构

（一）基本方针

中非共和国自 1993 年起，将医疗卫生工作置于优先地位，其基本方针是按照自己的国力，尽可能满足人民的医疗卫生需要，努力改善居民的健康状况，发展基础设施，建立比较系统化的基层卫生服务网。

中非共和国制定有四项卫生原则：即非集中化、共同参与、多方合作、实行基本药物制度。

（二）医疗卫生机构

（1）综合医院 有三家，即"国家总院"，原有床位 1000 余张，法国援建；"共同医院"有床位 250 张，该院管理较好；"友谊医院"，1987 年由中国政府援建，有 240 张床位。

（2）省级医院 共 12 家，设施较好，有住院部。

（3）医疗中心 为区、县的医疗机构，共 152 家，分 A、B、C、D、E 五个等级。

（4）卫生站 以村为单位，每 500～5000 居民设一卫生站，全国共有 273 个卫生站。

（5）化验机构 全国有两家较为权威的化验机构——国家化验中心和巴斯德研究所。

三 医疗制度及卫生经费

中非独立后，曾实行免费医疗政策，但由于财政困难，于 1989 年 3 月发布［1989 年 003 号法令］，明确对治疗、药物、手术、检验等项目实行收费。医院对医疗收入有一定的自主权，收入用于改善医院设施和工作条件；允许在国家医院工作的医生、牙医（药剂师除外），在业余时间可以从事私人行医。1994年10月公布［1994年336号法令］，重申继续执行［1989年003法令］，并进一步明确规定门诊、住院、手术、分娩、药物均应收费。规定内科复诊15天内免费，专科30天内免费。门诊费因科室和医生级别不同而变化。该法令还规定：国家公务员、国家工作人员和他们的家属（包括配偶和未成年子女）负担20%医疗费，80%由国家负担，药费一律自负。在卫生系统工作的国家公务员和工作人员及其家属，免费治疗，其药费也一律自负。

1994年12月，国家集资两亿非洲法郎，作为基金，组建自负盈亏的药物转销公司。公司负责采购由世界卫生组织规定的两三百种最基本药械，以较低利润转销给各级医院，各级医院以微利卖给病人，公司和医院的药价由卫生部严格制定。但抗结核药物、抗麻风药物、治疗昏睡病药物，由专门渠道向病人提供，因药源和经费关系，病人未能得到足够的治疗药物。

中非共和国卫生部的经费主要来源有以下三种渠道。

（1）国家预算　例如，1986年，医疗卫生预算为5亿非洲法郎；1992年，医疗卫生预算占国家机关预算的6%。这些预算的经费，主要用于国家工作人员、医务人员和行政部门的日常开支；

（2）向人民群众实行医疗收费制度和争取捐款　用于改善医院的工作条件和福利，但医疗收费微不足道，政府设法开拓渠道，争取社会团体和保险机构的捐款等，以增加收入来源；

（3）争取外援　用于较大规模的基础建设投资、设备更新。卫生预算中，国家预算占总经费的10%，90%的费用依赖外援。1994~1998年，卫生部共向西方国家和国际组织募集169亿多非洲法郎。中国援建的友谊医院有240张床位，每天门诊量约400人次。

四 中非疾病状况

（一）常见的非传染性疾病

主要有高血压、心血管疾病、癌症、糖尿病、呼吸道感染、消化道疾病等；由于非洲人特有的体质，在外科疾患中，疝气、鞘膜积液是最常见的疾病，此类疾病不仅在中非，而且在撒哈拉以南非洲许多国家也是最常见的外科疾病之一；妇科以炎症、妇科肿瘤、不孕症为多见；眼科以白内障、青光眼、结膜和角膜炎症为常见；皮肤病是中非的多发病，有疮疖和皮肤霉菌感染等。

（二）传染病

各种传染病占中非居民死亡原因的首位，如流行性脊髓脑膜炎、乙型脑炎、小儿麻痹症（脊髓灰质炎）、病毒性肝炎、结核病、麻风病以及艾滋病等。这里简介几种主要传染病状况。

1. 疟疾

是危害中非人民最严重的疾病，也是中非 5 岁以下儿童发病率和死亡率最高的疾病。中非流行的疟疾及其治疗有若干特点，即首先为恶性疟疾，疟疾发病，在临床症状上变化很大，有的以感冒症状起病，有的以肠胃症状起病，有的以脑型疟起病，此病起病急，变化快，往往不及抢救，对氯喹有抗药性。我国生产的青蒿素类药品在非洲有较好的治疗效果。

2. 寄生虫病

除肠道寄生虫病外，中非最严重的是盘尾丝虫病和锥虫病。盘尾丝虫侵入人的眼球，即产生河盲症，是中非人致盲的重要原因。初步调查中非 16 个省中，有 10 个省属重度或中度疫情区，其中，有 2456 个村镇为高危区，3003 个村镇为中疫情区。

锥虫病在中非也广泛流行，1960～1980 年，逐渐得到控制，但 1982 年，在中非共和国的部分地区（如桑加、瓦姆、上姆博穆等）曾暴发流行。

3. 结核病和麻风病

中非是结核病和麻风病严重流行的国家之一，据中非卫生部资料，其居民中的发病率为 350/万。

4. 性病和艾滋病

中非是性病（梅毒、淋病、尖锐湿疣等）、艾滋病严重危害的国家，中非有 50 万～100 万艾滋病患者。中非传播的艾滋病毒系 VIH–1 型，属 A 亚型的约占 90%；E 亚型的占 5%。据联合国人道主义协调厅资料，艾滋病毒、艾滋病患者大约占中非人口的 15%，中非是世界上 10 个艾滋病疫情最严重的国家之一，因父母死于艾滋病而成为孤儿的儿童人数不断增加。

第三节　新闻出版

一　新闻机构

中非的主要新闻机构有中非新闻社、中非电视台、中非电台、团结报报社等。

中非新闻社于 1974 年 5 月建立，出版《电讯稿》。

二　报纸杂志

中非的主要报纸、期刊：1974 年中非新闻社出版《每日新闻》，一度停刊，1987 年 4 月后改为周刊。《中非共和国报》于 1974 年创刊，为半月刊，总经理为加布里埃勒·阿格巴。

20 世纪 80 年代中期，中非有两份报纸，一份刊物。1986 年 6 月 13 日创办的《埃勒松戈报》，每期发行 2000 份。《桑戈阿非利加报》，1986 年 7 月 1 日创刊，是中非的官方日报，原称《团结报》，为法文报刊。周一至周五出版，发行量约 1000 份。1999

年 7 月 17 日改为现名。

中非共和国目前还有《桑戈日报》，为政府机关报，发行量2000 份；《农村信使》，为农业部门报纸；《中非新生》，为周刊；《非洲大地》，为周刊；中非工商会编辑出版的《经济简报》，为半月刊，发行量约 100 份；《真理》，为月刊。

三　广播和电视

（一）广播

中非广播电台，由新闻文化部领导，1958 年 12 月创建，为中非政府电台，经费依靠法国提供。每天播放17 个小时的节目，30% 用法语广播，早、中、晚共六次广播法语新闻，70% 用桑加语广播，节目内容 60% 是文教和体育，40% 是新闻。该台发射功率为 100 千瓦。在联合国粮农组织和德国的帮助下，中非实施农村广播电台项目，已经向中非的一些省份派驻农村电台记者。

（二）电视台

中非共和国电视台，建于 1972 年 2 月，1973 年 12 月正式开始播送节目，发射功率为 2000 瓦，每天播放 4 小时，从18：00～20：00 播放节目，只有首都班吉和姆拜基市可收看节目，现有一个彩色频道，覆盖率仅 10%。全国约有 1000 台电视机，其影视节目主要靠法国提供。

第四节　文化艺术

一　中非的主要文化设施

中非有波冈达博物馆、图书资料馆。全国有 5 家电影院。5 个青年文化中心和 4 家书店，均集中于首都班吉。中非国家还没有制作影视片的能力，影片主要来自美国、意大利和法国等欧美国家。

中非比较有名的艺术家，有画家若罗姆·拉马达纳，雕塑家德雅托·米歇等。

二　群众文化艺术社团

主要有中非传统舞蹈联合会、中非戏剧家联合会、中非音乐家联合会、中非造型艺术家协会、中非诗人与作家协会等。这些群众性文化和艺术团体，无固定设施、无经费、无办公地点，其活动的经费主要靠自筹和有关企业、商界人士或政府部门赞助。

三　木雕

中非的乌木雕多以反映现实生活为主题，在班吉市的珍宝商店里，人们可以看到玲珑剔透的乌木雕精品——有天真烂漫的孩童，有亭亭玉立的少女，有挥刀耕种的男子，有迈着轻盈步伐采摘水果归来的少妇，有奔驰的骏马，有张牙舞爪的鳄鱼，还有飞禽、花卉，等等。这些乌木雕的雕工精细，让人爱不释手。在形式上，有立体雕刻，也有平面浮雕。在人物雕像中，有全身像，也有人头像，大的有 1 米多高，小的如拇指大小，各显风姿，非常精美。

洛巴耶省的比萨市，是中非南部公路干线上的一个集镇。这里的乌木雕刻颇具规模，在工棚外铺上一块白布，摆上千姿百态的人物雕像、妙趣横生的动物雕像、五花八门的拐杖等，任凭顾客挑选。雕刻师们善于利用大块乌木或边角小料，雕成大象、乌龟、烟斗、烟灰缸、小花瓶、飞鸟等，做到因材施用，寸木不废。

第五节　体育

中非群众性业余的体育活动相当活跃，足球和篮球运动比较普及，中非的篮球曾于 1974 年、1987 年两次获得非洲篮球冠军。全国有足球、篮球、手球、排球、拳击、摔跤等 11 个体育协会，有各种体育运动员 3000 多人。中非是国际奥林匹克委员会成员国，也是非洲最高体育理事会成员国。中非的主要体育设施有篮球中心和合作体育场、可容纳 6000 余人的班吉体育馆和波岗达体育场。

在首都班吉市中心有中国援建的中非体育场，建筑面积 18450 平方米，内有可容纳两万人座位、绿茵草坪足球场、塑胶跑道、田径赛项目设施、看台等。还有现代化的广播音响、电视及广播转播、自动电话交换、计时记分显示，火灾自动报警系统等，是中非一个现代化大型体育竞赛的最佳场所。

第七章

外 交

第一节　外交政策

中非共和国奉行对外开放、不结盟和国际合作政策，维护国家主权和民族独立，强调睦邻友好，重视"南南合作"和"南北对话"，主张建立公平合理的国际经济新秩序，赞成非洲一体化，赞同通过和平谈判解决国际上国与国之间的争端和冲突。现在中非已同 85 个国家建立了外交关系。

中非共和国独立后，历届政府总体上的外交政策如下。

（1）不同程度地坚持反帝、反殖、反霸；

（2）坚持不结盟、维护国家主权和独立；

（3）重视"南南合作"和"南北对话"；

（4）坚持睦邻友好关系；

（5）主张非洲实现一体化；

（6）反对南非种族主义，支持南部非洲人民的解放斗争；支持阿拉伯和巴勒斯坦人民的正义斗争，支持反对以色列犹太复国主义斗争；

（7）主张建立新的国际经济秩序。

但是，在中非共和国的各个不同历史时期，其外交政策也有所调整。举例如下。

● 戴维·达科总统执政时，1960 年 9 月 20 日，中非共和国加入联合国。他宣称要把中非变成"非洲的瑞士"，表示反对帝国主义和殖民主义。中非共和国先后加入了"非洲统一组织"、"非洲马尔加什组织"、"赤道非洲国家会议组织"和"中非关税联盟"等。中非共和国参加了 1960 年 10 月、12 月和 1961 年 4 月历次法语非洲国家会议及 1961 年 5 月的蒙罗维亚会议。1960 年中非与苏联建交。中非共和国政府于 1964 年 11 月发表声明，谴责美国和比利时武装干涉刚果（利）〔即今刚果（金）〕。

● 1966 年 1 月，博卡萨上台。在国际事务中，奉行不结盟和睦邻友好政策，提出对外开放，主张同所有国家发展关系和南北对话；坚持反对帝国主义、殖民主义、反对大国霸权主义，谴责超级大国对非洲的扩张和侵略；忠于非洲统一组织；主张非洲加强团结，反对南非种族主义，支持南部非洲人民的解放斗争；支持阿拉伯和巴勒斯坦人民的正义斗争，反对以色列犹太复国主义斗争；同法国关系不和，积极同美国和苏联拉拢关系，寻求多方援助；主张建立公平合理的国际新经济秩序。

● 科林巴于 1981 年接管政权，对外主张开放、不结盟和国际合作政策。坚持独立、主权与和平，强调睦邻友好，重视"南南合作"，主张建立公平合理的国际经济新秩序。

科林巴在重大国际问题上，承认并支持乍得的哈布雷政府，谴责外国对乍得的侵略，主张外国军队撤出乍得，恢复乍得和平与安定。

科林巴谴责南非种族主义，认为纳米比亚应根据联合国安理会第 435 号决议，尽快获得独立，对纳米比亚实现独立和举行大选表示支持和赞赏。反对把纳米比亚独立同古巴军队撤出安哥拉联系在一起。

1988 年 12 月，承认巴勒斯坦国，同时承认以色列的生存权利。1989 年 1 月同以色列建交。主张和平解决两伊冲突。

1990 年 3 月，中非外长布里亚率代表团参加纳米比亚独立庆典。主张有关方面进行对话和平解决西撒冲突。谴责以色列侵略黎巴嫩，主张以安理会 242 号和 338 号决议为基础解决巴勒斯坦问题。

历届"联大"表决关于要求越南从柬埔寨撤军和苏联从阿富汗撤军的提案时，均投赞成票。

关于马尔维纳斯群岛问题（简称"马岛事件"），中非认为"马岛事件"是大国侵略小国。

关于海湾局势，谴责伊拉克不遵守国际法，侵吞科威特，主张以和平方式解决海湾问题。欢迎伊拉克接受联合国决议从科威特撤军。欢迎和支持朝鲜南北双方同时加入联合国。

●昂热·帕塔塞当选总统后，中非奉行对外开放，不结盟和国际合作政策，维护民族独立和国家主权，强调睦邻友好，重视"南南合作"，赞同"南北对话"，主张建立公平合理的国际经济新秩序。赞成非洲一体化，主张通过和平谈判解决国与国之间的争端和冲突。支持巴勒斯坦与以色列和平协议，承认巴勒斯坦国，同时承认以色列的生存权利。新南非诞生时，议长多博藏迪代表帕塔塞总统参加了南非总统曼德拉的就职典礼仪式。

中非共和国总理府负责政府总秘书处的部长级代表贝蒂·马拉斯强调，中非政府将全面遵守中部非洲经济与货币共同体特别首脑会议的决定，为寻求中非地区的和平、安全与稳定作出努力。马拉斯在记者招待会上强调，中非政府信任即将由中部非洲经济与货币共同体派往中非的非洲多国维和部队。为更好地履行中部非洲经济与货币共同体特别首脑会议的决定，非洲多国维和部队同中非武装力量之间要进行很好的协调。

●博齐泽执政后，奉行睦邻友好、不结盟和多元化外交政策，强调外交为本国利益服务，首先发展与周边国家的睦邻友好关系，寻求中部非洲经济与货币共同体的支持和帮助，继承前政权的对外政策，同时为取得国际承认和争取西方援助，并取得了法国、欧盟和国际货币基金组织的认可。2003 年 6 月，中部非洲经济与货币共同体正式承认博齐泽政权，并敦请非洲联盟对其予以承认。同年 7 月，外长梅卡苏瓦代表中非共和国出席在马普托举行的非洲联盟首脑会议。

第二节　同美国的关系

美国在第二次世界大战后开始向中非渗透。美国资本通过向东乌班吉矿业公司贷款，取得了该公司的钻石开采权。1964 年，中非共和国政府同美国钻石行业建立了一个合营钻石加工企业。在政治上，1964 年 11 月 26 日，中非共和国政府曾发表声明，谴责美国和比利时对刚果（利）的武装干涉，以表示本国的立场和外交政策。

1968 年，在中非发现铀矿后，美国更竭力打入中非，博卡萨也想借助美国势力同法国周旋。1968 年 4 月，美国策动蒙博托拼凑"中非国家联盟"，拉中非参加。中非共和国宣布退出法国控制的"中非海关和经济同盟"，而加入了与美国关系密切的"中非国家联盟"。

同年 12 月，在法国的压力下，中非宣布退出该组织。中非退出"中非国家联盟"后，博卡萨政府继续同美国拉关系，1971 年 3 月，博卡萨颁布总统令，宣布美国人入境和在中非居住均可不要签证。同月，美国给中非 3000 万非洲法郎的贷款和一些交通、卫生设备、援建公路和一所机械学校。

美国通过贷款不仅取得了中非矿业公司的钻石开采权，还控制了中非另外两家钻石开采公司。20 世纪 60 年代末，中非生产的钻石 60% 运往美国。70 年代美国资本在中非国家钻石公司中占 50%。1971 年 6 月,博卡萨访问乍得,与托姆巴巴耶总统商定,一起向美国要求贷款,以修筑连接两国首都的铁路,但是美国未能应允这个要求。

1969 年 11 月,博卡萨以美国控制的钻石公司不交税为由,把该公司的技术人员全部驱逐出境。1971 年前后,美国向中非提供了部分援助,两国关系略有改善。1977 年,中非政府以间谍罪关押美国记者,美国与中非关系恶化。同年 8 月,美国政府召回其驻中非共和国的大使,12 月宣布将逐步停止执行对中非的援助计划。

1979 年以来,美国与中非双方不时保持高层往来,1979 年美国向中非提供 1763 万美元援助。美国向中非派遣 60 名和平队员。1982 年,中非外交部部长扬巴拉和计划、国际合作、统计部部长孔戈洛访美。1984 年 12 月,美国派总统特使弗农·沃尔特斯访问中非。1987 年 5 月,美国非洲事务助理国务卿罗伯逊访问中非。1992 年和 1994 年,中非外交部部长托来格、农牧业部部长先后访问美国。中非赞成美国采取支持海地民主选举总统阿里斯迪德的行动。

美国对中非的援助总体讲,数量有限,但从 1979 年起,有增有降。1979 年为 175 万美元,1982 年为 200 万美元,1983 年 5 月美国提供食品援助约 420 万美元。1984 年为 390 万美元。1989 年美国向中非提供 397.6 万美元援助,1991 年为 400 万美元,1994 年为 1000 万美元,1995 年增至 1200 万美元。但 1996 年仅给予 200 万美元,1998 年进一步减为 30 万美元。1999 年美国向中非进口额仅占其进口总额的 2.1%。

进入 21 世纪后,2001 年 12 月 3～11 日,齐盖莱总理对美国进行工作访问。2002 年 9 月 9～19 日,帕塔塞总统对美国进行工作访问,并于 9 月 13 日出席由布什总统主持的中部非洲安全形势会议。2002 年美国关闭其驻中非使馆。

2003 年 5 月，中非的贡巴总理访问美国。7 月，博齐泽总统赴纽约参加第 58 届联合国大会。2004 年 10 月，美国国务院中部非洲司副司长牛顿访问中非。同月，美国国务院发表公报，宣布逐步恢复驻中非使馆活动。2005 年 7 月，美国驻中非使馆临时代办宣布与中非共和国全面恢复合作关系，重开班吉美国文化中心。

第三节　同法国的关系

法国原是中非的宗主国，中非共和国独立后一直同法国保持传统的密切关系。法国为了继续控制中非共和国，在中非宣布独立的当天，即与中非签订了"十余个合作协定"，规定在国防、经济、技术、文化等方面继续与法国"合作"。法国是中非最大的援助国和主要经贸伙伴。

博卡萨执政时，要求法国帮助中非修筑通向海口的铁路，遭到法国拒绝，此后一段时间，中非共和国与法国关系比较紧张，两国关系几起几伏。1968 年 4 月，中非宣布退出法国控制的"中非海关和经济联盟"，加入了与美国关系密切的"中非国家联盟"，为此法国对其施加压力，迫使中非于同年 12 月退出"中非国家联盟"。第二年 11 月，中非驱逐了在中非矿业公司工作的 40 名法国专家。

1970 年 11 月，法国总统戴高乐逝世，博卡萨前往巴黎参加葬礼，同蓬皮杜会谈，法国答应增加援助，但以撤换外长纳格蒙作为条件。1971 年下半年，两国关系重新恶化。1971 年 7 月，中非政府驱逐了一批搞间谍活动的法国专家，中非指责其中有一人把中非总统府的电话线接到法国大使馆。8 月，博卡萨政府宣布，要求收回货币发行权和把存在巴黎的"赤道非洲和喀麦隆中央银行"的中非外汇储备转回首都班吉，法国拒绝执行。9 月底，班吉爆发群众反法示威，砸了法国驻中非大使馆。10 月初，博卡萨在电台上逐点批驳了法国政府拒绝要求的照会。随后又关闭了巴黎国家银行在班吉的分行。

1972 年 5 月，博卡萨访问法国后，两国关系趋向缓和。1974 年 5 月，法国与中非关系又产生严重分歧，中非政府关闭法国驻中非总领事馆，将法国开设的书店、民航公司的设施及石油销售公司收归国有，驱逐法新社驻中非记者。

1975 年，法国总统德斯坦和博卡萨互相访问，两国关系又趋和好。1976 年 8 月，德斯坦总统再次访问中非共和国，应允增加对中非的援助。

1978 年 9 月，博卡萨再一次访问法国后，中非与法国的关系明显好转，博卡萨称："法国的态度很明确，因此我们可以信任它。"

1981 年 9 月 1 日，安德烈·科林巴接管政权，他强调中非共和国努力加深和发展同法国的传统关系。称赞中非与法国关系是"榜样性的、特殊的、牢固的"，强调法国的军事存在有利于中非和本地区的和平。

1982 年 3 月 3 日，中非人民解放运动主席帕塔塞策划政变未遂，逃入法国驻中非使馆政治避难，中非国家军事委员会主席安德烈·科林巴签署一项法令，解散中非人民解放运动，并向法国政府提出 48 小时最后通牒，要求引渡逃入法国使馆的帕塔塞。法国政府决定拒绝把帕塔塞引渡交给中非政府，但不排除在得到中非国家元首科林巴同意的情况下，让帕塔塞去他选择的第三国。于是，帕塔塞乘坐法国军用飞机抵达多哥首都洛美进行政治避难。

1982 年 7 月 9 日，法国为缓和与中非的关系，派合作与发展部部长科特访问中非。8 月底，法国外交部发言人又宣布继续对中非政府重建国家"值得赞扬"的事业提供援助。10 月下旬，科林巴总统应邀对法国进行正式工作访问，同密特朗就双边关系和国际形势举行了会谈。法国表示支持科林巴政府，并向中非提供1亿法国法郎的援助。科林巴认为，这次访问使他"消除了怀疑"，"两国合作仍充满活力"。科林巴强调中非努力加深和发展同法国的关系。

1984年12月，法国总统密特朗访问中非，重申确保中非安全，为其提供更为有效的援助。

1985年12月和1986年初，科林巴总统分别参加了在巴黎召开的第12届法非首脑会议和第一届法语国家首脑会议。1986年5月，法国合作部部长访问中非，法国同中非签署了10个贷款协定，总金额为16.65亿非洲法郎。

1988年2月，科林巴总统再次访问法国，法方允诺增加对中非的援助，并加强法国驻军对中非土木工程建设和反偷猎斗争的援助。

1993年9月，帕塔塞当选总统，与法国关系甚好，1994年帕塔塞总统曾先后三次出访法国。

1996年4月，中非首都班吉发生兵变，法国外交部发表公报，明确表示支持帕塔塞总统。5月18日，中非再次发生兵变，兵变士兵要求帕塔塞辞职，并伤亡数十人。法国合作部部长戈德兰表示，法国支持帕塔塞总统，决定出兵干预中非士兵兵变。法国军队在中非首都班吉与兵变士兵交火。在法国的调停下，中非政府与兵变领导人达成协议，同意对兵变士兵实行特赦，并允诺组成全国政府。11月16日，中非发生第三次兵变，再次提出要求支付1992年和1993年政府所欠的军饷，同总统卫队和法军交火，根据法国和中非政府签署的防务协定，1500名法国军人进驻班吉，保卫外国侨民和重要设施。

1997年1月4日，法国军人在班吉阻止中非市民游行时，开枪打死一名中非青年。随后，中非兵变士兵向法国军人开火，两名法国士兵中弹身亡。法国对两名士兵的死亡进行报复，驻扎在中非的800多人开始对中非的兵变士兵采取了大规模军事行动，摧毁兵变士兵的几个据点，占领了石油港口和中非国家电台，打死兵变军人十多名，俘虏30名兵变军人。法国在中非当局，还从法国驻乍得首都恩加梅纳的部队，调动其军人进行增援，多次与中非兵变士兵发生激战。

根据两国防务协定，法国在中非设有军事基地。1997年8月，法国国防部部长阿兰·里夏尔访问中非时宣布，法国关闭在中非共和国的两个军事基地。法国军队撤出中非后，法国将继续支持部署在班吉的非洲干预部队。

1998年4月15日，法国在中非的驻军正式撤离，仅留250人参加联合国驻中非维和团。1999年2月，维和团中的法国士兵撤离中非。法国在中非驻军的历史暂告结束。

但是，2003年中非发生政权更迭，法国以保护侨民撤离，并支持中部非洲经济与货币共同体维和部队为由向中非派兵，目前，约有150名法国军队驻扎在中非。

2003年3月，博齐泽武装夺权后，法国率先承认博齐泽政权。7月29日，法国宣布向博齐泽新政府提供经济和财政援助，以帮助其巩固政治和经济发展。法国曾派遣一支300人的部队，协助中部非洲国家经济与货币共同体驻中非多国维和部队维持治安，两国关系得到改善。

2003年10月8日，中非共和国宣布，法国将军让－皮埃尔·佩雷被任命为中非总统博齐泽的军事顾问，同时也标志着法国与中非的军事合作关系全面恢复。

2004年1月，法国外交部负责军事合作的海军少将基诺访问中非，博齐泽总统接见，并授予勋章。为改善首都班吉和其他地区自1996年以来、受频繁政变和军人哗变影响而不断恶化的安全状况，以确保到2005年中非全国大选之前过渡期的政局稳定，在 2004 年之前，法国还将帮助中非培训并武装三个营的军队。4 月，法国总统非洲事务顾问德伯纳科对中非进行工作访问。8 月，博齐泽总统应希拉克总统的邀请，参加在法国土伦举行的纪念普罗旺斯登陆 60 周年庆典，并顺访法国。10 月，法国三军总监韦克斯中将访问中非。

2005 年 5 月，法国希拉克总统致函祝贺博齐泽当选总统。7 月，法国外交部军事合作局副局长高姆上校访问中非，博齐泽总统会见，法方表示将继续加强双边军事合作，帮助中非培训军队、宪兵。8 月，博齐泽总统访问法国，与希拉克总统会谈。12 月，博齐泽总统赴马里出席第 23 届法非首脑会议。不久，法国政府向中非提供 900 万欧元的援助。

第四节 同俄罗斯、东欧国家关系

一 同俄罗斯的关系

中非共和国于 1960 年 12 月同苏联建立外交关系。1964 年 8 月，中非经济委员会主席费尔南·巴萨蒙古率领代表团访问苏联，两国签署了技术和文化合作协定。9 月该代表团访问南斯拉夫。

1970 年 7 月，博卡萨访问苏联，与苏联签订经济技术合作协定。

1971 年 8 月，因苏联对中非不提供具体援助，在中非独立 11 周年时，博卡萨公开谴责苏联违反协定。之后，苏联向中非提供三架直升机，援建一座妇婴中心，并向中非学生提供奖学金。

1975 年 8 月，中非政府驱逐 8 名在博卡萨身边工作的苏联克格勃人员，揭露他们偷听电话和偷拍总统府保险柜文件。

1976 年以后，博卡萨多次发表讲话，对苏联在非洲的干涉和侵略行径表示不满。古巴出兵安哥拉和扎伊尔的沙巴事件后，中非政府曾多次公开谴责苏联。

1979 年 2 月，又宣布终止苏联文化中心在中非的一切活动，并要求苏联使馆减少工作人员。

1980 年 1 月 22 日，中非宣布同苏联断绝外交关系，召回中非驻苏联外交人员，限令苏联侨民（除教员外）离开中非，并废除与苏联签订的合作协定。

1982 年 6 月，特命全权大使、外交部非洲司司长率领苏联友好代表团访问中非共和国，双方就恢复两国外交关系问题进行了谈判，但未能取得结果。同年 11 月，中非科林巴总统电唁勃列日列夫逝世，电贺安德波列夫当选苏共中央总书记。

1988 年 3 月 18 日，中非共和国和苏联两国政府同时宣布恢复外交关系。

1991 年，苏联解体以后，中非政府继续同俄罗斯保持外交关系。

二　同东欧国家的关系

1971 年，因东德没有提供其所答应中非的援助，于是中非共和国宣布同东德中断外交关系。

博卡萨对罗马尼亚曾答应过要帮助中非修筑铁路，但后来未能实施，也对其极为不满。

第五节　同中国的关系

中非共和国与中国的外交关系，经历了三起三落的发展过程，自 1998 年复交后，双边关系发展平稳友好，政治、经贸关系不断顺利发展。

一 双边关系和重要交往

中非共和国于 1960 年 8 月 13 日宣告独立, 中国总理周恩来和陈毅副总理分别致电中非共和国总统戴维·达科, 祝贺中非共和国独立, 并通知他, 中国政府已决定承认中非共和国。在第 15 届联合国大会就美国阻挠恢复中国合法席位的提案表决时, 中非代表弃权。

1962 年 5 月 31 日, 中非与台湾当局 "建交"。1962 年 10 月, 中非代表在联合国主张搞 "两个中国", 既要求接纳中国进入联合国, 又主张 "蒋帮" 也派代表参加。

1964 年 1 月, 中国总理周恩来访问非洲, 中国与法国建交后, 中非经济委员会主席费尔迪南·巴萨蒙古于 1964 年 8 月访问中国, 同中国草签建交公报。9 月 29 日, 中国外贸部副部长卢绪章访问中非, 同中非总统达科正式签署建交公报, 决定建立大使级外交关系。11 月, 中非与台湾当局断交, 宣布废除与台湾签订的一切协定。第二年中非共和国同中国分别在双方的首都设立大使馆。两国建交后, 中国政府给予中非贷款, 并派农业专家援助中非。

1965 年 1 月 19 日, 中非共和国代表加林·杜阿特在联合国大会一般性辩论中, 要求恢复中国在联合国中的合法席位并表示反对制造 "两个中国" 的阴谋。1965 年 2~3 月, 中国河北省篮球队和南京杂技团先后访问中非。

1966 年初, 博卡萨政变上台, 其外交的显著特点之一是: "多变"。1966 年 1 月 6 日无理宣布同中国中断外交关系。1 月 7 日, 中国外交部发表声明, 对博卡萨政府提出严重抗议, 并决定从中非撤出中国大使馆全体工作人员和专家。

1968 年 5 月, 中非政府同 "台湾当局复交"。同年 9 月, 博卡萨公开攻击中国搞 "颠覆"。

1969 年 11 月，博卡萨又表示愿与中国复交，但由于"文化大革命"对中国外交活动的干扰，同时还因中非共和国尚未下定决心与"台湾当局"断绝外交关系。所以复交谈判迟迟没有结果。

1970 年 10 月，博卡萨访问台湾，并同台湾当局签订了所谓"技术合作协定"和"商务协定"，决定在台湾设立"大使馆"，并派出"大使"。博卡萨当政后，从 1966～1971 年的历届联合国大会上，中非一直投票反对恢复中国在联合国的合法权利，而投票赞成美国的反华提案，其中仅 1970 年对阿尔巴尼亚、阿尔及利亚等国关于恢复中国在联合国的一切合法权利，驱逐蒋帮的提案投过一次弃权票。

1976 年，中非政府通过扎伊尔总统蒙博托多次向中国政府传话，要求复交。8 月 12 日，应中非共和国总统博卡萨的邀请，中国驻扎伊尔大使宫达非到达中非进行友好访问。访问期间，8 月 20 日宫达非代表中国政府同博卡萨签署了中国和中非共和国国家关系正常化的联合公报，决定自即日起两国实现关系正常化，恢复两国之间大使级外交关系，并于数日后驱逐台湾有关人员。同年 11 月，博卡萨访华，两国签署了经济技术合作协定和贸易协定，协定规定双方贸易以可兑换的货币支付。同时，还签订关于中国向中非派遣医疗队的议定书。此后，双方领导人互有往来。

1977 年 10 月，中非共和国工商大臣博库夫人率领政府贸易代表团访华。

1978 年 5 月，中国在中非共和国举办了经济贸易展览会。

1979 年 4 月和 1980 年 6 月，中国和中非两国分别签署农业合作议定书和文化合作协定书。

1982 年，签署关于派遣中国医疗队赴中非工作的议定书。1982 年 5 月，中非青年、体育、艺术和文化部部长冈波尔率领中非友好人士代表团访华。

1983 年 7 月，科林巴主席访华，双方签订了两国经济技术合作协定。

1984 年 9 月初，广播电视部副部长徐崇华率中国政府代表团，出席中国援建的中非广播电台扩建工程竣工仪式和中非国家复兴军事委员会执政三周年庆典。

1986 年和 1987 年，两国往来不断，中非新闻部部长恩增格和外交、国际合作部部长普西米斯先后率团访华。中国也派国务委员张劲夫率政府代表团、文化部副部长英若诚率中国政府文化代表团先后访问中非共和国。

1987 年 12 月，中国经贸部王文东部长助理率中国政府代表团访问中非，参加中国援建的班吉友谊医院移交仪式。

1989 年下半年，中联部副部长蒋光化、国务委员兼国家教委主任李铁映，分别率领中国共产党代表团和政府代表团访问中非共和国。

1991 年 7 月 8 日，中非科林巴政权为获得台湾当局的巨额援款，与其第二次"复交"。7 月 18 日，中国驻中非大使馆临时代办向中非政府提出严正交涉，并郑重声明，由于中非共和国政府同"台湾当局"恢复所谓"外交关系"，中国政府向中非政府提出强烈抗议，决定中止与中非共和国的外交关系。两国政府间的经济、贸易、文化、卫生等领域的协议随即停止执行。但民间的贸易活动仍继续。中国在中非设立留守组，管理其原驻中非大使馆的财产。

1994 年 3 月下旬，中非与台湾当局举行混合委员会并发表联合公报，中非外长巴西亚称，中非支持台湾参加联合国和加入各国际组织。同年 10 月 7 日，中非共和国总统帕塔塞抵达"台湾"进行为期 6 天的访问。

1997 年 10 月，中国特命全权大使、常驻联合国代表秦华孙以安理会轮值主席身份访问中非共和国，访问期间，双方签署实现两国关系正常化谅解备忘录，决定尽快建立两国大使级复交谈判机制。

1998 年 1 月 29 日，中国政府代表与中非外交国务部部长让·梅泰·亚彭德，在中非首都班吉签署两国复交联合公报和谅解备忘录，决定自即日起恢复两国大使级外交关系，中非政府宣布立即与"台湾当局"断交。3 月 18 日，中国驻中非使馆临时代办崔永乾抵达班吉。3 月 20 日，中国驻中非大使馆复馆。中非总统外事顾问勒内·科菲及中非外交部秘书长等高级官员出席了复馆仪式。中国与中非复交后，两国友好合作关系得到迅速恢复和发展。

1998 年 5 月 7～14 日，应中国外交部邀请，中非总统特使、中非总统经济与战略发展顾问罗兰·达纳访华，国务院副总理钱其琛会见，外交部副部长吉佩定和对外经济贸易部负责人分别同他举行了会谈，并同地质工程公司、远望集团公司进行接触。

1998 年 6 月 18 日，中国驻中非大使崔永乾向帕塔塞总统递交国书。6 月 23 日，应中非外交部邀请，中国外交部副部长吉佩定对中非进行工作访问，分别会见了中非总统帕塔塞、总理米歇尔·布里亚·贝泽拉、国民议会议长胡格·多博藏迪，并与外交国务部部长亚彭德举行会谈。两人分别代表两国政府签署《中华人民共和国政府与中非共和国政府经济技术合作协定》，并就延长中国贷款的余额使用期等事项换文确认。双方在会谈时，吉佩定表示中国和中非复交是两国关系史上的一件大事，中国政府愿同中非政府加强在各个领域的合作，共同建立两国长期稳定友好合作关系。中非外长亚彭德表示，中非共和国政府克服重重困难，终于恢复了同中国的外交关系，中非这一决定是真诚的，衷心希望两国今后的合作关系能够成为国家关系的典范。

1998 年 9 月 15～30 日，应中国政府的邀请，中非外交国务部部长亚彭德访华，国家副主席胡锦涛会见了他，唐家璇外长和对外经贸部副部长孙广相分别同亚彭德进行会谈，双方就中国向中非提供一笔无偿物资援助换文确认。亚彭德表示，两国关系出现的波折不能反映中非人民的意愿，两国人民的友谊从未隔断过。两国复交后，双方在各个领域的友好合作得到了恢复和发展，中非人民从中得到了巨大的好处。中非政府感谢中国无私的帮助和支持。

1999 年 1 月 31 日，中非共和国总理阿尼赛·乔治·多罗格雷率领其外交、国防、通讯、教育等六位部长，出席了中国驻中非大使馆举办的中国与中非两国复交一周年的庆祝活动。

1999 年 5 月 17 日和 20 日，中非外交部部长和多罗格雷总理分别照会、致函中国驻中非使馆和崔永乾大使，严厉谴责以美国为首的北约轰炸中国驻南斯拉夫联盟使馆的野蛮行径，并向中方表示声援和同情。

1999 年 6 月 14～20 日，中非共和国总统帕塔塞对中国进行国事访问，中国国家主席江泽民等领导人赞赏帕塔塞和中非政府坚持一个中国的原则立场，还表示中国愿与中非在和平共处五项原则基础上，密切合作，把更加健康、更加有活力的两国关系带入 21 世纪。访问期间，两国签署了关于成立经贸合作混合委员会的协定、中国与中非两国政府经济技术合作协定等。帕塔塞感谢中国政府和人民在中非实现和平与民族和解以及发展经济方面给予的支持，重申中非政府坚持一个中国的立场。

2000 年 1 月 14 日，中非共和国国民议会成立"中非、中国友好小组"。该小组由 60 名议员组成，议长吕克·阿波利那尔·东东－科纳马拜耶任组长。中非共和国政府就中国台湾地方选举发表公报，重申中非政府坚持一个中国的原则，中华人民共和国政府是代表全中国唯一合法政府，台湾是中国的一个省。中非共和国总统昂热·帕塔塞，率领国防、内政、运输等十余名部长应邀出席中国驻中非共和国大使崔永乾举行的国庆招待会。中非代理总理、运输部部长德西雷·彭德致词对中国与中非复交以来，向中非提供的支持和帮助表示感谢。强调中非共和国坚持一个中国的原则。中非负责经济计划和国际合作的部长级代表雅各布·姆依塔吉姆应邀率团参加"中非合作论坛——北京 2000 年部长级会议"。

2000 年 1 月 17 日，中非共和国总统帕塔塞在总统官邸举行隆重仪式，授予即将离任的中国驻中非大使崔永乾三级荣誉勋章。帕塔塞在授勋仪式上发表讲话，高度评价了中非和中国之间的真诚友谊，赞扬崔永乾大使为巩固和发展两国友好合作关系所作出的重要贡献。崔永乾对帕塔塞为其授勋表示感谢，并祝愿中国与中非关系不断发展。

2001 年 1 月 11~12 日，中国外交部部长唐家璇应邀对中非共和国进行正式访问，会见了中非总统和总理，与中非外长举行会谈，访问期间，两国外长分别代表各自政府签署了两国政府经济技术合作协定。

同年，11 月 20~29 日，应中共中央对外联络部邀请，中非人民解放运动副主席于格·多博赞迪率团访华。戴秉国部长介绍了中国对非洲的政策和重大国际问题的看法。多博赞迪高度评价中国共产党在过去 80 年中所取得的成就，表示中非人民解放运动十分重视发展同中国共产党的关系，愿意通过此次访问，学习中国共产党治党治国的经验，进一步加强交流和合作。

2003 年 4 月 5 日，中国外交部副部长杨文昌访问中非共和国，分别会见了中非总统博齐泽、总理贡巴和外长梅卡苏阿，双方就两国关系问题交换了意见。杨文昌在会见时重申，中国政府一贯奉行不干涉别国内政的政策，尊重各国人民的政治选择。中国愿在和平共处五项原则基础上与中非新政府继续发展在各个领域的友好合作。他表示，中国政府支持中非新政府为维护国家稳定、促进经济、社会发展所做的努力。中非方面表达了希望同中国保持和发展友好合作关系的愿望，并且重申将继续坚持一个中国的政策，不与台湾当局发生官方关系。

2004 年 5 月 13 日，中非共和国总统博齐泽在总统府会见并宴请由张邦栋少将率领的中国国防部外事代表团时重申，中非将始终坚持一个中国的原则立场。

2004 年 8 月 19 日，中非总统博齐泽访问中国，国家主席胡锦涛与博齐泽总统举行会谈，双方对两国复交以来双边关系的发展给予了积极评价，一致表示将继续共同努力，进一步巩固和加强两国友好合作关系。

胡锦涛回顾了两国关系的发展历程后说，发展中国和中非共和国友好合作关系符合两国人民的根本利益和共同愿望，符合中国和非洲发展新型伙伴关系的大趋势，这是任何力量也阻挡不了的。胡锦涛指出，一个中国原则，是中国同包括中非在内的世界各国发展友好合作关系的重要政治基础。我们赞赏博齐泽总统和中非政府重视发展对华关系，坚持一个中国原则，支持中国的统一大业。

博齐泽说，得益于改革开放的中国迅速发展，赢得了国际社会的敬佩和尊重。在国际事务中，特别是在维护世界和平方面，中国的影响日益扩大。在捍卫发展中国家权益、推动建立公正的国际政治经济新秩序方面，中国的作用日益突出。博齐泽强调，中非政府和人民珍视与中国的友谊，坚定支持中国的统一大业，愿同伟大的中国发展全面合作。

胡锦涛表示，为了把两国关系的积极发展势头保持下去，建议从以下三个方面继续做出努力。

一是政治上加强交往，增进互信，不断巩固两国关系的政治基础，推动两国关系持续稳定健康发展；

二是扩大经贸往来，加强互利合作，促进共同发展。双方可将农业、基础设施建设和人力资源开发作为合作的重点。中方鼓励中国企业到中非投资。愿同中非方积极探讨两国在石油、钻

石、铁矿、森林等资源开发领域的合作；

三是加强两国在文化、教育、卫生等领域的交流与合作，以及在国际事务中的磋商与协调，不断丰富两国友好合作关系的内涵。

博齐泽高度评价中国多年来在农业、基础设施和卫生等领域向中非提供的援助和支持，这些合作项目推动了中非经济社会发展，体现了中国人民对非洲人民的深厚情谊。他表示完全赞同胡锦涛主席就发展两国关系提出的建议，这些建议立足于切实推进双方的合作，造福于中非人民。中非将同中方共同努力，不断巩固和加强两国在各个领域的友好合作。

会谈结束后，两国签署了《中华人民共和国和中非共和国联合公报》以及两国政府经济技术合作协定。

二　中非与中国的经济贸易关系

（一）两国经贸关系发展简况

多年来，由于受两国政治关系的影响，双边贸易交流与合作起伏不定，发展缓慢；同时中非地处内陆，交通不便；加之中非国内局势动荡，经济困难，外汇短缺，也制约了两国贸易的发展。自从中国与中非再次复交以来，两国贸易有了较大发展。中非市场上中国生产的中、低档收录机、收音机、计算器、自行车、缝纫机、暖瓶、仿陶瓷餐具、茶具、床上用品、箱包、小五金、电源插头、插板等商品占据了近半数的份额，在小摊亭和地摊上随处可见；电风扇、布匹、玩具、机电工具也占有很大份额；高档用品，如空调、冰箱、彩电和摩托车等也已走进了中非市场。中国的中、低档产品，尤其是低档产品在中非市场上具有较大活力。如前几年的圣诞节，仅一家商店一次性购入中国儿童玩具、童车、箱包等就达 30 万美元。上述产品中，许多产品都不是直接从中国进货，而是从周边国家，如喀麦隆、贝宁、科特迪瓦、多哥和海湾国家及欧洲转购的。

1964 年 8 月，由中非共和国经济社会委员会主席率领的中非友好代表团访华，草签经济、文化、贸易支付三个协定。同年 9 月，卢绪章率领的中国政府代表团访问中非，两国签订经济技术合作协定、货物交换和支付协定。

1970 年 10 月，博卡萨访问台湾，并同台湾当局签订了所谓"技术合作协定"和"商务协定"。

1976 年，中非的博卡萨政府同中国恢复外交关系。同年 11 月，博卡萨皇帝一世访华，双方签订"经济技术合作协定"、"贸易协定"和"中国向中非派遣医疗队的议定书"。在"贸易协定"中，规定双方贸易以可兑换的货币支付。1977 年 10 月，中非工商大臣博库夫人率领政府贸易代表团访华。1978 年 5 月，我国在班吉举办了中国经济贸易展览会。1979 年 4 月底，两国签署"农业合作议定书"。

科林巴主席执政后曾两次访华。1983 年 7 月，科林巴对我国进行正式友好访问，双方签订了两国"经济技术合作协定"。1984 年 8 月底，中国广播电视部副部长徐崇华率政府代表团出席中国援建的中非广播电台扩建工程竣工仪式。1987 年对外经济贸易部王文东部长助理率中国政府代表团访中非，参加中国援建的班吉友谊医院移交仪式。1990 年 4 月，科林巴总统再次访华，签订了关于《中华人民共和国政府向中非共和国政府提供贷款的协定》和中国政府向中非政府赠送教育项目进行换文。

1985 年两国贸易额为 16 万美元，中国出口额为 15.7 万美元，主要出口商品为轻纺产品；进口为少量象牙等。中非与中国的贸易往来从 1964～1989 年的 20 多年中一直徘徊在 100 万美元左右。1987 年两国进出口贸易总额为 97 万美元。1989 年下降至 76 万美元。1990 年回升到 162 万美元。

1998 年 1 月 29 日，两国复交。自从复交以来，两国贸易有较大发展，但其中也有起伏。1998 年在中非市场的中国商品（含我国对中非赠送的物品）可达 350 万美元。1999 年超过 400 万美元。2000 年中国同中非贸易总额为 64.4 万美元，比 1999 年减少。其中，中方出口额为 34.3 万美元，进口额为 30.1 万美元。

2001 年，两国贸易额有了明显增长。进出口总额增加了 204%，达 196 万美元。2002 年两国贸易总额为 194 万美元，主要是我国进口略有减少。但自 2003 年以来，经过双方积极努力，两国贸易额有了大幅度的增长。2003 年两国贸易总额上升到 444 万美元，中国从中非的进口额由上年的 126 万美元增为 231 万美元，较上年增长 84%，出口额同期增长 209.4%。

中国对中非出口商品主要以工业制成品为主，如钢铁、机械运输设备等；纺织品及服装、鞋类；轻工产品（包括搪瓷器皿、箱包、塑料制品等）和机电产品（包括录音机、电视机、收音机、灯具等）。中国从中非进口的主要是原棉、木材，尤其是中国进口木材成倍增加。

（二）中国对中非进出口贸易特点

1. 呈大起大落的发展势态

从 1985～2004 年的 20 年间，两国进出口贸易呈三起两伏甚至是大起大落驼峰式的向前发展。

1989 年以前，年均贸易总额未过百万美元，到 20 世纪 90 年代是一个新起点，1990 年突破百万美元，为 162 万美元，1991 年上了一个新台阶，超过 200 万美元，达 215 万美元，1993 年双边贸易额超出 300 万美元，为 326 万美元，两国贸易额达到新高峰，1994 年骤降至 37 万美元。1996 年贸易总额上升至又一个高峰，超出 500 万美元，2000 年和 2001 年又下滑为 64 万和 196 万美元。自 2002 年两国进出口贸易总额开始节节上升，2004 年接近千万美元，2005 年 1～9 月再上新台阶，突破千万美元，达 1067 万美元，创两国进出口贸易额的历史新纪录。

2. 两国贸易的新变化

从 1985～1995 年，中国对中非的出口贸易额大于进口贸易额，连续 11 年的中国顺差，或者说两国建交以来的双边贸易基本上是中国连年顺差。但从 1996 年和 1997 年两国贸易中开始发生了一个变化，中国出现逆差，分别为 -57 万美元和 -24 万美元，1998～2000 年，中国连续三年顺差，2001～2006 年，中国又六年出现逆差。2005 年是 14 年来中国与中非进出口总额最高的一年，达到 1608 万美元，同时进口额和出口额都是 14 年来的最高点，参见表 7-1。

表 7-1 20 世纪 90 年代以来两国进出口贸易情况

单位：万美元

年　份	进出口总额	出口额	进口额	顺逆差
1992	153	153	0	153
1993	326	322	4	318
1994	37	20	17	3
1995	114	98	16	82
1996	513	228	285	-57
1997	192	84	108	-24
1998	107	106	1	105
1999	111	111	0	111
2000	64	34	30	4
2001	196	57	139	-82
2002	195	69	126	-57
2003	444	213	284	-67
2004	957	332	625	-293
2005	1608	709	899	-190
2006	1030	169	861	-692
2007(1～8 月)	930	543	387	156

资料来源：根据中国海关资料统计数据整理。

3. 近年来两国贸易发展较快

主要是由于经过双方积极努力，中国与中非高层往来较为密切，两国关系不断改善；中国经济快速发展，需要原材料日益增多，中国从中非进口木材成倍增长。中国对中非出口商品以工业制成品为主，如钢铁、机械运输设备、纺织品及服装、鞋类、轻工产品（包括搪瓷器皿、箱包、塑料制品等）和机电产品（主要是录音机、电视机、收音机、灯具等）。

（三）中国与中非贸易中有待解决的问题

多年来，除由于受两国政治关系的影响外，同时中非地处内陆，交通不便；加之中非国内局势动荡，经济困难，外汇短缺，也制约了两国贸易的发展。另外，自两国最近一次复交以来，时有中国公司前往考察中非市场，了解投资环境，多以其市场小，投资条件不够优惠等原因无功而返。至今为止，在中非的中国贸易公司少，中国许多商品存在以下问题。

1. 无完整的商品说明书

中非许多商家对中国产品无完整的商品说明书（包括品名、型号、规格、式样、功率、样品照片、报价、生产厂家、联系地址等），仅是品名与价格，对产品全貌难以了解，使商家不敢下决心订货。

2. 商品没有法语说明

我国出口商品多以中英文说明为主，而对法语国家，则无法文说明。有的商品，如家电、药品、需有指导加工制作的食品和营养食品等，因无法文说明，当地广大消费者不懂英文，无法使用，只好改购有法文说明的同样商品。有的商人反映，其订购无法文说明的商品在货架上无人问津，造成积压。

3. 量小、品种多、嫌麻烦

中非的商品市场很小，其商人每次订货都是多品种拼装货柜。有些中国公司来人或来函商谈时，对这种小额数量、多品种拼柜的办法觉得利小，麻烦多，不愿为之。最终也不给答复，不了了之。对此许多中非商人很反感，他们宁肯在欧洲或周边邻国购买，也不愿直接向中国商家订货。

4．报价偏高

中国公司对中非市场往往了解不多，只知其市场价高，不知其他费用大（就运费而言，就比其他国家高出许多），使当地商人无法操作，他们说比在法国买的中国货还要贵，因而难以成交。

由于以上原因，也制约了两国贸易的发展。

中非是贫困的国家，大多数人民的生活水准仅能遮体果腹，所以中国的低档次商品，如服装、纺织品、鞋、小五金、普通日用、儿童玩具、简易照明用品、收音机、计算器等，只要价廉，质量有一定的保障，在中非是会大受人们欢迎的。尤其是中国与中非这次复交以来，两国关系友好，这为两国经贸关系打下了坚实的基础。

（四）中国与中非互利合作

两国建交后，1965 年 1 月，中国和中非共和国签订"经济技术合作协定"。中国与中非建交以来，中国已向中非提供不附带任何条件的，无息长期发展中非经济贷款 1 亿多元人民币，无偿援助 5000 多万元。中国援建中非宾博广播电台扩建工程、农业站、竹编培训中心。中国先后对中非共和国援建了医院、勃亚利农场、派遣了医疗队。

中国公司于 1985 年进入中非承包劳务市场。中国公司承建了中非姆巴里水坝工程。截至 1991 年 7 月，中国与中非中止外交关系前，中国水利电力对外工程公司、中国土木工程公司、中国地质工程公司、山西国际公司等先后在中非开展业务。中国公司在中非累计签订承包劳务合同 9 项，合同金额 2904 万美元。中国在中非已建成勃亚利农技站、宾博广播发射台扩建、竹藤草编和木雕培训中心、总统府诊所扩建、班吉友谊医院和姆博科农业项目等。

1998 年 1 月两国复交，双方经贸合作逐步恢复，实施姆波科农场第二期技术合作、勃亚利农技站恢复和技术合作、宾博电台技术合作。

1998年复交后，签订了两国矿业公司合同。中国政府恢复向中非提供5名奖学金名额。中国政府于1999年2月和4月分别恢复了勃亚利农业站（种植旱稻、蔬菜、西瓜，饲养鸭、猪、鱼等）和姆博科农业站（饲养蛋鸡、肉鸡、火鸡、猪，种植蔬菜）合作项目。中国原来援建的宾博广播电台，1996年中非动乱时被毁，1999年，完成了中国对中非援建更新的中非宾博广播电台项目。同年，中国政府向中非政府无偿赠送了3500余辆自行车。

中国对中非援建100套低档住宅和赠送一所小学校的项目，约4000万元人民币，于2002年5月开工，主体工程已完成。从1998年8月22日起，由16人组成的医疗队正式无偿为中非人民提供医疗服务。

在无偿援助方面，1998年4月，为中非提供300万美元现款；1998年12月，向中非共和国提供价值150万元人民币的12辆北京吉普；1998年12月又向中非提供价值1100万元人民币的50辆载重卡车和自动装卸车。另外，还有数次小额赠送，如电脑、复印机、计算器、办公用品、手扶拖拉机、摄影器材等，合计价值100多万元人民币。

对于以前中国曾承诺建造一座两万人座体育场项目，已签订了施工合同。1999年6月15日，中国在中非投资的第一个大型森林资源开发项目的合同在北京签字。根据合同规定，中国远望集团总公司、大兴安岭林业集团公司和中非共和国哥伦布（林业）集团公司，对位于中非共和国"诺拉"地区的25万公顷森林资源进行开发，中方预计投资1200万美元。

1999年，由鞍山民营企业家在中非建立的药厂，经营状况尚好，之后鞍山药业再投资200万元人民币合建药检中心，实践中非方同意的从中国进口药品在当地更换业已注册的鞍药包装的药品经营许可权。

另外，中国在中非建有两家诊所、两家餐馆和 3 家小商店。河北亨豪集团与中非总统所属公司正式联手合作开采金刚石项目，已投资 3000 万元人民币。

2000 年 11 月，中国驻中非大使崔永乾与中非负责经济、计划和国际合作部的部长级代表雅各布·姆拜依塔杰姆签署两国政府贸易、经济和技术合作协定。

2001 年 1 月，中国唐家璇外长和中非梅泰法拉外长分别代表各自政府签署了《中华人民共和国政府和中非共和国政府经济技术合作协定》。同年 3 月 26 日，中国政府向中非政府赠送 70 辆汽车。同年 11 月 25 日，双方签署了中国政府减免中非债务的议定书。

2002 年，两国经济贸易和合作关系进一步加强，双方签订了中国政府向中非政府提供无息贷款的协议。续签了医疗合作议定书。同时，中国对中非援建的 100 套经济住房项目开工。香港企业家庄启程在中非注册的中非中天林业公司开工伐木。中国－中非光彩矿业股份有限公司在中非获得 A 类矿业钻石勘探许可证。中国建材工业对外经济技术合作公司与中非签署了合建水泥厂的意向书。

2004 年 4 月 28 日，在班吉签订中国援助中非的银行账务处理细则。中国援助中非宾博发射台项目第三期合作的换文，分别于 2004 年 5 月 19 日和 7 月 1 日在班吉互相进行。同年 7 月 5 日，中国政府向中非政府赠送价值 1000 万元人民币的物资，用于修复或重建 2003 年 3 月 15 日遭毁坏的军队营房和补给总统府、总理府及各部门的办公用品。

2005 年 4 月 22 日，中国中兴公司与中非 SOCATEL 通讯公司，共同和中非邮电部签订了价值 6000 万欧元覆盖中非全国移动通讯网络和固定通讯网络各 15 万线的供货和安装商务合同。合同规定该项目自该合同生效后的 12 个月内完成。在合同之外，拟在年内，先在班吉安装 1.5 万线的无线通讯网络。上述工程竣工后将使中非全国的邮电通讯大为改观。

三　其他往来

1976 年 11 月，中国政府与中非政府首次签订了《关于中国派遣医疗队赴中非工作的议定书》。1978～1990 年，中国政府向中非派出 7 批医疗队，共 97 人次，为中非人民服务。

1977 年起，中国开始接受中非留学生来华学习和进修。两国复交后，中国恢复向中非提供奖学金，2000 年中非在华留学生有 12 人。

在 1980 年 6 月，中国和中非两国政府签署了《中华人民共和国政府和中非共和国政府文化合作协定》。1998 年 6 月，中非旅游、艺术、文化部部长贝依纳·班迪访华期间，两国政府重签了《中华人民共和国政府和中非共和国政府文化协定》。

2000 年 11 月，中华全国妇联常委王晓钟率妇女代表团访问中非。

四　重要双边协议及文件

（一）《中华人民共和国政府和中非共和国政府建立外交关系的联合公报》（1964 年 9 月 29 日）

中华人民共和国政府和中非共和国政府根据各自国家人民的利益和愿望，决定建立大使级的外交关系。两国政府一致同意遵照相互尊重主权和领土完整、互不侵犯、互不干涉内政、平等互利、和平共处的五项原则发展两国之间的友好合作关系。

（二）《中华人民共和国和中非共和国国家关系正常化的联合公报》（1976 年 8 月 20 日）

中华人民共和国政府和中非共和国政府，根据互相尊重主权和领土完整、互不干涉内政、平等互利和和平共处的原则，经过友好商谈，决定自 1976 年 8 月 20 日起实现两国关系正常化，恢复两国之间的外交关系，并互派大使级外交代表。

（三）《中华人民共和国和中非共和国关于恢复外交关系的联合公报》（1998 年 1 月 29 日）

（1）中华人民共和国政府和中非共和国政府重申遵守联合国宪章的宗旨和原则，愿意发展和加强双方的友好合作关系，根据两国人民的利益和愿望，决定自 1998 年 1 月 29 日起恢复两国大使级外交关系，并在北京和班吉设立大使馆。

（2）中非共和国政府承认联合国大会于 1971 年通过的第 2758 号决议的现实意义和有效性，承认世界上只有一个中国，中华人民共和国政府是代表全中国的唯一合法政府，台湾是中华人民共和国的一个省。

（3）中华人民共和国政府支持中非共和国政府维护国家独立和主权的崇高事业以及为国家重建和经济、社会发展所作的努力。

（4）中华人民共和国政府和中非共和国政府同意根据对等原则为对方大使馆的工作提供方便。

（四）《中华人民共和国和中非共和国联合公报》（2004 年 8 月 19 日）

（1）双方对目前两国友好合作关系在和平共处五项原则基础上顺利发展表示满意，决定继续保持政治交往，推进各领域合作，加强在国际事务中的磋商，推动两国友好合作关系持续、稳定、健康发展。

（2）双方表示相互支持对方为维护国家主权和领土完整、促进稳定与发展所作的努力。中非方支持中国实现国家统一，并重申，世界上只有一个中国，中华人民共和国政府是代表全中国的唯一合法政府，台湾是中国领土不可分割的一部分。

中方赞赏并支持中非政府为维护国内社会政治稳定、恢复经济发展所作的积极努力，同时呼吁国际社会对此给予更大的支持。

（3）双方积极评价两国经贸合作取得的成果，愿进一步加强在农业、基础设施和人力资源开发等领域的合作，鼓励扩大双向贸易和投资，推动双方企业开展互利合作。中方重申愿意继续在力所能及的范围内，支持和帮助中非方为促进国家经济社会发展所作的努力。

（4）双方认为，和平与发展仍是当今时代的主题。国际社会应加强磋商，维护世界的多样性，促进世界不同文明和不同发展模式相互交流和借鉴。双方呼吁发达国家承担应有的义务和责任，切实履行向发展中国家提供经济技术援助和减免债务等承诺，进一步开放市场，取消贸易壁垒。双方主张发展中国家联合自强，加强南南合作，并积极推动南北对话，促进建立和平稳定、公正合理的国际政治经济新秩序。

（5）双方认为，维护稳定、消除贫困是非洲国家面临的紧迫任务。中方支持非洲联盟和非洲次区域组织为实现非洲大陆和平稳定、推进一体化进程发挥更大作用，支持非洲国家通过实施"非洲发展新伙伴计划"谋求非洲的振兴与发展。

（6）双方高度评价中国与非洲的友好合作关系，认为中非合作论坛是中国和非洲加强集体磋商、开展务实合作的有效机制。两国愿意在论坛机制框架内加强合作。

第六节　同非洲各国和周边国家的关系

积极发展睦邻友好关系。中非共和国力图通过外交斡旋缓解周边国家的紧张局势，赢得一个稳定的周边环境。重视中部非洲地区经济合作和经济一体化。

一　强调睦邻友好合作

同尼日利亚签有军事协定；与刚果（布）签有矿产开发协议；与喀麦隆就人员、物资流通以及交通安全等问题保持磋商并取得成果；同苏丹签有贸易、关税、领事和保护边界安全协定，1994 年同苏丹签订保护安全协定，班吉至苏丹首都喀土穆航班已开通。

同乍得签有卫生、睦邻友好和反偷猎协定，参与斡旋乍得政府与反对派之间的和解。1994 年 2 月，乍得内政部部长访问中非，同反对派进行会谈。1996 年，帕塔塞总统访问乍得，参加代比总统就职典礼。1995 年 6 月，乍得过渡政府总理科伊布拉口吉马斯塔访问中非，与帕塔塞总统就共同关心的边界安全、打击车匪路霸，遣返乍得难民等问题进行了会谈。帕塔塞总统于同年 12 月 8 日，访问乍得。

（一）同刚果（金）的关系

1964 年 11 月 26 日，中非共和国政府谴责美国和比利时对刚果（利）[①] 的武装干涉。1968 年 4 月，中非加入蒙博托总统出面组织的"中非国家联盟"，同年 12 月退出该组织。1968 年 11 月，中非政府驱逐刚果（金）驻中非使馆的代办，不久，同刚果（金）断绝外交关系。

1970 年 1 月，中非与刚果（金）复交。1973 年 10 月蒙博托总统访问中非，两国关系明显改善。1976 年 1 月底，博卡萨访问扎伊尔〔刚果（金）于 1971 年 10 月改名为扎伊尔共和国〕。20 世纪 70 年代，当扎伊尔两次遭到苏联雇佣军入侵时，博卡萨

[①] 刚果共和国成立于 1960 年 6 月 30 日，简称刚果（利）。1964 年改称刚果民主共和国，1966 年 5 月首都改名金沙萨，国名简称刚果（金）。1971 年 10 月 27 日改国名为扎伊尔共和国。1997 年 5 月恢复国名为刚果民主共和国，仍简称刚果（金）。

政府明确表示反对外国军队武装干涉，坚决支持扎伊尔人民反击入侵的斗争。科林巴执政后，中非同扎伊尔签订友好合作条约、经济技术协定、科学和技术文化总协定。

1998年5月11日，中非和刚果民主共和国〔即刚果（金）〕在班吉签署了防御协议。根据协议，两国将在长期协商防务问题方面相互帮助，并相互提供一切方便和援助，以维护国防安全。

（二）同利比亚的关系

1982年9月14日，中非共和国同利比亚恢复外交关系。10月底，科林巴总统访问法国后回国途中，在的黎波里会见了利比亚领导人贾卢德，11月，科林巴赴的黎波里准备出席第十九届非洲统一组织首脑会议时，同卡扎菲进行了会晤。

1983年4月，科林巴对利比亚进行正式访问。5月利比亚57名军事教官撤离中非。帕塔塞总统与利比亚关系密切，曾多次访问利比亚。利比亚曾在中非有驻军，为帕塔塞数次平息内乱发挥了关键作用。

2002年12月，由于中部非洲经济与货币共同体向中非共和国派出维和部队，利比亚驻军撤离。博齐泽掌权后，注意发展与利比亚关系。

2004年6月26～28日，博齐泽总统访问利比亚，会见了卡扎菲；12月，博齐泽接见了卡扎菲特使、负责非洲一体化国务部长赛义德就非洲和两国合作交换意见。

（三）与喀麦隆的关系

1998年11月3日，帕塔塞总统访问喀麦隆。因喀麦隆与中非边境问题，两国关系曾一度紧张。

2001年3月初，喀麦隆方面曾拆除了位于两国"缓冲地带"的一处海关设施，以便于修筑加鲁阿－布莱镇至喀麦隆东方省首府贝尔图阿之间的柏油公路，这一举动引起了中非方面的戒备。中非政府称，喀麦隆曾派军队和装甲车进入中非境内达5公里。

对此，中非 3 月 1 日和 6 日两次出兵进入喀麦隆境内，并占据了位于喀麦隆加鲁阿－布莱镇周围 100 米宽的"缓冲地带"。

联合国驻中非共和国代表表示，联合国对喀麦隆和中非边境紧张局势深感担忧，并在喀麦隆边境城镇加鲁阿－布莱与喀麦隆和中非两国代表团举行了三方会谈，了解和消除一周以来喀麦隆、中非两国边境地区出现的紧张局势。三方经过谈判作出三项决定，即中非撤走部署在中非和喀麦隆两国边界上的军队；喀麦隆边防设施保持原来的位置；两国之间的"缓冲地带"维持现状。

（四） 与摩洛哥的关系

中非共和国与摩洛哥保持较好关系，摩洛哥每年向中非提供 20 多名政府奖学金名额。

二 积极参与中部非洲和非洲地区活动

（一） 参与中部非洲地区国家组织活动

中非是中部非洲国家经济共同体（CEEAC）和中非经济货币共同体（CEMAC）等中非地区组织的成员国。中非共和国积极参与这些组织的活动，为促进中部非洲国家经济一体化和发展民族经济作出积极的努力。举例如下。

1994 年 2 月、3 月和 12 月，帕塔塞总统先后出席了中部非洲国家经济和关税联盟利伯维尔的非正式首脑会议、第 29 届和第 30 届的首脑会议。

1996 年 1 月，帕塔塞总统出席在加蓬弗郎斯维尔举行的乍得和解会议，并在班吉同乍得、苏丹举行三国首脑会议，就边界安全和地区发展问题进行讨论，决定加强三国边界军事协调，保证人员自由往来，打击贩毒和走私，发展农业、卫生、文化和环保领域的合作。

1997 年 6 月，中非总统帕塔塞先后出席加蓬总统邦戈倡议召开的非洲国家解决刚果（布）危机小型首脑会议，并赴刚果（布）访问。

1998 年 4 月 3 日，中非总统帕塔塞与乍得总统代比和刚果（布）总统萨苏在刚果（布）举行小型首脑会议，讨论中部非洲稳定和安全问题，重申保持睦邻友好合作关系。

1998 年 9 月 23～26 日，帕塔塞总统参加在加蓬举行的旨在讨论刚果（金）局势的中部非洲国家首脑会议。

1998 年 12 月 16 日，帕塔塞赴布基纳法索出席非统组织预防、处理和解决冲突中央机制首脑会议。

1999 年 4 月 13 日，帕塔塞总统赴利比亚参加萨赫勒国家首脑会议。会上帕塔塞签署加入萨赫勒国家组织的协定，使中非成为该组织正式成员。以后参加该组织的多次首脑会议。

2001 年 8 月 23 日，举行了中部非洲国家经济共同体第十一届首脑会议，中非政府派代表出席了会议。

2004 年 1 月 2 日，中非参与上述共同体 11 个成员国成立中部非洲地区自由贸易区会议，该自由贸易区将于 2007 年 12 月 31 日正式运行；会议决定在共同体内部逐步实现人员自由流通；会议还通过了 2004～2005 年防治艾滋病行动计划、筹建共同体发展合作资金和执行"非洲新伙伴发展计划"等决议。

（二）与南非的合作

中非与南非双方签订矿产开采协定。2001 年 8 月 23 日，中非共和国政府与南非矿业集团签订了一项矿产开采合作协定，合作勘探、开采中非丰富的矿产资源，带动经济发展。根据协议，南非矿业集团将出资与中非矿业部共同勘探和开采中非的铁、铜、煤和石油等矿藏。

附　　录

一　中国援建中非的部分项目

（一）国家援建项目

勃亚利农业站	该项目为与中非复交后的恢复项目,地处距离首都班吉 62 公里的比萨市郊。1999 年 4 月复站,由浙江省农业厅和浙江省农业科学院承担此项目并派出人员。该农业站主要种植旱作稻、蔬菜、西瓜,饲养鸭、猪、鱼等
姆博科农业站	该项目为复交后的恢复项目,地处距离首都班吉 26 公里处,1999 年 2 月复站,由山西省国际开发公司和山西省农业科学院承担并派出人员。农业站主要饲养蛋鸡、肉鸡、火鸡、猪等,种植蔬菜等
宾博电台	中国原援建的宾博电台,于 1996 年在中非动乱时被毁,1999 年重建,于年底落成

（二）民营单位及华侨企业

鞍山药厂	鞍山药业公司几位同仁出资 100 多万元在中非注册开办中非第一家药厂,取名 ASPHARCA,生产大输液等产品,主要有葡萄糖、盐水、林格氏液,抗菌素有环丙沙星,产品基本上由中非医药供应站包销,部分产品已销往周边国家
中国-中非朋达矿产开发总公司	河北亨豪企业集团有限公司和中非签订开采金刚石的协议,建立朋达矿产开发公司,叫 MULTT-SERVICE(简称 MUSE)

上海餐馆	开业于 1993 年,现有中国华侨 4 人
天神诊所	系原鞍山药业公司分出部分人员建立天翔集团,开办该诊所,以销售中国药品。开业于 2000 年 5 月,经中非卫生部注册,聘请中非医生坐诊。
吕晶诊所	系原鞍山药业公司分出部分人员于 2000 年初开办,经中非卫生部传统医学管理部门注册开业。吕晶系中医,从事针灸,也用部分国产药。该诊所现有 3 人
华侨商店	该商店有中非籍华侨 3 人

二 中国驻中非历任大使

 国驻中非共和国的历任大使及其任期如下。

孟　英,任期:1965 年 1 月 ~ 1966 年 1 月;

李　石,任期:1976 年 11 月 ~ 1982 年 1 月;

徐净武,任期:1982 年 11 月 ~ 1985 年 11 月;

周贤觉,任期:1986 年 1 月 ~ 1990 年 1 月;

赵惠民,任期:1990 年 3 月 ~ 1991 年 7 月;

崔永乾,任期:1998 年 3 月 ~ 2001 年 7 月;

王四法,任期:2001 年 7 月 ~ 2003 年 12 月;

何泗记,任期:2004 年 1 月 ~ 2007 年 8 月;

石　虎,任期:2007 年 8 月 ~ 迄今。

乍得
（Chad）

列国志

第一章

国土与人民

第一节　自然地理

乍得共和国（简称乍得）是非洲大陆 14 个内陆国家之一，前法属赤道非洲四国中幅员最大、最北面的一个国家，面积 1284000 平方公里，也是四国中人口最多的国家。

一　地理位置

乍得共和国（简称乍得）位于北纬 7°～24°，东经 13°～24°之间。撒哈拉沙漠南缘。与六国为邻。东接苏丹，南与中非、喀麦隆交界，西与尼日尔接壤，西南隔乍得湖与尼日利亚相望，北面同利比亚毗连。

二　行政区划

据 1996 年 4 月通过的新宪法，乍得地方行政单位分为区（Region）、省（Departement）、镇（Commune）、村（Communaute Rurale）四级。20 世纪 80 年代初，乍得全国划

分为 6 大行政区，14 个省（Prefecture）。其中 14 个省如下：即中沙里省（Moyen-Chari）、萨拉马特省（Salamat）、博尔库－恩内迪－提贝斯提省（Borkou-Ennedi-Tibesti）、巴塔省（Batha）、比尔廷省（Biltine）、加涅姆省（Kanem）、湖省（Lac）、沙里－巴吉尔米省（Chari-Baguirmi）、盖拉省（Guera）、瓦达伊省（Ouaddai）、凯比河省（Kebbi）、坦吉莱省（Tandjile）、西洛贡省（Logone-Occidental）、东洛贡省（Logone-Oriental）。首都恩贾梅纳市（N'Djamena），位于沙里－巴吉尔米省，属于独立行政单位。

1999 年 8 月，代比总统颁布法令，将全国 14 个省扩大为 28 个省，107 个州，470 个区，44 个传统领地。其中 28 个省分别如下。

提贝斯提省（Tibesti）、西坦吉莱省（Tandjile Ouest）、东坦吉莱省（Tandjileet）、色拉省（Sila）、萨拉马特省（Salamat）、瓦达伊省（Uoaddai）、拉姆山省（Monts De Lam）、达拉河省（Mayo Dalla）、博内伊河省（Mayo Boneye）、芒杜尔省（Mandoul）、东洛贡省（Ligone Oriental）、西洛贡省（Ligone Occidental）、伊洛湖省（Lac Iro）、加涅姆省（Kanem）、湖省（Lac）、卡比亚省（Kabia）、哈吉尔拉密省（Hadjer Lamis）、盖拉省（Guera）、恩内迪省（Ennidi）、达达巴省（Dababa）、博尔库省（Borkou）、比尔延省（Biltine）、西巴塔省（Batha Ouest）、东巴塔省（Batha Est）、考赫河省（Barh Koh）、加匝尔河省（Barhel Gazal）、巴吉尔米省（Baguirmi）、阿松加省（Assongha）。首都恩贾梅纳省（Ndjamenal），属于独立行政单位。

2002 年 10 月，全国划分为 18 个大区（含恩贾梅纳市），下辖 57 个省级单位（含首都的区），其中 18 个大区情况，参见表 1－1。

表 1 – 1　乍得 18 个大区名称、面积和首府

区名（Région）	面　　积	首　　府
1 巴塔（Batha）	88800 平方公里	阿提（Ati）
2 博尔库 – 恩内迪 – 提贝斯提（Bourkou-Ennedi-Tibesti）	600350 平方公里	法亚拉尔久（Faya-Largeau）
3 沙里 – 巴吉尔米（Chari-Baguirmi）	82910 平方公里	马森雅（Massenya）
4 盖拉（Guéra）	58950 平方公里	蒙戈（Mongo）
5 哈吉尔拉密（Hadjer Lamis）		马萨科里（Massakory）
6 奈姆（Kanem）	114520 平方公里	马奥（Mao）
7 湖（Lac）	22320 平方公里	博尔（Bol）
8 西洛贡（Logone Occidental）	8695 平方公里	蒙杜（Moundou）
9 东洛贡（Logone Oriental）	28035 平方公里	多巴（Doba）
10 芒杜尔（Mandoul）		扣姆拉（Koumra）
11 东凯比河（Mayo-Kebbi Est）		邦戈尔（Bongor）
12 西凯比河（Mayo-Kebbi Ouest）		帕拉（Pala）
13 中沙里（Moyen-Chari）	738595 平方公里	萨尔（Sarh）
14 瓦达伊（Ouaddaï）	76240 平方公里	阿贝歇（Abéché）
15 萨拉马特（Salamat）	63000 平方公里	安提曼（Am Timan）
16 坦吉莱（Tandjile）	18045 平方公里	拉伊（Laï）
17 瓦迪菲拉（Wadi Fira）		比尔廷（Biltine）
18 恩贾梅纳市（Ville de N'Djaména）		

三　地形特点

乍得境内为辽阔的准平原地带，东西部没有高山峻岭，地势比较平坦，平均海拔高度为 300~500 米，乍得北部是干旱空旷的撒哈拉大沙漠，全国土地面积的 1/3 强属沙漠地区，面积达 50 万平方公里。东西部边缘地区地势升高。全国可分六个区，即：

南部为沙里河 – 洛贡河平原区；东南部为达尔富尔高原区；

西部为乍得盆地区；西北部是全国最低洼地区，是由乍得湖盆地和博德累盆地构成的准平原地区；东北部有由岩石构成的埃尔迪－恩内迪高原区；北部是提贝斯提高原区，平均海拔 2000 米，其库西山是全国最高点，海拔 3415 米，它也是非洲中部地区的最高峰。该区的图西德火山是一座活火山。在东部，瓦达伊山脉与 1700 米高的盖拉山脉、1300 米高的阿布特耳法恩山脉连接。在平原地带，还有由花岗岩构成的哈杰尔哈米斯高原和菲昂加－莫伊托高地。

四　河流与湖泊

（一）湖泊——乍得湖

乍得湖（Chad, Lake），位于乍得、喀麦隆、尼日尔和尼日利亚四国的交界处，是非洲第四大湖，也是世界著名的内陆淡水湖。乍得湖的面积不是固定不变的，而是随着季节的不同，一年之内要发生两次较大的变化。每年的 6 月雨季到来的时候，湖面上升，湖水漫过低平的湖岸，向四周扩展，湖区面积达到 2.5 万平方公里，淹没的土地大部分在尼日尔和尼日利亚两国境内。而当 11 月旱季到来的时候，乍得湖的湖面便渐渐缩小，变成一个长方形的湖泊，其长度约 200 多公里，宽度约 70 公里，湖水面积约为 1.3 万多平方公里，大部分在乍得境内。乍得湖海拔 283 米，湖水很浅，平均水深两米左右，最深处约 12 米上下。湖边长满芦苇和纸草，像沼泽一样。

乍得湖的水源，主要来自降水和河流来水，其湖区年平均降雨量为 200～500 毫米，沙里河每年为其提供 4000 亿～4500 亿立方米水量，大约占河流水源的 95%。乍得湖没有水流流出，湖水一部分渗漏成为地下水或者蒸发掉了，由于这里炎热少雨，蒸发量又极大，地下水就成为周围干旱地区居民生活和牲畜用水的重要来源。

乍得湖是一个没有出口的湖泊，因此，有人推断它是一个咸水湖。其实，湖水的含盐度只有千分之零点几，比东非各大湖泊的含盐度都低，湖区的西部和南部全是淡水，东部和北部也只是略带一点咸味。夹在世界上最大的沙漠——撒哈拉大沙漠和世界上奇热地带之一——苏丹热带稀树干旱草原之间的一座巨大的内陆湖，湖水居然是淡的。在相当长的一段时间里，人们对这种现象感到迷惑不解，因而被传成许多神话或奇谈。后来，随着科学技术的发展，才慢慢揭开其中的奥妙。原来，在乍得湖的东北部，有一个比它低得多的地面，这就是非洲大地上著名的博得累盆地。盆地最低处海拔是 155 米，大量湖水通过地下路径源源不绝地往盆地渗流过去，水中的大量矿物质，包括各种盐类，在流动过程中，经过沙层的过滤，到达博得累盆地时已所剩无几了。

"乍得"一词，在当地语言中意译为"水"，用作湖泊的名称，有"一片汪洋"的意思。乍得共和国的国名就是以这个湖名命名的。乍得湖的湖区主要位于乍得境内，西部则分别属于尼日尔、尼日利亚和喀麦隆三国。乍得湖除了在地理位置上接近大陆中心和撒哈拉沙漠以外，还有许多不同于热带非洲其他大湖的独特之处。

据地质学家们提供的研究报告指出，乍得湖发育在古老大陆上的一个原始盆地里。大约在 1 万多年以前，乍得湖湖区是一个很大的内海地区。据考证，在过去的 12000～5000 年间，乍得湖曾三度扩大，最后一次发生在 5400 年前，当时的乍得湖水深 160 多米，最大面积为 30 万～40 万平方公里，除了里海以外，比世界上所有的湖泊都要大。后来，地壳运动，沧桑变迁，内海悄悄地消失了，留下了今日的乍得湖（参见图 1-1、图 1-2）。

考古学家们还发现，在三四千年以前，乍得湖曾经同尼罗河连在一起，是尼罗河的河源之一。在盛水季节，湖水经常漫溢到尼日尔河的最大支流贝努埃河，一直通向大西洋。乍得湖同尼罗河、尼日尔河本来是相通的，后来由于地形变化，天长日久，出

图 1-1　1963 年的乍得湖

（此图中的黑色系 1963 年的乍得湖面积，由美国卫星拍摄的照片）

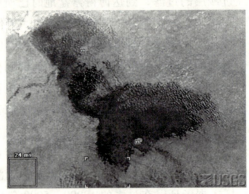

图 1-2　1997 年的乍得湖

（此图中间的黑色系 1997 年的乍得湖面积，由美国卫星拍摄的照片）

口河道泥沙淤塞，乍得湖与尼罗河、尼日尔河渐渐失去联系，尼日尔河同尼罗河分道扬镳，各奔前程，才使乍得湖演变成今天的"内陆湖泊"。在地质史上，乍得湖也经历过比现代还要干旱的时期，今天深入到湖里的沙丘岛弧，可以看到过去古乍得湖湖岸的遗址。

乍得湖水质优良，水浅，温度高，是一个天然渔场。尽管它和其他水系隔绝，但是，所产的鱼种几乎和周围的水域没有两样。湖区是非洲重要的淡水鱼产地之一，出产大量的泥鳅鱼、尼罗河鲈鱼、鲶鱼、河豚、虎形鱼等。

乍得湖区周围居住着 5000 多户人家，几乎家家都是靠捕鱼为生。漫步湖畔，只见渔民们驾着小舟用刺网、鱼笼或布置钩线的渔具捕鱼，其劳动的场面既紧张又热烈。有些渔民凭借一个特大的葫芦，浮游水中，用渔叉叉鱼，百发百中，真是既原始而又有趣。这些渔民虽然分别属于沿岸几个国家的不同民族，但他们相互谦让，和睦相处，亲如一家。人们经常划着渔船，带着土特产，聚集在湖滨的浅滩草丛中，临时组成一个小型集市贸易场，出售或交换土畜产品。

乍得湖四周的浅水区，生长着茂密的芦苇和纸草，它们是用来编织日常生活用品和工艺品的原料，更是用来造纸的上等原料。沿岸出产食盐和天然碱，为发展化学工业提供了原材料。湖区东部被水道隔成很多岛屿，岛上空气新鲜，鲜花盛开，风景优美，为发展旅游业具备了非常优越的条件。湖区东南部，沙里河以及洛贡河流域是重要的农业区，盛产棉花、花生、稻米、薯类等。

自古以来，乍得湖地区就是撒哈拉沙漠南缘的交通要地，乍得首都恩贾梅纳、尼日利亚北方城市迈杜古里等地是素享盛名的商业、交通中心。

为了充分利用开发乍得湖丰富资源，湖滨国家先后成立了"乍得湖开发资源办公室"、"乍得湖资源研究协会"等专门机构从事这方面的工作。这些国家除了利用湖面区域发展渔业外，还在湖滨地带兴修水利，建立粮食生产基地，利用湖滨草原发展畜牧业等。

联合国环境规划署认为，乍得湖的湖水面积锐减，使乍得湖地区的生态环境严重失调，必须尽快采取相应措施加以解决。

乍得湖流域委员会，于 1998 年确定了本地区的 6 个发展战略计划，其中包括拯救乍得湖计划。该计划的主要内容是开凿一条长 100～120 公里的人工河道，将流经中非共和国的乌班吉河部分河水调往乍得湖，以拯救日益干枯的乍得湖。

2001 年 3 月 29 日，乍得湖流域委员会又在中非共和国首都班吉举行第 48 次部长级会议，研究实施拯救乍得湖计划。会议指出，乍得湖湖水不断减少，濒临枯竭，给沿湖地区的经济和社会发展造成了严重后果。拯救乍得湖已成为当务之急，并决定在流经中非共和国的乌班吉河上游修建一座大坝，以早日实现乌班吉河水北调乍得湖计划。中非共和国总统帕塔塞在闭幕的会议上说，修建这座水坝可以调节乌班吉河下游水量，使刚果（布）首都布拉柴维尔、刚果（金）首都金沙萨和中非首都班吉之间的水运常年畅通，并有利于将乌班吉河水输送到日益干枯的乍得湖，同时还能蓄水发电，改善中非、苏丹等国的供电现状。为了更有效地将乌班吉河水调往乍得湖，会议还决定在乌班吉河至沙里河之间，以及沙里河至贝努埃河之间分别开凿一条运河，以促进中非、乍得、喀麦隆、刚果（布）、刚果（金）、苏丹等沿河国家的经济发展。

（二）河流

1. 沙里河和洛贡河

乍得南部有沙里河和洛贡河贯穿境内。这两河发源于喀麦隆和中非共和国山区，是乍得最富庶的地区。沙里河是乍得湖的主要河流，由格里班吉河、巴曼吉河和萨腊河汇合而成，全长 1200 公里，与洛贡河一起由同一个三角洲流入乍得湖。沙里河在东部与萨拉马特河相接，流至尼埃利姆时，河道转狭，然后又扩展，从北纬 10 度线形成一个沼泽地带。60 万平方公里的沙里河流域，物产丰富，甚至对遥远的萨希尔地区都有影响。

洛贡河由发源于阿达马瓦的姆贝雷河和发源于亚德岭的庞代河汇合而成。在邦戈尔高原，洛贡河和沙里河之间可以通航。河水泛滥时，洛贡河的部分河水溢向贝努埃河的支流。

2. 乌班吉河

该河总长 1160 公里，水量充足，乍得湖 85% 的湖水来自这条河流。乍得湖流域委员会执行主席、尼日尔总统马马杜·坦贾表示，该委员会正在加紧实施拯救乍得湖计划，以加快沿湖国家的经济发展，改善人民的生活条件。

五　气候

乍得的北部属热带沙漠气候，南部属热带草原气候，全年高温炎热。除北部高原山地外，大部地区年平均气温在摄氏 27 度以上，北部可达在摄氏 29 度。

乍得地域广阔，从北到南有各种气候特征，北方的法达和拉亚地区，地处北纬 15 度以北，属热带沙漠气候。年平均降雨量，提贝斯提高原可超过 50 毫米以上，其余地方不到 25 毫米。北纬 15 度以南，年均降雨量从北往南由 50 毫米递增到 1000 毫米以上。乍得南方靠近中非共和国边境地区的阿尚博堡，6～7 月进入雨季，降雨量可达 900～1200 毫米。乍得首都恩加梅纳（原名拉密堡）的降雨量为 500～900 毫米。

从南往北气温差越来越大。南方的阿尚博堡的最高温度为摄氏 45 度，最低温度为摄氏 10 度。首都恩贾梅纳最高和最低温度分别为摄氏 47 度和 8 度。北方的拉亚则分别为摄氏 50 度和 4.5 度。

第二节　自然资源

一　矿物

乍得共和国矿产资源较丰富。主要矿藏有天然碱、石灰石、白陶土和钨、锡、铜、镍、铬、铀、钛等。天然碱分布在乍得湖沿岸，西南边境储藏着锡、石英石，蕴藏在巴塔河上游地区，北方的提贝斯提地区有钨矿。以上矿藏大多尚未开采。只有天然碱在小规模开采。

1968 年以来，乍得湖东北部加涅姆省和南方洛贡省均发现石油。20 世纪 70 年代以来，在乍得南部地区和乍得东北地区部均发现石油。1975 年开始开采，于 1980 年开始少量产油。

二　植　物

乍得的植被因全国各地所处的地理位置和气候的不同，大体划分以下三个地带。

（一）撒哈拉地带

即北部沙漠地区，面积 50 万平方公里，相当于博恩（博尔库－恩内迪－提贝斯提）行政区。槐树和棕榈树是这个地区主要的植物。

（二）萨希尔地区

面积 40 万平方公里，居住着约 90 万阿拉伯人，包括加涅姆、盖拉、巴塔和瓦达伊等地区。这里荆棘丛生，有大草原生长橡胶树、棕榈树和枣树，河谷地带种植粟子、小麦和棉花。

（三）热带草原地区

面积 35 万平方公里，这个地区是热带大草原，草原上有卡里树、罗尼埃树等，在潮湿地带生长着罗望子树。同时，这里也是乍得最富庶的地区，种植棉花、稻谷、花生和其他粮食作物。

三　动　物

乍得有许多野生动物，如大象、野水牛、河马、长颈鹿、狮子、鸵鸟等。

第三节 居民与宗教

一 人口

乍得独立之初约 270 余万人，1998 年增为 693 万人。2000～2001 年《世界银行发展报告》称，乍得已达 750 万人，其中男性占总人口的 48.46%，女性占总人口的 51.54%。年自然增长率为 2.9%。15～64 岁的有 300 万人，总劳动力 400 万人，劳动力中女性所占百分比为 45%。10～14 岁童工占该年龄组的 37%。全国人口密度为每平方公里 6 人。城市人口占总人口的 23%。出生时预期寿命男性为 47 岁，女性为 50 岁。5 岁以下人口死亡率为 172‰。1998 年首都恩贾梅纳人口为 61.5 万人。

2005 年《世界银行发展报告》称，2003 年，乍得人口增至 850 万人，1990～2003 年，人口年均增长率为 3%。人口密度每平方公里为 7 人。2004 年，乍得人口增至 880 万人，同年人口年均增长率为 2.8%。2005 年为 945 万人（据联合国估计数字）。

二 部族和民族

乍得是非洲大陆上黑种人和阿拉伯人长期以来混杂居住的几个地区之一。全国有大小部族 256 个。乍得的居民主要是尼格罗人，南部和西南部的居民主要为萨拉族、马萨族、科托科族、蒙当族等，约占全国人口的 55%。北部、中部和东部居民主要是阿拉伯血统的柏柏尔族、瓦达伊族、图布族、巴吉尔米族等，约占全国人口的 45%。居民中的部族和民族大体可分为以下四大类。

（一）阿拉伯人

居民中很大一部分是阿拉伯人，他们是几个世纪前从北方迁移来的，在乍得北方饲养牲畜的地区广泛传播伊斯兰教和阿拉伯语。阿拉伯人可分两大部族，由北方来到乍得的阿萨乌纳部族和14～19世纪由尼罗河河谷来到乍得的乔埃纳部族。这些游牧部族保持着原有的风俗习惯。在乔埃纳部族的阿拉伯人中，埃马人生活在索勒河（即加扎勒河）和菲特里湖地区，乌马尔人居住在靠近蒙戈的地区。萨拉马特人广为分布在沙里河、菲特里湖、巴吉尔米和代卡基雷一带。乌雷腊希人分布在巴塔河谷到南巴吉尔米一带。米西里耶人是巴塔河一带最主要的部族，分黑色的米西里耶人和棕色的米西里耶人两种。在阿萨乌纳人中，乌雷斯利芒人是最后一批移民。他们的肤色接近白色，于1840～1850年之间移民来到乍得。

（二）图布人

图布人，也即撒哈拉黑色游牧民族。分布在极为广阔的地区，包括费赞、尼日尔和乍得北方的提贝提斯。图布人中最著名的是扎加瓦人，在公元850年，扎加瓦人来到加涅姆，建立了铁达王朝，即原加涅姆－博尔努帝国。

（三）南方居民

包括同一文化的沙里人、萨拉人、马约凯比人。沙里人包括沙里河谷的居民、尼埃利姆人、布阿人、加布里人、恩当人、图克人、图尼阿人、卡巴拉伊人、南歇雷人、苏姆雷人等。他们对萨拉人的风俗习惯产生有一定的影响。

萨拉人来自乍得的东方，同那里的居民有亲缘关系。萨拉人中又分东沙里的萨拉人和西沙里的萨拉人。

马约凯比人与喀麦隆的北部或沙里河三角洲一带的居民（如马萨人、蒙当人、穆当人、穆斯古人、基姆人等），具有亲缘关系。

（四）中部和东部的居民

即定居在加涅姆的居民和乍得湖沿岸的居民，包括利济人、哈吉拉耶人、萨奥人的后裔、瓦达伊土著居民等。

利济人包括库巴人、阿布塞芒人、巴拉利阿人、比拉拉人、康加、梅多哥人、康加人和巴吉尔米人。他们语言近似，渊源相同，而他们本身与萨拉人有亲缘关系，比拉拉人是比拉尔的后裔。公元 14 世纪初，加涅姆布人率领他们的家族离开加涅姆，到哈杰尔哈米斯地区的乍得湖南岸定居后，同埃马族的阿拉伯人杂居，成为比拉拉人的祖先。

哈吉拉耶人定居在乍得中部的山区，这些部族由于瓦达伊人和阿拉伯人的压力逃难至此。

瓦达伊土著居民，是由阿贝歇和乌阿腊地区的马巴山地人组成。16 世纪时，冬儒尔王朝曾统治着瓦达伊。1611 年，阿卜德·凯里姆·本·查梅推翻冬儒尔王朝，掌握了政权。

三 语言

法语和阿拉伯语同为乍得的官方语言。最广泛通用的本地语言是萨拉语，南方约有 80 万左右居民通用苏丹语系的萨拉语。社会的上层人士一般使用法语。北方有 50 万以上的居民通用乍得化的阿拉伯语。东瓦达伊地区约有 20 余万居民通行马尔巴语。北部还有提布语（也称图布语），南部还有姆布姆语，各约有十余万居民使用。

（一）乍得阿拉伯语（Chadic Arabi）

使用该语言的人数占乍得总人口的 1/3。操乍得阿拉伯语方言的还有数十万人，他们居住在尼日利亚、喀麦隆、尼日尔。

（二）马尔巴语（Marba）

马尔巴语属阿非罗－亚细亚语系的乍得语，大约有十余万人使用。

（三）姆拜语（Mbai, Sara Mbai）

姆拜语属沙里－尼罗语，有十余万人使用。在中非和喀麦隆也有人使用该语言。

（四）莫西语（Mosi）

莫西语属乍得语，有 4 种方言，大约有十余万人使用。在喀麦隆还有数万人使用。

（五）图普里语（Tupuri）

该语言属尼日尔 – 刚果语的阿达马瓦 – 乌班吉语支，有近 20 万人使用。在喀麦隆也有少部分人使用。

（六）卡努里语（Kanuri）

属尼罗 – 撒哈拉语系的撒哈拉语，有 12 种方言，大约有十余万人使用，在尼日利亚有三四百万人使用，在喀麦隆约有 10 万人使用。

四　宗教

乍得居民中 44% 信奉伊斯兰教，33% 信奉基督教（其中，罗马天主教徒占 21%，新教徒占 11.6%），23% 信奉原始宗教。

（一）伊斯兰教

1. 伊斯兰教的传入

乍得位于北非和撒哈拉以南非洲的交界处，伊斯兰教传入比其他西非国家要早。不过，是通过四条主要途径分阶段传进乍得来的。

（1）从北方传入　公元 800 年北部的图布人建立加涅姆王朝，11 世纪时，这个王朝受阿拉伯人影响，国王乌梅改信伊斯兰教。12 世纪时，加涅姆王国向南发展，伊斯兰教也随之进一步传播，但还仅限于王族和上层家族之中。19 世纪初，这个王国被阿拉伯人统治，并且传进了塞努西教团的教义，伊斯兰教得到较深入的发展。

（2）从东路传入　公元 17 世纪初，一些来自科尔多瓦和达尔富尔地区的阿拉伯人在乍得东部建立了瓦达伊王国。后来这个王国的阿拉伯人同当地的黑人杂居、通婚，形成了一些信奉伊斯兰教的新部族。

（3）来自西部影响　18 世纪时，一些皈依了伊斯兰教的富拉尼（即颇尔族）牧民移居乍得西部地区，带来了伊斯兰文化。19 世纪初，福迪奥·坦登·奥斯曼在尼日利亚发动"圣战"，建立了强大的伊斯兰帝国，也在乍得产生了较大影响。

（4）内部途径　即已经接受伊斯兰教的部族同其他部族的接触、联盟或在政治上的联系，扩大伊斯兰教的传播。但伊斯兰教在乍得的传播比较缓慢。直到第二次世界大战期间，法国人开放边界，允许阿拉伯商人自由出进之后，有些地方的居民才改信伊斯兰教。20 世纪初，南部黑人部族也开始伊斯兰化。

2. 伊斯兰教在社会中的地位

19 世纪末，法国殖民者入侵乍得时，北部居民在赛努西教团领导下，进行了多年的武装斗争。在整个殖民统治时期，人民的反抗从未停止，殖民当局迫于形势，对伊斯兰教采取宽容政策，在一些地区保留伊斯兰教法为地方行政管理法，允许穆斯林酋长作为政教合一的领袖存在。

乍得独立后，历届政府都重视宗教问题，注意团结穆斯林集团的势力。

尊重伊斯兰教的风俗习惯和传统。但自 1965 年开始，北方居民反抗政府的苛捐杂税为起因，发动了反政府的武装斗争，逐渐酿成了以穆斯林为主的北方，同以南方基督教徒为主的政府之间的斗争，而使国家长期处于动荡不安状态。

全国现有大小清真寺 200 多座，以首都恩加梅纳的大清真寺规模最大，可容纳 1000 多人，该寺教长属于提加尼教团的伊玛姆穆萨·易卜拉欣，他在首都的宗教界和政治界中享有一定的地位，曾多次参加各派武装势力的和解调停工作。

1978 年 1 月 28 日，由沙特阿拉伯援建的首都大清真寺竣工，并对外开放。

3. 教派

乍得穆斯林属逊尼派的马立克学派，还有少数沙斐仪学派。其主要教团如下。

（1）哈默利亚教团（Hamalliya）　其信徒占全国穆斯林总数50%，是从提加尼教团中分化出来的。

（2）提加尼教团（Tijaniya）　其信徒占全国穆斯林的20%。19世纪，由富拉尼人从尼日利亚传入，首都的穆斯林集团都属于这个教团。全国60名伊斯兰法解释官中，有45名为该教团成员。

（3）赛努西教团（Sanasilga）　该教派于19世纪传入乍得，其教团在反对法、意殖民统治的斗争中作出了贡献。现在乍得境内有许多赛努西教团教义的传播者，在提贝斯提地区有两万多名成员。

（4）卡迪里教团（Qadiriga）　该教派于19世纪由尼日利亚北部传入乍得，现在信徒已逐渐减少，主要分布在沙里省和瓦达伊省。

另外，境内还有少数马赫迪教崇拜者（Mahdiya）。

目前，乍得95%以上的穆斯林集中在乍得的北部和东部地区。南部地区只占5%，仅仅限于当地的富拉尼人和城市的博尔努人。

在国际关系中，乍得是伊斯兰教大会的成员国，积极参加国际伊斯兰事务。

（二）基督教

1. 天主教

1663年，天主教徒进入乍得。1929年，来自乌班吉沙立（即中非）的圣灵会传教士在库阿（Kou）建立了第一个天主教中心。直到1947年天主教传教活动才开始活跃起来。天主教徒以较年轻的城市居民为主，尤其是城市的中上层人士。南方天主教势力较强，北方的天主教徒都是来自南方的移民。乍得天主教大主教区设在首都恩贾梅纳，天主教会定期出版《乍得和文化》刊物。

2. 基督教新教

基督教新教在乍得主要有福音派教会、乍得福音派传教团、路德宗兄弟会等。新教的教徒在乍得联合建成一座最大的基督教新教教堂。新教发动的青年火炬运动，在新教外围产生了很大的影响。新教除传教外，还办学校，开办医院和孤儿院等。现任许多高级官员多信奉基督教新教。与罗马天主教相比，基新教的教徒人数较少。

（三）传统宗教

乍得约有近 1/4 的人信奉传统的原始宗教。乍得南方的萨拉族和姆拜耶族中的居民信奉当地的勇杜教，这是一种传统的宗教，该教有严格的教义和仪式。因各部族而异，崇拜的对象也各不相同。

耶迪耶人信奉水神，布拉拉人用白牛祭水神，巴吉米人信仰土地神，科托科人崇拜某些树木和石头。

瓦达瓦人和塔马人信奉山神。认为他们的无形统治者山神，每年有 24 天不在家，而到托雷阿山上去。第一个 8 天山神在山脚下，第二个 8 天山神在山顶上，第三个 8 天山神又回到山脚下。居民和群众便分时间到不同的位置去朝拜山神。

达扎人和泰达人利用施舍，进行以传统宗教为内容的活动。无论是民间或社会的各种礼仪，如举行婚、葬、出生和割礼等仪式时，都可以通过施舍这一形式进行拜物教活动。最重要的宗教活动是求雨，牧民每到一个新的牧场均会举行这种仪式，即人们挑选一块方形空地，周围堆些石头，由年长的人说些求苍天及时降雨的祈祷语。之后妇女排队奉献烤羊和熟的谷物等祭品，仪式结束后，将祭品分发给参加者。

（四）政教关系

乍得是一个世俗共和国，1962 年 4 月 14 日，议会通过的乍得宪法明确作了规定，并保证公民的信仰自由。因宗教意识已深深渗透入政治生活之中，1972 年国家行政署宣布：每年 11 月 28 日，所有的乍得公民必须向上帝祈祷保佑乍得平安，祈祷的方式可根据各自的宗教而定。

国家规定，所有宗教团体必须向政府登记，政府将以法律保障其权利。国家每年对教会学校给予经费补贴。

第四节　民俗与节日

一　民俗

（一）服饰

乍得人服饰多种多样，男人爱穿一种有乍得特色的无领长袍，下摆拖到地，类似阿拉伯的白色长袍，袖宽 30 ~ 60 厘米。多用轻薄的麻布或细软绸料做成，能吸汗透风和反光纳凉。

（二）居住

乍得居民的居住因地区、气候、经济条件而异，不完全一样，差别较大。在牧区，广大的游牧民，随水、草而居，为便于迁移，多以帐篷为家，帐篷有皮制的，更多的人是用海枣树枝和树叶搭成的"篷屋"。在乍得北方沙漠地带，久旱无雨，晴空万里，昼夜温差大，居民较贫寒，群众建造了一种能自然调节温度，价廉物美，具有特色的有墙无顶的居室，在墙顶上方，将海枣树的大叶覆盖在上面，白天可以躲避酷热的日晒，晚间室内又能很快散热。

乍得农村的不少地方，还建有无顶蛋形屋，底部直径约 4 米左右，墙壁用泥土砌成，由下往上一圈一圈地砌，墙壁下厚上薄，厚处有 20 ~ 30 厘米，顶部仅 3 ~ 4 厘米。从底到顶高约 5 ~

7米。屋的直径两头小，中间大，顶部直径则小于底部直径，墙体顶部留有通气小孔，竖着观看，建筑物好似一个蛋形，颇具特色，室内墙壁上钉有一些小木桩，以便挂衣物和鱼肉等，还有类似柜子存放物品的地方。

在乍得的较大城镇，有钢筋水泥或砖木结构的别墅楼房，供高级职员居住。大批的居民和低级职员都居住在有瓦楞铁屋顶的平房内栖身。

（三）文面

乍得南部地区，不同地方的男女面部所刺的文面也不同。在马卡里，每人的额上有三条垂直的刺纹。洛戈尼－比尔尼地区，每个人颧骨上刺有三条纹，最长的一条刺到鼻尖处。古尔佛尔地区的妇女有两条围着下巴的斜刺纹。

（四）遮面

遮面习俗，一般是阿拉伯世界的妇女按照伊斯兰教的规定，用黑纱遮面，但是很少有男性用黑纱遮面的。然而为了避免烈日暴晒和沙子的袭击，在乍得北方的沙漠地区，男人们也用黑纱遮面或以黑布缠头。

（五）狩猎习俗

在乍得南方的古瓦地区，居住着瓦来族人，这里山高，密林丛生，瓦来族人以狩猎为生。他们打猎方法奇特而有趣，每次打猎之前，首先要得到当地酋长的同意，并要给酋长若干钱或物。然后才能进入狩猎区，狩猎者一般三人同行，发现猎物，猎人立即戴上鸟头制成的头套，如同真鸟一样，伏在地上，慢慢向猎物方向爬去，大概距离20米左右，射箭捕杀。然后猎人将捕获的猎物按《古兰经》的规定，即在猎物将死以前，切断它的咽喉。猎人将猎物带回宿营地的帐篷后，将猎物的肉切成条，挂着晒干，然后加工捆成一束，以便保存较长时间。另外，将兽皮固定在地上晾干。最后，猎人们将一定数量的兽肉和兽皮运回村里，酋长（或村长）

经过讨论，逐一按人分配。多余的部分猎品，猎人可以到小市场上
贩卖。

（六）特色婚礼

在北方穆斯林地区，结婚仪式由阿訇主持，在仪式上，要宣
布男方送给女方的聘礼数量以及亲友送的贺礼。结婚开始时，先
请阿訇念诵古兰经，向真主祈祷，之后，宾客载歌载舞。仪式
后，有的地方新郎独自骑骆驼去新房，而新娘却在姨娘的帮助下
躲到邻居家里。而新郎的朋友要为新郎寻找新娘，一般都要以
"抢"的办法才能将新娘接回新郎家。但是，习俗规定新婚第一
夜，两位新人不能同房，还必须分别住在两间房里。第二天，新
娘的父亲，在新郎一位亲人的陪同下，烤好一头刚宰杀的羊，将
羊心和羊腿送给两个新人，两人各享一半，祝贺两人同心同德，
白头到老。当天下午，村里一位漂亮的妇女将新娘的头发梳成已
婚妇女的发型，婚礼到此结束。

乍得有些地方新郎和新娘婚礼后一周内一定要留住在家里，
不许外出。在第8天外出时，将预先放在家门口的捣槌敲打3
下，接着夫妻共舂谷物，然后新娘把舂好的粮食做好第一餐饭给
丈夫吃。之后，新郎在新娘家附近筹备盖新房，亲朋好友纷纷向
新婚夫妇送日用品和各种礼物。

（七）奇特的相亲

在乍得北方的乌拉德·狄德拉里恩部族。这个部族的男青年
要在婚前看看未来妻子的裸体形态。因此，每一年春天要组织一
次未婚女子的裸体活动，组织者在一块整理好的沙地中间，堆起
一个圆锥形沙堆，然后放些手镯等物在上面，未婚男女青年各分
为一组，两组之间相隔较大的距离，男女青年分别在圆锥形沙堆
的各一边。未婚的女子们用斗篷包着脱光衣服的身体，活动开始
后姑娘们就甩去斗篷，赤身裸体冲向锥形沙堆，绕行一圈后返回
原地，再把裸体严严裹起。一般裸体相亲以后，便举行隆重而热

烈的集体结婚仪式。

乍得泰达人和达扎人之间很少通婚，但同一家族之间五代以后的男女青年可通婚，他们从不娶铁匠的女儿为妻。

二　法定节假日

乍得法定的主要节假日如下。

(1) 1 月 1 日，新年；
(2) 5 月 1 日，国际劳动节；
(3) 8 月 11 日，乍得独立节；
(4) 11 月 28 日，乍得共和国成立日；
(5) 12 月 25 日，圣诞节。

第五节　国旗、国徽和国歌

一　国旗

乍得共和国的国旗，自 1960 年 8 月 11 日独立时起，以蓝、黄、红三色旗为国旗，一直沿用至今。从左到右依次由蓝、黄、红三个相等并列的垂直长方形组成。蓝色象征蓝天、希望和生活，以及国家的南部地区；黄色象征太阳、国家的矿产资源以及国家的北部沙漠地带；红色象征进步、团结和愿为祖国献身的精神。

乍得国旗与罗马尼亚国旗相同。

二　国徽

乍得共和国国徽的中间是一个盾，盾中黄色条纹象征矿产资源，蓝色条纹代表乍得湖和其他水系。盾上端是旭日，象征国家蒸蒸日上；盾的左边是山羊，右边是雄狮，代表国家的主要畜产和野生动物；山羊右臂、狮子左臂和底部绶带上的红色箭头象征国家的重要矿产——盐；盾徽下方悬挂着一个花环，花环上有一枚十字勋章；下边的绶带上用法文写着"团结、劳动、进步"。

三　国歌

得共和国国歌的歌词是：

过去曾征服大地享有权利，乍得人民把重担挑起！获得自由，要凭你的勇气。睁开眼睛，未来属于你。愿上帝保佑你，我的国家，愿你的子孙誉满天下。欢欢喜喜唱着歌向前进，要忠于祖先，他们正在看你们。

第二章

历　史

第一节　上古简史

从最新的考古资料证实，乍得很可能是人类又一个发源地之一。乍得境内很早就有人类居住，从乍得北方的拉若，该地西南方偏西 200 公里处曾发现了人类头盖骨的碎片，1962 年，在乍得的科罗托罗挖掘出距今 150 万年前的南方古猿部分头骨。一系列的发现，说明远古时代曾有人在这一带生活过。在乍得北部的提贝斯提高原和恩内迪高原等地都发现有切削过的石块。雕琢在岩石上的壁画和赤陶器皿。考察发现，6000 年前，已有人在此狩猎。

法国普瓦蒂埃大学古生物学教授米歇尔·贝鲁内领导的考古队——法国－乍得联合考古队，从 1993 年起在乍得沙漠考古。1995 年，贝鲁内教授在乍得的艾比勒发现了 350 万年前的人类化石。2001 年 7 月 18 日，该考古队突然看到好多黑乎乎的"石块"，将其化石带回——辨认，发现其中有一块头盖骨化石，还有三颗牙齿和两块颌骨化石。贝鲁内教授和十多个国家的考古学家对化石经过几个月的认真研究，确认它为 700 万年前的人类化石，认为这是人类最古老的头骨化石，将它命名为"萨赫勒乍得人"，并起了个别名——"图迈"①。"图迈"的头颅比较小，仅在 320 至 380 立方厘米之间，接近黑猩猩，但是仍然比 20 世纪在非洲发现的头盖骨大；其眉弓突起较高，下颌突起不明显，脸部比较平，这些特征接近原始人（参见图 2-1）。

图 2-1　最新发现的头盖骨化石头像——萨赫勒乍得人
(2001 年 7 月 18 日)

2002 年 2 月 10 日，法国-乍得考古队举行新闻发布会宣布：在乍得朱拉卜沙漠发现 700 万年前的头盖骨化石，是迄今发现的最早的人类化石。同时在具有权威性的英国《自然》杂志上发表了该考古队的报告。贝鲁内推测，700 万年前，"图迈"生活在乍得湖畔及沙漠边缘，湖中与湖畔有大量动物。考古队决定继续发掘，7 月 19 日，在同一个沙丘处，考古小组发现了近 10 种鱼化石，以及龟、蜥蜴、蛇等化石，为"图迈"的年代进一步提供了佐证。科学家们认为，"图迈""有可能这就是人类的祖先"。贝鲁内说，乍得考古的新发现扩大了人类的摇篮。考古学上命名的乍得人、埃塞俄比亚人、肯尼亚人在同一摇篮里，

---

① 在乍得的戈兰语中，"图迈"意为"生活的希望"，是当地人为在旱季到来之前出生的孩子起的名字。

都写进人类曙光初露时期的历史。乍得政府对这个发现极为重视，正在南非出席非洲联盟首脑会议的代比总统提前回国，出席这个非同寻常的新闻发布会。

乍得曾经是非洲中部的商队集散地，西边来自贝宁湾沿岸，北边来自现在利比亚的首都的黎波里地区，东面来自埃及和努比亚（非洲东北部古国，称库什国，也称古埃塞俄比亚），其商队络绎不绝。乍得地区也是非洲古代文化中心之一。最早居住在乍得地区的居民是属于黑色人种的萨奥人，这是一个从事农业的人民群体，具有较高的文化。他们创造的"萨奥文化"，不仅是乍得早期历史的见证，而且也是非洲文明的重要组成部分。这种文化以陶土制品为主，也有青铜器和铁制成品。在远古时代，他们就制造和使用赤陶器具，而且已经开始使用铜器。在沙里河流域还留存不少古代城堡。如阿发代、加乌伊、古尔费、富罗堡、马卡里、乌利奥等。

在公元 7 世纪，萨奥人已居住在乍得湖西北的卡乌阿尔。至 10 世纪时，他们已占据了包括乍得中部菲特利湖在内的沙里河东面大片地区。他们中间的一部分人同公元 8 世纪开始陆续进入乍得地区的阿拉伯人杂居；另有一部分人，后来被统治乍得地区的卡努里人驱逐到乍得湖以南和以西地方。现在的科托科人即为萨奥人的后裔。

第二节　中古简史

公元 9～17 世纪，先后在乍得地区出现了加涅姆－博尔努、瓦达伊、巴吉米尔等王国。

在公元 9 世纪时，巴多阿人（即居住在提贝斯提的铁达人）建立了加涅姆（Kanem）王国。开国鼻祖名叫赛夫。据传说，他是也门伊米亚里人的最后一个王子穆罕默德·赛义夫拉

（意为"上帝的马刀"）。建都于乍得湖西北面的恩吉米。到11世纪时，这个王国的胡穆国王改变原来的信仰，信奉伊斯兰教。至12世纪时，居住在乍得北方的加涅姆布人，推翻了铁达人（又称图布人）的统治，建立了新的加涅姆王国，新王国也信奉伊斯兰教。

伊斯兰教在乍得地区的传播，促进了该地区的政治、经济、文化的加速发展，有利于加涅姆国家向四周扩张和兼并。13世纪时，加涅姆的势力伸展到乍得北方的提贝斯提高原。西到乍得湖以西的博尔努，北伸至比耳马（现今尼日尔共和国境内），并且一度将北面利比亚的费赞和西面的豪萨城邦卡诺王国（现今尼日利亚北部地区）归为自己的版图。

之后，加涅姆的王室发生了内讧，同时铁达人、萨奥人、菲特利湖地区的比拉拉人不断发生暴动。尤其是比拉拉人成了涅加姆王国的重大威胁。

公元13~15世纪，萨奥人和比拉拉人经常发生冲突，1377~1385年，比拉拉人和图布人联合将达乌苏丹赶出首都恩吉米。

14世纪末叶，比拉拉人发动进攻，1394~1398年，加涅姆国王奥马尔被迫放弃加涅姆，迁往乍得湖以西的博尔努地区。从此，这个国家以博尔努为国名。

1472~1504年，阿里·杜纳马执政，恢复了秩序，限制了诺克纳（类似国务会议）的权限，标志着加涅姆复兴的开始。1504~1526年，杜纳马的儿子卡塔卡马比收复了故都恩吉米，征服了统治加涅姆100年的比拉拉人。

1571~1603年，伊特利斯·阿拉奥马执政，是博尔努历史上的全盛时期。他向突尼斯派遣使节，通过沙漠商队购置了大批火枪，创建了一个火枪队，聘请土耳其教官训练这支军队。在同敌人的战斗中处于优势，他一直扩展到艾尔，战胜了卡诺的阿乌萨人和图布人。他在1630年的一次战役中身亡。

第三节　近代简史

公元 17 世纪，博尔努王国的东部和南部，兴起了瓦达伊和巴吉尔米王国。三国之间延续不断争战。

一　巴吉尔米王国

公元 17 世纪初前后，巴吉尔米在沙里河东岸建国，首都马塞尼亚（位于今乍得首都恩加梅纳东南 150 公里）。17 世纪下半世纪，被迫成为博尔努的藩属。18 世纪形势发生变化，巴吉尔米王国日益强大，打败了博尔努、瓦达伊和达尔库尔（今苏丹共和国西部），疆土一直伸展到乍得北部的波尔库，创建了乍得历史上统一的局面。但是，不久就被瓦达伊和博尔努的联合进攻打败。1815 年巴吉尔米的首都马塞尼亚陷落，巴吉尔米处于被瓦达伊和博尔努两大王国占领之下，每年要同时向两国纳贡，国势一蹶不振。

二　瓦达伊王国

公元 15 世纪，冬儒尔人在瓦达伊建立了统治。17 世纪末，科尔多瓦的阿拉伯人（属迪阿利延部族）阿布德·凯里姆，他在比德里（巴吉尔米）接受了一个珀尔苦行僧有关伊斯兰教方面的教育。之后，他回到瓦达伊，使几个信奉其他宗教的部族改而信奉伊斯兰教，他借助这些部族，推翻了冬儒尔人的统治。后来，阿布德·凯里姆成为瓦达伊王国的苏丹，建都乌阿腊。1681～1707 年，阿鲁俘虏达尔富尔的苏丹奥马尔·雷雷，新建了王朝。接着，瓦达伊王国为建立自己的霸权，发动了对巴吉尔米和博尔努的长期战争。在战胜了巴吉尔米之后，瓦达伊又建立了对南面的达尔－库提的统治。1848 年，瓦达伊在库塞利击败了博尔努。1870 年，它再次发动了对巴吉尔米的战争，占领了马塞尼亚。

三　拉巴赫王国

正 当乍得地区各王国相互残杀处于四分五裂时，乍得历史上的一位著名人物——拉巴赫·祖拜尔登上了政治舞台。拉巴赫是东苏丹喀土穆人，他是巴赫·加萨尔地区埃及总督佐贝尔帕夏的同乳母兄弟，奴隶出身。他在参加一次反对埃及的暴动失败后，单独地率领一支军队向西南撤退。

在 1878 年前后，拉巴赫率领军队从尼罗河进入乍得地区。他打算统一乍得，建立一个独立和强盛的王国。1886 年，他向瓦达伊进军未成。1890 年他改变进攻战略，先进攻巴吉尔米。拉巴赫在 1893 年占领了巴吉尔米的首都马塞尼亚，并在同年击败了博尔努，并杀死了国王。在摧毁了博尔努的都城库卡瓦之后，1894 年在博尔努的迪科亚建都。几个月后，他以博尔努地区为中心建立了一个大国。正当拉巴赫统一乍得的愿望不断付诸实践的时刻，法国殖民者开始入侵乍得，拉巴赫率领乍得人民投入抗击法帝国主义侵略的英勇斗争。

四　殖民主义者入侵前的乍得社会

加 涅姆－博尔努王国的国王是世袭的，是国家最高首领。在国王以下，有一个由宫廷大臣、掌握地方统治权的高级官员和伊斯兰教教长组成的国事会议掌管国家大权。此外，在宫廷里，还有许多文武官员。

加涅姆－博尔努王国全国划分若干省，由国事会议派出的高级官员直接统治。在这些高级官员的下面，有部落酋长和村长，他们是基层的领导。各地高级官员都有一支地方军队作为他们的统治工具。

国王掌管全国土地，他将土地分给部落酋长和村长，再由这些基层负责人把土地再分配给村民，并向他们征收捐税和劳役。牲畜归私人所有，牲口出租和交换已是很普遍的现象。

国家主要是通过向百姓征收人头税维持开支，人头税由部落酋长和村长负责征收，然后层层上交给政府。各级统治者也向百姓征收其他苛捐杂税。

社会的基层组织是大家庭。"卡加"掌管全家族大事，"卡加"是全家族中最年长的人们的总称，一般都由 20 人组成。在社会上已经有了不同职业的等级，如在卡努里人中间，就有专门从事赤陶工艺、接生等不同行业的人，他们为一般居民所歧视，并且不与普通居民住在一起，而是住在村庄外的帐篷里。当时社会发展已经出现有专门分工从事纺纱、织布和制造染料的工匠。

巴吉尔米王国和瓦达伊王国的国家组织和社会结构，大体与加涅姆－博尔努王国相同。在这些王国中央政权的周围，有若干藩属国。这类国家可以保持自己的政权组织，但必须每年按照中央政权规定纳贡。

五 殖民主义者的入侵和乍得人民的反抗

(一) 西方殖民主义者对乍得入侵前的窥探

西方殖民者对乍得的直接入侵要比沿海地区晚些，因乍得地处非洲内陆，他们对乍得的直接入侵始于 19 世纪。为入侵乍得作准备，他们首先以各种身份派遣人员到乍得刺探情报，作所谓的调查，摸清情况。

1822 年，英国的邓海姆少校和克拉珀顿中尉由北非的黎波里首次进入乍得，游历了博尔努和乍得湖沿岸各个王国，并且作了纪录和报道。他们为了拉拢和讨好一方，将两门大炮送给巴吉尔米，让巴吉尔米去进攻博尔努。

1850 年，德国巴特参加英国派遣的调查团，对博尔努和乍得湖的地形、历史、文化等作进一步详细调查。他著有《在非洲北部和中部的旅行和发现》一书，这是研究这一地区的重要资料。

（二）西欧列强在乍得地区的争夺

19 世纪下半叶，西方殖民主义者从非洲沿海向内地深入扩张，各殖民统治者之间展开了争夺非洲的激烈斗争，乍得成为当时英、法、德三国在西非的争夺焦点。此时，法国正在从西非和赤道非洲的加蓬和中央刚果向非洲内地深入，企图占领该地区，以便把它在北非、西非和赤道非洲的属地连成一片。英国想从尼日利亚北部入侵乍得湖地区，然后再向东发展，同东面的苏丹连接起来。德国在占领喀麦隆以后，也想从那里继续向北扩展到乍得湖。

各殖民统治者在争夺乍得地区的斗争中，法国在西非的进展较快，其殖民主义者继续抢占了许多土地，并已逼近乍得湖，他们从加蓬地区河口侵入，迅速北上。

殖民主义者为了缓和彼此之间的矛盾，英、法、德三国相互签订了协定，划分势力范围。1890 年 8 月，英、法两国签订了协定。规定从尼日尔河的塞伊到乍得湖西岸的巴鲁画一条线，线以北归法国所有。线以南，即现在的尼日利亚，归英国占有。英国为了在东非取得法国的支持，对法国在西非作了较大让步，但法国也放弃独占乍得湖的企图。之后，法国于 1894 年 3 月又与德国签订了协定，法国同意德国获得从喀麦隆通向乍得湖的通道，德国让法国占领乍得湖以东的地区。

（三）拉巴赫的英勇抗法斗争

从 1890～1893 年，法国先后由赤道非洲向北派出三个"考察队"，实际上是进行军事征服的武装纵队直接入侵乍得的先头部队。

　　1890 年 3 月，法国派出克朗彼尔考察队，从中非地区的班吉出发，于 1891 年初抵达乍得地区沙里河流域的巴吉尔米王国。但克朗彼尔出师不利，1891 年 4 月，他在寨努西的达尔－库提地方被当地奋起抵抗侵略者的人民群众打死。接着法国又派出迪博夫斯基考察团和梅斯特考察团前往乍得。这两个考察团都曾到达过沙里河地区，并与当地部落酋长签订了一些条约。但是，由于拉巴赫在乍得湖地区建立了王国，对法国采取坚决的反抗态度，三个法国考察团都未能向乍得湖继续前进。

　　法国海军中尉让提尔于 1895 年乘汽轮从刚果出发，经那那河，沿沙里河北上，历时约两年，在 1897 年 11 月 1 日，成为最先抵达乍得湖的法国人。让提尔首先以阴谋的政治手段从事侵略活动，利用巴吉尔米的苏丹与巴拉赫之间的矛盾，他同巴吉尔米苏丹加乌郎签订了“同盟条约”，接着唆使巴吉尔米和博尔努联合反对拉巴赫，又设法让拉巴赫的藩属达尔－库提对双方的斗争采取中立态度。当巴拉赫得知巴吉尔米苏丹加乌郎与法国勾结以后，果断地派兵讨伐，加乌郎向法国求救，法国就以此为借口，派海军中尉布列顿纳率领一支军队向拉巴赫进攻；拉巴赫的军队奋起抵抗，在托格堡一带将布列顿纳率领的侵略军全歼，布列顿纳也在战争中丧命。

　　法国集中兵力对付拉巴赫。法国殖民当局将西非其他人民武装反抗力量纷纷镇压下去之后，1898 年和 1899 年，法国与英国又签订了最后瓜分热带非洲的协定，法国获得了后来并入法属赤道非洲的广大领土。法国决定除掉其全面占领乍得的主要障碍，向拉巴赫领导的地区入侵。

　　1900 年，又以“考察团”的名义，向乍得派出三支军队，分三路进犯乍得。第一支部队由富罗和拉密率领，从阿尔及利亚出发。第二支部队从西非出发，由孚莱和夏诺阿纳率领。第三支部队从中央刚果［即今刚果（布）］出发，由让提尔率领。三军在拉密堡（现今乍得首都恩加梅纳）附近的库塞利于 1900 年 4 月 21 日会师。次日，三支部队向拉巴赫的军队发起了总攻击。在敌人强大和绝对优势的情况下，拉巴赫毅然亲自率师迎敌。顽强拼搏，经过一场艰苦的激战之后，他撤出阵地，率领一支小部队进行了一次突然的反击，打死了法国军队高级军官拉密上校和科安特上尉。拉巴赫的战士个个都与敌人殊死战斗，拉巴赫也在战斗中壮烈牺牲。

乍得的人民英雄拉巴赫去世了，乍得人民的反对法国侵略者的英勇斗争仍顽强地继续着，在 11 年后，法国才完成了征服占领乍得的全过程。

1900 年 9 月，法国殖民者宣布对乍得实行"保护"，并成立乍得军区。1902 年法军进入博尔努地区。1909 年 6 月，法国军队开始进攻东部的瓦达伊王国的首都阿贝歇，迫使瓦达伊同它签订了保护条约，宣布瓦达伊为法国的保护地，把它并入乍得军区。1910 年，法国建立了法属赤道非洲领地，乍得被划入这个领地范围。次年，法国以赤道非洲换取德国承认法国对摩洛哥的"保护"条件。直到 1913 年，法国才攻占乍得北方波尔库和提贝斯提高原。

第一次世界大战后，根据《凡尔赛和约》，赤道非洲重归法国占有。1946 年成为法国海外领地。

第四节　现代简史

一　1913～1936 年乍得人民反对殖民主义者强迫劳动的斗争

乍得是一个半沙漠的国家，没有刚果（布）和中非共和国那样富饶的土地，也没有加蓬共和国那样丰富的森林和矿藏供殖民者掠夺。但是，乍得在赤道非洲四国中，人力资源比较多，是人口最多的国家，法国在占领乍得后，完成了对整个赤道非洲的统治。它开始在各地修铁路、筑港口、开辟庄园，迫切需要大量的劳动力，法国殖民者就将拉巴赫的士兵和拉巴赫王国的一部分居民作为奴隶加以占有。之后，于 1913 年，法国又迫使瓦达伊王国的苏丹签订了所谓"奴隶解放"的《果兹－贝达协定》，把原来生活在当地的居民赶去充当法国的奴隶，从事繁重的劳动。所以反对强迫劳动成为乍得人民反抗法国殖民斗争的主要内容。

从 1917～1927 年的 10 年间，在乍得各地连续不断地爆发了反抗强迫劳动的武装暴动。1917 年果兹－贝达地区人民的暴动和 1921 年达罗第地区人民的暴动，是规模最大的两次群众暴动。1927 年，乍得人民的反法斗争达到高潮。

法国殖民当局面对不断高涨的反法斗争，以卑鄙阴险的手段进行镇压，他们打着和平的幌子，邀请各地组织武装斗争的领导人到拉密堡参加会议。当 400 多负责人应邀抵达拉密堡之后，法国人立即极其残忍地将全部参加会议的乍得领导人用斧头砍死。民族矛盾更加激化。法国殖民者以为这次野蛮的屠杀可以将乍得人民的起义镇压下去，但事与愿违，更加激起了广大人民群众对法国殖民主义者的仇恨。

1928 年，大暴动遍及整个赤道非洲。暴动者要求取消强迫劳动和兵役制。工人们在这次斗争中起了主要作用，第一次表现了赤道非洲工人在反帝斗争中的团结。暴动者用原始武器坚持斗争达 4 个月之久，一次又一次地迫使法国军队后退。他们还炸毁了矿井和桥梁，破坏了许多殖民政府的建筑物。

1935 年，乍得人民又掀起了一次反抗殖民主义者的武装斗争。在这次武装斗争中，愤怒的乍得人民杀死了 10 名法国官兵。此后，法国殖民主义者采取野蛮的报复手段，杀死了数千名乍得人。

二 第二次世界大战后乍得人民争取民族独立的斗争

第二次世界大战期间，法属赤道非洲是在戴高乐领导的法国控制之下。乍得湖是美、英、法三国空军飞机的基地。乍得人民承担了繁重的战争物资运输任务，他们中间有许多人加入法国军队，参加了北非、意大利和法国战场作战。战争教育了乍得人民，大大提高了乍得人民的民族觉醒，使他们认识到自己的力量和他们为战争所作出的贡献。

1946年10月，西非和赤道非洲的民族解族运动领导人在巴马科召开大会，成立了"非洲民主联盟"。"非洲民主联盟"的乍得支部——乍得进步党（又名乍得人民党）于1947年成立。从此，乍得的民族解放运动在乍得进步党的领导下，得到迅速发展，它同西非尤其是赤道非洲各法属殖民地的民族解运动紧密配合和相互支持。

第五节　当代简史

一 乍得人民为争取获得真正的独立而奋斗

第二次世界大战后，非洲各地的民族解放运动蓬勃发展，迫使西方殖民者不得不对非洲各地人民作出一定的让步。1956年6月23日，法国制定海外领地《根本法》。1957年初，法国国民议会根据《根本法》通过给予法属赤道非洲"地方自治权"的法律，给予乍得半自治共和国的地位，获得了地方自治权。但是，这并不能满足法属赤道非洲人民的要求，他们要求完全的和真正的民族独立。

1957年9月，"非洲民主联盟"在巴马科召开第三次代表大会。大会通过决议，要求法属非洲各国实现独立。1957年底，正在斗争中的乍得人民的代表参加了第一次"亚非人民团结大会",更加鼓舞了乍得人民的反帝反殖民统治的斗志,继续争取完全的独立。

1958 年 11 月 28 日,根据法国戴高乐颁布的《第五共和国宪法》,乍得被宣布成为"法兰西共同体"内的"自治共和国"。

但是,乍得人民认为这不是完全的独立,而是半独立,乍得人民决心继续前仆后继地为实现完全独立而斗争。

1959 年 2 月 10 日,乍得和加蓬同时发生了反对殖民主义的武装暴动。同年 6 月,乍得举行了全国性的游行示威。法国殖民主义者进行血腥镇压,打死打伤群众 400 多人。10 月,在首府拉密堡的人民群众又举行要求脱离"法兰西共同体"的大示威。群众还坚决反对法国派遣在乍得的殖民雇佣军到阿尔及利亚和喀麦隆去作战。

1960 年 8 月 11 日,法国终于被迫同意乍得独立,但仍留在调整后的"法兰西共同体"内。

二 乍得共和国建立

乍得于 1960 年 8 月 11 日宣告独立,国号为乍得共和国,1960 年 8 月 12 日,托姆巴巴耶当选总统,出任国家元首。对内实行专制统治,推行大萨拉族主义和歧视北方人的政策,激起北方人民的极大不满。1965 年,乍得北方和中部相继爆发反对苛捐杂税的群众武装暴动。流亡国外的乍得反对派利用这一时机,在苏丹成立"乍得民族解放阵线"(简称"民阵"),以推翻托姆巴巴耶政权为纲领。1969 年初,在"民阵"领导下,乍得国内的反政府武装迅速发展,几乎遍及全国各地。由于法国的干预,乍得全国性武装斗争遭到挫败。

(一)马卢姆军政府上台

1975 年 4 月 13 日,武装部队司令费利克斯·马卢姆发动军事政变，推翻了托姆巴巴耶政权，成立军政府。宣布废除宪法，解散议会，取消一切政治活动。对内主张民族和解及国家统一，恢复财政，振兴经济，发展民族文化。

此后，乍得政权几经更迭，政局持续动荡。北部和中部阿拉伯游牧民族发生大规模的反政府武装斗争，马卢姆政府改变前政权的单纯高压政策，提出通过谈判实现全国和解。北方武装"乍得民族解放阵线"的领导人哈布雷同意就和解问题与马卢姆政府接触，北方武装部队前领导人古库尼拒绝与政府谈判。

1978年8月25日，乍得政府代表同哈布雷派达成协议，签署了《根本宪章》，并组成临时团结政府，马卢姆任总统，哈布雷任总理。古库尼则率领其部队，重新联合北方各派，于1978年3月组成"人民武装部队"，向政府军发起大规模进攻，占领了1/2的国土，其部队仅距首都恩贾梅纳300公里。由于法国军队直接干预，乍得政府阻止了"人民武装部队"继续前进。

1979年2月，马卢姆与哈布雷发生武装冲突。古库尼的部队乘机进攻首都，以卡穆格为首的"乍得武装部队"被迫退往南方，乍得再次陷入混战。

（二）全国团结过渡政府成立

1979年3月10~15日，在邻国的斡旋下，乍得各派政治势力的领导人在尼日利亚北部的卡诺城举行会议，达成了关于解决乍得武装冲突的协议。成立了以"乍得民族解放阵线"领导人古库尼·韦代为首的临时国务委员会。原总统马卢姆和总理哈布雷宣布辞职。同年4月，在卡诺召开第二次全国和解会议，讨论成立民族团结过渡政府，未达成协议而终。会后，古库尼和哈布雷在恩贾梅纳宣布组成民族团结过渡政府，遭到各方反对。5月又在尼日利亚的原首都拉各斯召开第三次全国和解会议，但是遭到古库尼和哈布雷等派的抵制。8月，根据第16届非洲统一组织首脑会议的决定，乍得11个派别在拉各斯举行第四次全国和解会议，并达成和解协议。11 月 10 日，签署《拉各斯协议》的各派组成了全国团结过渡政府。

1980 年 3 月，哈布雷与古库尼两派又在首都发生大规模武装冲突，卡穆格派与古库尼联合反对哈布雷，乍得再次陷入全面内战。5 月，法国被迫从乍得撤军。

同年 6 月，古库尼同利比亚签订《友好同盟条约》。11 月，利比亚应古库尼的请求出兵乍得，帮助古库尼把哈布雷的军队赶出恩贾梅纳，哈布雷的武装力量退到乍得的东北部边境进行游击活动。

1981 年 1 月 6 日，古库尼访问利比亚，两国决定为结成一个"民众国"而努力。乍得各派在利比亚军队留驻在国内和与利比亚合并问题上态度很不一致。古库尼强调乍得人致力于实现"他们的国家的完整、统一和主权"。关于利比亚军队驻留问题，古库尼多次声称一旦乍得和平得到保障即要求利比亚撤军。

1981 年 1 月 13 日，非洲统一组织在多哥共和国首都洛美召开关于乍得问题的紧急会议，谴责利、乍"合并"，要求利比亚从乍得撤军。6 月，第 18 届非洲统一非洲首脑会议再次重申外国军队应撤出乍得，泛非和平部队进驻乍得。

同年 10 月 29 日，乍得全国团结政府正式要求利比亚撤军。11 月底，利比亚军队基本撤离。11 月 8 日起，由尼日利亚、塞内加尔和扎伊尔组成的泛非和平部队陆续进驻乍得。

1981 年底，哈布雷率领北部武装部队从东北部边境地区反攻，与古库尼的政府军形成对峙。

1982 年 2 月，非洲统一组织乍得问题常设委员会首脑会议要求乍得冲突各方停火，在非洲统一组织主持下进行谈判，制定宪法，哈布雷表示愿与古库尼谈判，古库尼拒绝此方案，坚持要与哈布雷斗争到底，并指责非洲统一组织干涉乍得内政。6 月 7 日，哈布雷军队攻占首都恩加梅纳。古库尼逃往国外，全国团结过渡政府解体。

（三）哈布雷组成国务委员会

1982 年 6 月 18 日，哈布雷宣布成立临时中央政权机构——"国务委员会"，自任主席。6 月底，非洲统一组织所属的维持和平部队陆续撤离乍得。7～8 月间，哈布雷两次同南方代表人物卡穆格在加蓬举行谈判，谈判未能获得结果。哈布雷军队先后继续向全国各地推进。8 月下旬基本上控制了除南方地区外的全国领土。9 月，哈布雷乘卡穆格派发生内讧，从而控制整个乍得。10 月 21 日，原参加全国团结过渡政府的一些派别主要领导人古库尼、卡穆格、奥马尔等，在乍得北方尔达伊宣布成立民族救国临时政府，在利比亚支持下，继续同哈布雷政权抗衡。

1983 年 6 月，古库尼部队在利比亚的支持下，向哈布雷政府军发动猛烈攻击，迅速攻占北方提贝斯提地区首府法亚－拉若，控制了全国 1/3 的领土。政府军在法国和美国等的支持下，在 1 个月内收复全部失地。8 月 10 日，反政府军再次攻占法亚－拉若，继而分兵两路南下，政府军被迫撤退到首都以北 500 公里的萨拉尔和首都东北 680 公里的比尔廷一带。哈布雷发出紧急呼吁，要求各国帮助抵御利比亚的军事入侵。美国和法国迅速作出反应，法国派出特遣部队，即时运送了大批武器装备，美国提供军事援助增加至 2500 万美元。扎伊尔也派兵支援哈布雷。法国军队与哈布雷军队一起固守北纬 15 度线建立的新防线，遏制了反政府军继续南下，从而在乍得北部和中部地区形成了军事上的对峙局面。法国在出兵乍得时，频繁开展外交活动，推动乍得解决政治冲突问题。非洲多数国家对乍得局势恶化表示十分关注，主张排除外来干扰，和平解决乍得问题。

1983 年 10 月，在第 10 届法非首脑会议上，与会国各国代表一致主张乍得的领土完整应得到尊重，认为必须把谋求乍得问题的和平解决放在首要地位，并希望非洲统一组织为此作出努力。哈布雷和古库尼迫于国际舆论的压力，表示愿意谈判。非洲统一组织安排了谈判的具体时间，因哈布雷与古库尼之间分歧太大而未能谈成。

之后，因刚果（布）等非洲国家斡旋，1984 年 10 月 20～28 日在刚果（布）首都布拉柴维尔举行了乍得全国和解会议预备会议，乍得政府和其他各派均有代表出席，因各方坚持己见，互不妥协，未能达成一致意见。

1985 年，乍得继续处于南北军事对峙状态。哈布雷政权在稳定内部，巩固政权，恢复经济，重建国家的同时，积极与各派接触，先后和 3 个反对派组织达成和解协议。

（四）新民族团结过渡政府成立

1986 年 2 月 10～13 日，古库尼部队向哈布雷政府军发起猛攻，乍得内战重起。乍得政府在反击的同时，呼吁友好国家提供紧急援助，要求法国再次出兵。法国于 2 月底在乍得完成"食雀鹰"军事行动部署，提供 1500 万法郎军事援助，并派飞机炸毁古库尼军队后勤供应基地瓦迪杜姆机场跑道，还在乍得南部部署了 12 架作战飞机和 900 名部队。美国也提供了 1600 万美元紧急军事援助并空运军用物资。古库尼军队接连失利，至 3 月战事暂告平息。哈布雷总统在 3 月改组政府，吸收了 6 名归顺政府的反对派头面人物入阁。在刚果（布）总统萨苏和非洲统一组织执行主席、塞内加尔总统迪乌夫的斡旋下，哈布雷和古库尼同意于 3 月 28 日在刚果（布）会晤，讨论和平解决乍得问题，但后来古库尼拒绝赴会，使和谈未能举行。

1986 年 6～9 月，古库尼"民族团结过渡政府"发生分裂，各派与古库尼分道扬镳。10 月中旬，古库尼与利比亚的领导人卡扎菲反目，要求同哈布雷和谈。11 月 24 日，古库尼军队同政府军达成停止内战协议，并于 1987 年 1 月 8 日与政府军合并，共同抗击利比亚。利比亚则支持另一反对派"民主革命委员会"。该派领导人阿谢克于 1986 年 11 月中旬在贝宁科托努宣布取代古库尼，组成新的"民族团结过渡政府"。

1987 年 2 月 5 日，前"全国团结过渡政府"副主席卡穆格回国，同哈布雷和解。同年 2 月 8 日，古库尼离开利比亚前往阿尔及利亚，接着又访问科特迪瓦、加蓬、贝宁、尼日利亚等 8 国，其间公开承认"哈布雷总统是乍得合法总统"。古库尼在阿尔及利亚同哈布雷代表谈判，提出回国的 4 个先决条件，要求修改共和国根本法；解散以哈布雷为主席的"全国独立和革命联盟"；改组乍得军队；与哈布雷平分领导权。这四个条件遭到拒绝。后来，古库尼又投靠利比亚，取代阿谢克重新成为民族团结过渡政府领导人。

（五）举行首次公民投票，哈布雷当选总统

1986 年底，乍得北方战局出现重大转折。1986 年 12 月 3 日，乍得政府军收复北方要地兹瓦尔。1997 年第一季度的 3 个月，又先后收复北方军事基地法达·瓦迪杜姆和北方首府法亚 - 拉若，控制了除奥祖外的乍得北方大部分领土。

1989 年 3 月，哈布雷总统改组政府，任命原反对派爱国阵线主席、民主革命委员会总书记阿谢克·奥马尔为外长。4 月，平息前武装部队总司令贾穆斯、总统国防与安全顾问代比和内政部长伊特策动的武装叛乱后，先后释放三批政治犯，还安置大批从国外返回故乡的难民，促进了全国安定与团结。

1989 年 12 月，全国举行独立以来的首次公民投票，哈布雷当选总统。

（六）伊德里斯·代比出任国家元首，并推行多党制

1989 年 4 月，乍得武装部队总司令伊德里斯·代比等人与哈布雷决裂，并于 1990 年 3 月创建"爱国拯救运动"，自任主席。同年 12 月，代比率反政府武装力量在乍得东部边境地区发动进攻，一度占领巴哈伊和提奈两地，被政府军击退。7 月 8

234

日，全国举行立法选举，投票率为 56.06%，全国协商委员会副主席让·巴沃约·阿林格等 123 名候选人当选国民议会议员。10月 19 日，哈布雷总统改组政府。11 月初，东部战事再起，政府军接连受挫，溃不成军。12 月 1 日，代比的反政府力量攻占首都恩加梅纳。哈布雷携眷经喀麦隆逃往塞内加尔政治避难。代比推翻哈布雷政权后，于 12 月 4 日出任国务委员会（临时政府）主席、国家元首。

1991 年 3 月 4 日，就任总统。代比执政至今已有十几年，乍得政局相对较为稳定，但反政府武装与政府军队的冲突仍时有发生。

1991 年，代比政权调整了内外政策，努力恢复经济，整顿社会治安，宣布实行多党制，促进民族和解，吸收各地区和各派代表人物参加政府和共和国临时委员会（代议会）。3 月 4 日组织新政府。7 月召开执政党"爱国拯救运动"全国特别代表大会，颁布政党法，宣布将于 1992 年 5 月召开由各党派参加的全国会议。12 月底，前总统哈布雷率千余人由西部边境发起武装进攻乍得湖地区，一度攻陷博尔和利瓦等地，被政府军击败。

1992 年 2 月，首都昆杜勒兵营兵变，士兵中发生部族仇杀。不久，乍得人权同盟副主席贝希迪遇刺，反对党派组成"危机委员会"，群众上街，要求惩办凶手，召开圆桌会议，成立协调政府。4 月中旬，公共工程部长阿巴斯·科蒂因为对先后被免去参谋长等要职不满，发动兵谏，要求恢复原职，后经调解事态平息。5 月 19 日，代比总统主持内阁特别会议，审议并通过了修改《国家宪章》部分条款，扩大总理权限。20 日，宣布成立多党协调政府，任命反对派人士约多伊曼为总理。5 月底，哈布雷联合"促进民主和发展运动"所属西部武装力量，再次向乍得湖地区进攻，在法国增兵恩贾梅纳后，战事才得以平息。前公共工程部部长阿巴斯·科蒂等再次策动武装暴动，阴谋败露后逃离首都。

（七）确立三驾马车的过渡体制

代比总统执政后，宣布实行多党制，于 1993 年 1 月 15 日召开了由各党派参加的最高全国会议，通过了《过渡时期宪章》、《过渡政府工作任务细则》；选举了洛尔·穆罕默德·舒瓦为主席的临时立法机构过渡时期最高委员会，菲代尔·蒙加尔当选过渡时期政府总理，代比继续任总统，确立了总统、过渡政府总理和过渡时期最高委员会并驾齐驱的"三驾马车"过渡体制。4 月 11 日，蒙加尔组成各党派代表 30 人参加过渡政府。6 月，最高委员会否决了代比总统 1992 年底访问利比亚草签的乍得、利比亚合作总协定，继而又质询蒙加尔总理，迫使其根据最高全国会议精神将内阁阁员减为 16 人。9 月 14 日，代比总统发表《告全国人民书》，批评蒙加尔总理"工作轻率，作风不严谨，完成过渡时期任务不力，搞地方主义"，并解除了其内弟、财政部部长鲁安加姆的职务。24 日，蒙加尔也发表告人民书，批驳代比总统的指责。10 月 16 日，曾因未遂政变逃往国外的前公共工程部部长阿巴斯·科蒂与政府达成协议回国。22 日，政府破获一起由科蒂策划的政变阴谋，科蒂被打死。10 月 8 日，最高委员会举行全体会议，通过了对蒙加尔总理的不信任案。11 月 6 日，最高委员会选举前司法和掌玺部部长、乍得"争取民主进步全国联盟"主席卡西雷·德尔瓦·库马科耶为过渡政府总理，并组成新的过渡政府。

1994 年 4 月，因《过渡政府工作任务细则》未能如期实现，最高委员会决定，将过渡期延至 1995 年月 4 月，并定于 1994 年 12 月～1995 年 3 月间举行立法和总统选举，确定了筹备大选，实现民族和解，完成军队整编和签订社会契约等为过渡政府优先任务。7 月，政府与工会经过多轮谈判终于达成妥协，签署了《社会契约》，缓解了社会矛盾，全国和解委员会代表政府同争取和平与民主全国行动委员会签署了新的和平协议。大选的各项准备工作也在逐步进行，《政党法》、《选举法》、《宪法》草案陆续出台。10 月 15 日，全国最高委员会举行全体会议进行换届选举，原主席舒瓦落选，全国最高委员会财经委员会主席、"爱拯运"成员穆罕默德·巴夏尔·加达耶当选新任主席，与代比总统、库马耶总理形成新的三驾马车。

1995 年 4 月 8 日，吉马斯塔·科伊布拉当选为过渡政府第三届总理，并组成新政府。7 月，科伊布拉总理宣布在乍得境内实行全面停火，呼吁反对派武装力量与政府谈判，以达成民族和解。而各派组织认为过渡时期遇到严重困难，需要召开由各政治党派参加的圆桌会议共商国事。8 月 19 日，全国最高委员会执行局因管理不善宣布辞职。23 日选举新的执行局。

1996 年 1 月 5～9 日，由乍得政府、反对派武装组织以及部分政党代表参加的民族和解圆桌会议在加蓬的弗朗斯维尔举行。其"过渡期"经过两次延长后于 1996 年 4 月结束。

（八）代比连任总统，政局趋向稳定，武装冲突仍时断时续

1996 年 3 月 31 日，乍得举行全民公决，通过新宪法。6 月 2 日和 7 月 3 日举行多党总统选举两轮投票，代比获胜，成为乍得历史上第一位民主选举的总统。8 月 8 日，代比正式就职，任命科伊布拉·吉马斯塔为总理，组成新一届政府，由于准备工作比较充分，乍得大选进展顺利，政局保持稳定。

1997 年 1 月、2 月，举行两轮立法选举，代比领导的"爱国拯救运动"获议会绝对多数。代比总统任命原总统府秘书长纳苏尔·瓦依杜为总理，5 月底成立新政府。

1997 年 4 月及 10 月底，政府军在南方蒙杜地区同反政府组织发生武装冲突，造成上百人死亡。

1998 年，乍得政府军打垮反叛武装联邦共和军，收编其余部。民主发展运动和全国抵抗联盟也相继投降。乍得南部地区基本稳定，叛军主要集中在北部地区，与政府军对峙，并屡有冲突。

当局一方面加紧政府对反政府武装的军事行动，另一方面也与反政府军谈判，寻求和解，但拒绝接受反对派提出的以代比下台作为和谈的前提条件和召开所有党派参加的全国圆桌会议的要求。

2000年9月，在利比亚领导人卡扎菲斡旋下，代比总统与叛军民主正义领导人多戈伊米在利比亚举行会议，但未达成具体决议。同年，代比总统颁布法令改革政府，继续保持执政党"爱国拯救运动"在政府中的优势的地位，同时将参政党由6个减为5个，革新民主联盟被排除在政府以外。

代比政府一方面以武力清剿境内反政府武装，另一方面举行政治和谈，以缓和矛盾，巩固政权，取得显著效果。

2001年5月，伊德里斯·代比赢得总统大选胜利，继续连任总统。

2003年1月，北方最大反政府武装强硬派与温和派分道扬镳，温和派与代比政府签署和平协议。同月，乍得政府与东部反政府武装力量"全国抵抗联盟"也达成和平协议。2003年初，除南方边境地区还有少量残余叛军外，其余地区基本平静，乍得局势保持相对稳定。

2003年1月9日，在加蓬共和国总统府由其总统奥马尔·邦戈主持，乍得政府和乍得反政府武装"乍得全国抵抗联盟"举行和平谈判，达成协议。具体地讲，就是由乍得外交部部长穆罕默德·萨利赫·安纳迪夫率领的乍得政府代表团和"乍得全国抵抗联盟"领导人、乍得前武装部队参谋长穆罕默德·格拉法上校率领的该联盟代表团共同签署了一项《和平协定》，共同为在乍得达成民族和解、实现全面与持久的和平而努力。《和平协定》规定，乍得冲突双方就以下问题达成一致意见：

> 双方在整个冲突地区宣布立即停火；成立一个由乍得冲突双方以及加蓬派员参加的三方委员会；释放所有犯人，尤

其是所有在战斗中或其他场合被捕以及因持"乍得全国抵抗联盟"政治观点而被关押的人；乍得政府宣布对"乍得全国抵抗联盟"全体人员以及所有对该联盟抱同情态度的人实行大赦；"乍得全国抵抗联盟"保证放弃武装斗争，并尽快将其战斗人员交由政府安排；对于所有后来加入联盟的原民事和文职人员，政府同意将他们重新纳入公职部门；政府同意将联盟有关军事人员纳入乍得准军事部队；采取措施以保证动乱地区的安全，等等。

《和平协定》签署仪式结束后，安纳迪夫外长和格拉法上校在接受记者采访时均表示，他们对《和平协定》抱乐观态度，准备认真地全面实施这一协定，从而解决双方长达多年的武装冲突和政治对抗，为最终在乍得实现和平作出贡献。

2004 年，乍得政局总体上继续保持稳定，代比总统执政地位较稳固。但政权内部冲突、矛盾有所增加，部分边境地区仍有小股反政府武装骚扰。同年 4 月，"爱国拯救运动"赢得立法选举。5 月，首都恩贾梅纳发生未遂兵变。同月乍得议会通过宪法修正案，为代比再次连任铺平道路。

乍得现任总统代比，于 2005 年修订了乍得宪法中有关总统不能 3 次连任的规定，从而获得了本次选举的参选资格。乍得反对党指责此举为欺诈行为，因此集体抵制选举。

2005 年 12 月 18 日，由乍得反叛军人组成的一支反政府武装，于当天清晨在阿德雷地区向乍得政府军发动进攻，双方交火造成约 100 人丧生。乍得政府军成功击退了反政府武装的进攻，并俘获了一些反政府武装人员。乍得政府指责苏丹政府支持乍得反政府武装，并表示乍得政府军将视情况所需，将进入苏丹西部地区清剿反政府武装。但苏丹政府否认支持过乍得反政府武装。

2006 年 5 月，在总统选举前夕，即 4 月 13 日乍得首都恩贾梅纳遭到由变革统一阵线领导的叛军袭击，但被政府军击溃。"非盟"和美国曾因此建议推迟大选，但代比坚持大选在原定的 5 月 3 日举行。于是，乍得首轮总统选举投票在全国各地顺利进行，现任总统伊德里斯·代比及其他 4 位候选人参加角逐。据乍得国家独立选举委员会称，在全国登记的 580 万选民中，只有 20%～50% 的选民到投票站投了票。有关方面估计，这轮选举的投票率将创新 2005 年 6 月乍得宪法公投的历史纪录。乍得总统代比在 2006 年 5 月 3 日的选举中，以接近 65% 的选票连选连任，第三次当选乍得总统。

在代比成功连任总统后，反对党仍然在积极活动，希望通过全民大讨论的方式在乍得实现民主过渡。代比要求政府与反对党展开对话，以稳定国内政治局势。

2006 年 6 月 9 日，乍得反对党表示希望乍得政府允许反政府武装加入政府与反对党之间的对话。乍得反对党联盟发言人、"争取民主进步全国联盟"主席卡巴当天在接受采访时表示，政府与反对党之间的对话不应该是排外的，应该允许有关各方参与。

2006 年 11 月上旬，乍得的冲突在东部的瓦达伊、瓦迪费拉和萨拉玛地区再起，乍得政府于 2006 年 11 月 13 日宣布全国大部分地区进入紧急状态，为避免其东部地区发生的种族冲突事件向全国蔓延，乍得政府在当天召开了部长特别会议。这天，在乍得政府召开的特别部长会议以后，发表公告称：

考虑到冲突的规模和严重性，政府已下令冲突所波及位于乍得东部的瓦达伊、瓦迪费拉和萨拉玛地区进入紧急状态。

上述 3 个地区皆位于乍得东部。出于预防方面的考虑，西部的阿吉拉米、北部的博尔库、埃内迪、提贝斯提、南部的中夏里和首都恩贾梅纳也同时进入紧急状态。公报表示，政府将派遣特派部长进入上述紧急状态地区，并"赋予其采取任何行动的权力"。乍得萨拉玛地区发生阿拉伯人和非阿拉伯人之间的暴力冲突，随后蔓延至靠近苏丹边境的瓦达伊地区。乍得政府说，萨拉玛地区的冲突已造成"近百人"死亡。

2006 年底，"变革统一阵线"同乍得政府签署《和平协议》。根据该协议规定，该组织人员全部接受政府军收编，并且该组织领导人阿卜杜勒·卡里姆则被任命为国防部长。"变革统一阵线"的人员主要来自塔玛族，而乍得总统伊德里斯·代比的下属则大多数为扎迦瓦族。故其政局仍存在着不稳定因素。

2007 年 10 月中，自上旬开始，两个部族在乍得东部省发生大规模流血冲突，造成至少 20 人死亡。乍得政府随即于 16 日宣布东部省和北部省 3 个地区进入为期 12 天的紧急状态，并派遣政府军进入上述地区搜缴民间武器。但是，部分"变革统一阵线"人员拒绝接受政府军的接管，乍得政府军于 2007 年 10 月 18 日下午，在乍得东南省的戈兹贝达同前反政府武装组织"变革统一阵线"的部分人员发生交火，激战进行了约 1 个小时，政府军已控制局势。

第六节　著名政治人物

得政坛上的主要人物如下。

（一）拉巴赫·祖拜尔（Rabah Zuhbarn, 1845~1900）

拉巴赫，是乍得历史上拉巴赫王国的创建人，反抗法国殖民侵略的民族英雄。

拉巴赫，1845 生于苏丹首都喀土穆西面的哈勒法亚乡村，父亲是阿拉伯人，以木匠为生，母亲是非洲人，奴隶出身。拉巴赫童年入伊斯兰学校学习，20 岁时与父亲一起被英国和埃及当局抓去当兵，因坠马受伤退役。伤后改投省督齐贝尔当骑兵，因作战机智勇敢，身先士卒，深受齐贝尔的儿子苏莱曼的赏识。后齐贝尔被英、埃当局软禁于开罗。1879 年苏莱曼发兵救父，在这次"苏莱曼·齐贝尔暴动"中，拉巴赫被任命为总司令。暴动失败后，招募 600 余人转移到乍得地区。当时的中苏丹地区部落很多，内战不休，土地荒芜，满目凄凉。拉巴赫于 1879～1896 年先后征服了瓦达伊、博尔努、巴吉尔米等王国，结束了中苏丹地区的割据局面和民不聊生的状态。建立了一个统一的强大国家。在他执政期间，鼓励农、牧、商、工业的发展。建立了两万人的常备军。

19 世纪 90 年代初，国境地跨今乍得、中非、尼日尔、喀麦隆四国的一部分领地，成为中非地区的一个强国。1891 年 4 月，全歼法国派遣的克拉佩尔入侵乍得湖地区的侵略军。同年 11 月，又先后打败由比斯卡尔和阿尔伯拉·涅分别率领的殖民军队，使法国殖民计划遭到重大挫折。1899 年 3 月，法国指派贝哈格尔特使到迪夸，要求拉巴赫同法国合作，遭到断然拒绝，并处死了贝哈格尔，又打退了法军的报复性进攻。同年 10 月法军再次进攻库诺，又被击败。但是库诺城被严重破坏，拉巴赫被迫转移到洛美河流域继续进行抗法斗争。

1900 年 1 月 21 日，法军调集重兵发动三路进攻。拉巴赫采取阵地战的不当战术与火力明显超过自己的法军对抗，损失惨重，在撤退过程中，被塞内加尔雇佣兵，从背后开枪打死。他的儿子法德尔·阿拉继承其未竟事业，继续在乍得湖畔开展抗法斗争，直至 1901 年 7 月。

（二）恩加尔塔·托姆巴巴耶（Ngarta Tombalbaye）

托姆巴巴耶，曾用名弗朗索瓦·托姆巴巴耶。乍得首任总统。1918 年 6 月 15 日生于中沙立里省，萨拉族人。曾在拉密堡、库姆拉和克亚贝等地读书。1947 年 6 月参与创建乍得进步党，并负责中沙立里省和洛贡地区党的工作。1952 年 3 月和 1957 年 3 月两次当选为议员。1957 年 5 月为法属赤道非洲大议会副议长和经济事务委员会主席。1958 年和 1959 年分别当选为立法议会议员和国民议会议员。1959 年 3 月任临时政府总理，9 月兼任司法部部长。

1960 年 8 月，乍得独立后，托姆巴巴耶任国家元首、总理兼国防部部长、乍得进步党主席。1962 年兼任司法部部长。1962 年 1 月，托姆巴巴耶下令解散所有反对党，同年 4 月当选为总统，兼任内政、新闻部部长。1964 年兼任国防和退伍军人部部长。1966 年 4 月兼武装部队和退伍军人部部长。1969 年再度当选总统，任期 7 年。1975 年 4 月，在乍得武装部队发动军事政变时被杀害。

（三）费利克斯·马卢姆·恩库图·贝－恩迪（Felix Malloum Ngakoutou Bey-Ndi）

马卢姆，乍得前总统，1932 年 9 月 20 日生于南部萨拉赫，萨拉族人。1949 年从刚果布拉柴维尔军官子弟学校毕业。1952 年底到法国海军训练中心受训。1953 年随法国军队在印度支那服役。1955 ~ 1959 年先后在法国弗雷儒斯军官学校、圣梅克桑步兵学校进修，毕业后被派往阿尔及利亚服役。

1960 年乍得独立，马卢姆应召回国参加军队的组建工作。曾任地区驻军和训练官、战区司令、参谋部指挥官、总统军事办公室主任等职。其间还曾到巴黎参谋学校深造。1962 年为上尉，1968 年晋升为上校。1972 年 12 月，任乍得国民军参谋长。1972 年任乍得武装部队总司令，晋升为准将。

1973 年 6 月，因反对总统托姆巴巴耶，默许利比亚占领北方领土，与总统发生矛盾，被指责阴谋政变而被捕。1975 年 4

月，乍得武装部队发生军事政变之后获释，并当选为全国最高军事委员会主席、国家元首。同年 5 月，兼任部长委员会主席、国防和退伍军人部部长。1978 年 1 月与哈布雷达成和解协议。8 月组成民族团结临时政府，任总统。1978 年向联合国安理会指控利比亚入侵乍得北方，并中断与利比亚的外交关系。1979 年 3 月举行关于乍得全国和解的第一次会议后辞职，后客居尼日利亚。1978 年 9 月曾访问过中国。

（四）古库尼·韦代（Goukuni Oueddei）

古库尼，乍得全国团结过渡政府主席。1944 年生于乍得北部博尔古－恩内迪－提贝斯提省。信奉伊斯兰教，图布族人。他的父亲名叫德尔代，是图布族穆斯林精神领袖，1966 年携全家移居利比亚。

古库尼受过初等教育。1962 年在巴尔达伊行政部门任职。从 1967 年起，在西北山区从事反对托姆巴巴耶政权的活动。1968 年加入反政府武装组织乍得"民族解放阵线"。1969 年任该阵线第二军参谋长。1970 年，"民族解放阵线"内部发生分裂后，1972 年与哈布雷共同建立北方武装部队，任该部队指挥委员会副主席，后任主席。

1978 年，古库尼与哈布雷意见不合，脱离其所在的"民族解放阵线"。同年 10 月，与原乍得"民族解放阵线"的几派联合组成民族解放革命委员会，他任主席。1978 年 3 月，成立人民武装部队，向马卢姆政府发动大规模的进攻。1979 年 3 月，召开第一次全国和解会议后，成立临时国务委员会，古库尼任主席。同年 11 月，根据乍得 11 派签订的《拉各斯协定》，成立全国团结过渡政府，古库尼任主席。

1980 年 3 月，古库尼与哈布雷分裂，发生大规模武装冲突。6 月，古库尼与利比亚签订《友好同盟条约》，请求利比亚出兵乍得，迫使哈布雷部队退出首都。1981 年 11 月，利比亚军队撤出乍得。1982 年 6 月 7 日，哈布雷部队向首都恩贾梅纳发起进攻，并进驻首都，古库尼政权倒台。同年 9 月，古库尼在北方以原全国团结过渡政府主席的名义重组旧部，并招募雇佣军组成武装部队，从事反对哈布雷政权活动。

（五）侯赛因·哈布雷（Hussene Habre）

哈布雷，原乍得总统、国务委员会主席、军队最高统帅。

1942 年，哈布雷生于乍得北方博尔古 - 恩内迪 - 提贝斯提省首府法亚 - 拉若的一个牧民家庭，阿纳卡扎族人。早年在家乡读书。1961～1963 年先后任马奥县和穆索罗县县长。1965 年被政府派往巴黎国际行政学院进修，两年后进巴黎大学法学院，获法学士学位。

1971 年，哈布雷回国不久，参加反政府武装部队，并参与组织"民族解放阵线"，后该组织分裂，他自成一派，任"民族解放阵线"第二军的领导人。1972 年同古库尼共同创建北方武装部队，任该部队指挥委员会主席。1976 年与该委员会副主席古库尼意见分歧，遂脱离该部队，率领一部分部队转移到东部活动。1978 年 8 月，同执政的最高军事委员会主席、总统马卢姆达成和解协议，组成民族团结临时政府，出任政府总理。1979 年 3 月，举行乍得第一次全国和解会议后，他和总统马卢姆一起辞职。同年 4 月，同古库尼组成民族团结过渡政府，任国防部长。11 月根据全国 11 个派别达成的《拉各斯协定》，成立全国团结过渡政府，古库尼任主席，哈布雷任国防和退伍军人国务部部长。

1980 年 3 月，哈布雷部队与古库尼部队在首都发生武装冲突。1980 年 4 月，哈布雷被解除国务部部长职务。11 月，利比亚军队与古库尼军队攻占首都恩贾梅纳时，哈布雷率部队退至东部边境，并进行游击活动。

1982 年 6 月，哈布雷攻克首都恩贾梅纳，推翻古库尼政权。

宣布成立国务委员会，10 月宣布就任总统、国务委员会主席和军队最高统帅。

1984 年 6 月，成立全国独立和革命联盟，哈布雷为联盟执行局主席。1988 年 4 月，政府改组，任元首和国防部部长。1989 年再次当选为总统。

1990 年 12 月 1 日，代比领导的反政府武装"爱国拯救运动"攻克首都，哈布雷携家属逃往喀麦隆。11 日到塞内加尔避难。哈布雷曾于 1990 年 6 月访问过中国。

（六）伊德里斯·代比（Idriss Deby）

代比，现任乍得共和国总统。1953 年生于乍得比尔廷省，扎卡瓦族人。20 世纪 70 年代曾留学法国。

1979 年，代比加入乍得民族解放阵线——北方武装部队。1982 年 6 月，任"北方武装部队"副参谋长。同年 12 月，出任乍得全国武装部队总司令、全国独立和革命联盟中央执行局军事和安全书记。1985 年 11 月，被派往法国军事学院进修。回国后任总统府国防与安全顾问。1984 年 6 月~1988 年 11 月，先后任全国独立和革命联盟中央执行局军事和安全书记。1989 年 4 月 1日，同武装部队司令贾穆斯和内政部部长伊特诺发动兵变未遂，后流亡苏丹。

1990 年 3 月，任乍得"爱国拯救运动"主席。同年 11 月 10日，率领其部队从苏丹攻入乍得。12 月 2 日，进驻首都恩贾梅纳，并宣布解散国民议会。12 月 4 日，就任乍得国务委员会主席、国家元首。

1991 年 3 月 4 日，代比就任总统。同年，获"世界和平咨文"翁贝托·比安卡诺欧洲奖。1996 年 6 月，在乍得首次多党选举总统中获胜，并于 8 月 8 日就任总统。2001 年 5 月 25 日举行的总统选举第一轮投票中以 67.35% 的得票率，再次当选乍得总统。

在 2006 年总统选举中，据乍得全国独立选举委员会公布的计票结果，代比的得票数高居榜首。2006 年 5 月 3 日，代比第三次当选总统。

代比信奉伊斯兰教。已婚，有 15 个孩子。

代比曾于 1994 年 12 月访问中国。应国家主席胡锦涛的邀请，代比于 2007 年 9 月 19～23 日对中国进行国事访问。

第三章
政　治

第一节　国体与政体

一　政治演变

公元 9～17 世纪，在乍得地区先后出现了加涅姆－博尔努、巴吉米尔、瓦达伊等王国。公元 9 世纪居住在现乍得提贝斯提的铁达人建立了加涅姆（Kanem）王国。之后，加涅姆的王室发生内讧，各地暴动不断，1394～1398 年加涅姆国王迁往乍得湖以西的博尔努地区，国名更为博尔努。15 世纪，冬儒尔人在瓦达伊建立了统治。17 世纪初前后，巴吉尔米王国在沙里河东岸建国。

1878 年前后，拉巴赫率领军队从尼罗河进入乍得地区，打算统一乍得，建立一个独立和强盛的王国，正当他的愿望付诸实践时，法国殖民者入侵乍得，拉巴赫率领乍得人民英勇抗击法国帝国主义者的斗争。

1910 年，法国建立了法属赤道非洲领地，乍得被划入这个领地范围，成为法国海外领地。乍得人民为摆脱法国殖民统治争取民族解放进行了长期艰苦的斗争，1956 年 6 月 23 日，法国制定海外领地《根本法》，以此法为依据，1957 年初，法国国民议会通过给予法属赤道非洲"地方自治权"的法律，给予乍得半自治共和国的地位，获得了地方自治权。但是乍得人民同法属赤道非洲人民一道为争取完全的和真正的民族独立而进行顽强的斗争。

1958 年 11 月 28 日，根据法国戴高乐颁布的《第五共和国宪法》，乍得宣布成为"法兰西共同体"内的半独立"自治共和国"。1959 年 2 月 10 日，乍得和加蓬同时发动了反对殖民主义的武装暴动，法军镇压，打死打伤群众 400 余人。10 月，在首府拉密堡，乍得群众举行大规模的要求脱离法兰西共同体的示威活动，经过一系列的斗争，法国终于被迫同意乍得独立，但仍留在调整后的"法兰西共同体内"。

1960 年 8 月 11 日，乍得共和国宣告独立。40 多年来，乍得的发展经历了多党制，一党制和多党制三个阶段。

二 宪法

乍得第一部宪法的一个特点：先有宪法，后有共和国，这可能是多数非洲法语国家的一个共同特点。

1958 年 11 月 28 日，根据法国戴高乐宪法规定，宣布乍得成为"法兰西共同体"内的成员国，即"乍得共和国"，乍得有自己的立法议会和内阁。但是外交、国防、司法、货币、财经政策、战略资源、高等教育、通讯联络等大权仍由法国操纵。

1959 年 4 月 1 日，乍得议会通过了宪法，规定乍得是一个"完整不可分割的、世俗的、民主的和谋求社会福利的共和国"，乍得为法兰西共同体的成员国，法语为乍得正式语文。宪法还确定了政府的组织形式和议会解散的程序。

1959 年 4 月 1 日，乍得议会通过新宪法（即独立后的第一部宪法），规定国家元首（总统）兼部长会议主席，由国民议会选举产生，对国民议会负责，任期 7 年。国家元首的最低年龄为 30 岁。明确乍得共和国实行立法、司法和行政三权分立。还规定成立一个与国民议会平行的经济与社会委员会，作为经济与社会问题的咨询机构。最高法院，负责监督各机构的工作。

1962 年 2 月，乍得政府禁止一切反对党活动，确立了乍得进步党的一党制。1962 年 4 月 14 日，乍得国民议会通过第二部新宪法，规定乍得为总统制共和国，总统是国家元首和政府首脑，由国民议会议员、市长、市议员和酋长大会选举产生，任期 7 年；总统不向议会负责。

1975 年 4 月，马卢姆执政后，废除上述宪法，8 月以临时宪法代之。1978 年制定了"基本宪法"，1979 年又被废除，故此阶段长期没有宪法。

1982 年 6 月，哈布雷执政。是年 9 月 29 日，制定了《乍得共和国根本法》，作为临时国家大法。该《根本法》规定：乍得是一个统一、世俗、不可分割和拥有主权的共和国。总统由乍得北方武装部队指挥委员会指定，总统是国家元首、政府首脑和军队最高统帅，其任期至新宪法颁布之日届满。

1989 年 12 月 10 日，全国举行独立以来首次公民投票，通过了第三部新宪法，选举哈布雷为总统。新宪法规定：乍得是一个统一、世俗、不可分割的和社会民主、自由、公正的共和国，实行总统制，总统是国家元首、政府首脑和军队最高统帅，由直接普选产生，任期 7 年，可连选连任两届，但是，年龄不得超过 70 岁。

1990 年 12 月，代比执政，宣布终止上述宪法。1991 年 3 月 3 日，公布国家《宪章》（临时宪法）。该《宪章》规定：加强民族团结和实现多元化民主为基本国策。总统兼政府首脑和军队最高统帅，由"爱国拯救运动"全国委员会指定。由总统任命政府总理和部长，以及共和国临时委员会成员。总统不在位期间，由"爱国拯救运动"副主席担任临时总统，但是，任期不得超过 21 天。

1992 年 5 月 19 日，对上述《宪章》进行了修改，规定总统任期至新宪法颁布之日止。总理（政府首脑）领导政府工作，确保法律和法规的实施；在总统领导下支配军队和治安部队；在总统缺席或不能视政时，代行其职责。

1993 年 4 月 4 日，乍得最高全国会议通过了《乍得共和国过渡时期宪章》，作为过渡时期临时宪法。该《宪章》规定：乍得是一个独立、享有主权、政教分离、民主、统一和不可分割的共和国。共和国总统是国家元首、军队和行政的最高统帅，其任期至经过普选产生的新总统就职为止。过渡时期的总理是政府首脑，负责执行全国会议决定。总理由全国会议通过协商一致的原则选举产生，并由总统任命。过渡时期最高委员会行使立法权。总统可以根据最高委员会意见罢免总理。过渡时期为 12 个月，在此期间，《乍得共和国过渡时期宪章》替代现政权的"国家宪章"，指导国家公共生活，直至新宪法通过。

1996 年 3 月 31 日，乍得举行全民公决，新宪法以 63.5％ 的赞成票获得通过，并于 4 月 14 日起生效。新宪法规定：乍得共和国是一个建立在民主、法制原则和公正基础上的、独立的、世俗的、社会化的、统一的、不可分割的主权国家，实行政教分离。行政权由总统和政府共同行使。总统是国家元首，负责保证宪法的实施。总统通过直接普选产生，任期 5 年，可连任两届。新宪法还规定，如经国民议会 2/3 成员通过，可对宪法进行修改。总统任命总理，并根据总理建议，任免政府成员。总理为政府首脑，负责执行部长会议通过的国家政策。

2004 年 5 月 26 日，国民议会通过执政党"爱国拯救运动"提出的宪法修正案，取消对总统连任的次数的限制。

第二节　国家机构

一　国家行政机构的演变

乍得先成立共和国和内阁，后宣布独立。1958 年 11 月，根据法国宪法规定，成立"乍得共和国"，内阁实行多党制。共和国成立半年，由于各党派之间的分歧，内阁发生多次危机。以利塞特（乍得人民党）为首的临时政府于 1959 年 2 月 10 日被立宪议会罢免，由乌尔巴（Gontchome Sahoulba，即乍得农村独立派联盟成员）任总理。13 日，这个临时政府也辞职。由库拉马拉（"非洲社会主义运动"成员）组成了由各党派参加的临时政府。

1959 年 6 月 17 日，托姆巴巴耶又改组了内阁。主要成员为总理：弗朗索瓦·托姆巴巴耶（乍得人民党成员）；副总理兼外交、经济、计划和游览部部长：加布里尔·利塞特（Gabiel Lisette，乍得人民党成员）；交通运输和航空部部长：萨乌尔巴（Sahoulba，乍得农村独立派联盟成员）

1960 年 8 月 11 日，乍得宣布独立，同年 8 月 24 日，内阁改组，部长从 11 人增至 16 人，除司法部长为非洲民族党人外，其他都属于乍得进步党。主要成员为部长会议主席和国防部长弗朗索瓦·托姆巴巴耶等。

1964 年 4 月 14 日，政府改组，主要成员有总统、总理兼国防、退伍军人、内政和新闻部部长弗朗索瓦·托姆巴巴耶等人。

1971 年 5 月，改组政府，成员有总统兼总理弗朗索瓦·托姆巴巴耶，国防兼退伍军人部部长阿·切雷等人。

1978 年 8 月 25 日，乍得政府代表同反政府武装"民族解放阵线"中的哈布雷派（即北方武装部队指挥委员会）达成协议，签署了《根本宪章》，并组成民族团结临时政府。不久，两派又发生武装冲突。接着，在邻国的斡旋下，乍得各派政治势力的领导人于 1979 年 3 月中旬，在尼日利亚北部卡诺举行会议，达成了关于解决乍得武装冲突的协议，成立了以"民族解放阵线"领导人古库尼·韦代为首的临时国务委员会。原总统马卢姆和总理哈布雷宣布辞职。

1979 年 4 月，乍得各方达成协议，宣告成立民族团结过渡政府，过渡政府主要成员有：总理洛勒·穆罕默德·舒瓦，副总理内盖·乔戈，外交部部长库马巴等。

1979 年 11 月 10 日，由乍得 11 个政治派别的代表组成的乍得全国团结过渡政府。主要成员有：古库尼·韦代（Goukouni Weddeye）、副主席瓦达勒·阿卜杜勒卡德尔·卡穆格（Wadal Abdelkader Kamougue）等。

1980 年 4 月 25 日，内阁特别会议以"叛乱罪"解除了国防国务部长侯赛因·哈布雷的职务，哈布雷随即发表声明，指责解除他的职务是"非法的"。

1982 年 6 月 7 日，哈布雷攻占首都恩贾梅纳。6 月 18 日，哈布雷宣布成立临时中央政权机构——"国务委员会"，自任主席。9 月初，哈布雷军队控制乍得全境。10 月 21 日，哈布雷宣誓就任总统，并组成新政府。10 月 27 日，原参加"全国团结过渡政府"的一些派别的领导人古库尼、卡穆格、奥马尔等在乍得北方巴尔达伊宣布成立"民族救国"临时政府，在利比亚的支持下继续同哈布雷抗衡。

1984 年 7 月 24 日，乍得组成新政府，主要成员有部长会议主席哈吉·侯赛因·哈布雷。外交合作部部长瓜拉·拉苏第（Goura Lassou）等人。

1986 年 3 月 23 日，哈布雷总统第三次改组政府，成员共 34 名。哈布雷总统任部长会议主席兼国防、退伍军人和战争遗孤部部长。其政府成员还有国务部部长吉丁·多诺·恩加尔杜姆（Djidingar Dono Ngardoum）等人。

1988年4月14日，第五次改组政府。1989年3月3日，哈布雷对政府进行第六次改组，其中一个重要的变化是，任命原反对派"爱国阵线"主席、"民主革命委员会"总书记阿谢克·奥马尔为外交部部长。同年10月5日政府又进行一次调整。

1990年12月1日，代比反政府武装力量攻占首都恩贾梅纳，哈布雷总统携眷外逃。代比开始掌权。代比执政后政府频繁更动。12月4日，成立国务委员会，即新政府机构，内阁成员共35名，主要员有：伊德里斯·代比任国务委员会主席、国家元首；国务委员会副主席为马尔多姆·巴达·阿巴斯（Maldoum Bada abbas）；对外关系国务委员为松吉·艾哈迈德（Soungui Ahmed）等人。

1991年3月4日，7月12日，12月12日，先后三次改组政府。1992年5月20日、8月12日，10月14日，又先后三次改组政府。1993年11月13日，成立新政府，两个多月后，于1994年1月18日，又部分改组。内阁成员由16人组成。1995年4月16日和12月7日又两次改组政府，1996年2月27日再次改组政府，成员由16人增至20人，并设一女部长，担任妇女、儿童和社会事务部部长。同年8月12日，再次改组政府，主要成员除20名部长外，增设了8位国务秘书。1997年5月20日和12月31日的政府改组，共有28名成员。1998年7月24日改组的政府，成员总数未变，仍为28名，但部长由22名增为23名，国务秘书减为4名。

进入21世纪后，乍得政府继续不断调整改组，2000年8月30日组成的新政府，共有成员29名，其中部长23名，国务秘书6名。10月12日又对个别成员进行了调整。其政府主要成员有总理阿尔贝·姆古姆·亚马苏（Albert Nagoum Yamassou）等人。

2001 年 4 月 8 日，乍得总统代比对政府进行部分改组，解除了乍得"发展与复兴联盟"党所有内阁成员的职务，其中包括该党领袖、农业部部长萨利赫·凯布扎博。此次改组与凯布扎博提出参加将于 5 月 20 日举行的乍得总统选举有直接关系。乍得"发展与复兴联盟"党在议会占有 12 个席位，是乍得主要参政党之一。凯布扎博是乍得本届民族联合政府的第二号人物。现任矿业、能源和石油部部长莫克塔·穆萨接替凯布扎博的职务，穆萨在上届政府中曾任农业部部长。

2001 年 8 月 13 日，改组政府。其政府成员增至 36 名，其中部长仍为 23 名，总理人选未变，主要增加了国务秘书、副秘书长等职务。

2002 年 6 月 12 日，乍得宣布成立新政府，新内阁共有 29 名成员，比上届减少了 7 人。外交、财政、国防等部门的要职没有变动，由哈龙·卡巴迪（Haroun Kabadi）任总理、政府首脑，新政府设立了领土整治、城市规划和住房国务部，由上届政府的公共工程、运输、住房和城市规划部部长艾哈迈德担任该部部长。本届政府还将原来的矿产、能源和石油部一分为二，增设石油部，并将内政部分为公共安全和移民事务两个部。

2003 年 6 月 25 日，又组成新政府，后又有多次小幅度调整，成员增为 29 名，全部为部长，不设国务秘书职。总理由穆萨·法基担任。

2005 年 2 月 4 日，组成的新政府，共有成员 30 名。2005 年 8 月 7 日和 2006 年 2 月 15 日，又两次改组，共有 29 名成员。帕斯卡尔·约阿迪姆纳吉（Pascal Yoadimnadji）任总理、政府首脑。

二 现政府主要成员

乍得于 2006 年 8 月 15 日组成这届政府，8 月 28 日有小幅调整，共有 40 名成员。现政府主要成员如下。

总理、政府首脑：帕斯卡尔·约阿迪姆纳吉（Pascal Yoadimnadji）；

基础设施国务部部长：阿杜姆·尤努西米（Adoum Younousmi）；

领土整治、城市建设与住房国务部部长：努尔丁·德尔瓦·卡西雷·库马科耶（Docteur Nouradine Delwa Kassire Coumakoye）；

矿业和能源部部长：穆罕默德·阿里·阿卜杜拉·纳苏尔（Mahamat Ali Abdallah Nassour）；

外交、非洲一体化与国际合作部部长：艾哈迈德·阿拉米（Ahmad Allam-Mi）；

司法掌玺部部长：阿卜杜拉赫曼·贾斯纳邦莱（Abderamane Djasnabaille）；

国土管理部部长：艾哈迈德·穆罕默德·巴希尔（Ahmat Mahamat BACHIR）；

财政、经济与计划部部长：阿巴斯·穆罕默德·托利（Abbas Mahamat Tolli）；

公职、劳动与就业部部长：法蒂玛·琼比（女，Mme Fatime TCHOMBI）；

公共卫生部部长：恩加姆巴蒂娜·卡梅尔·苏（Mme Ngarmbatina Carmel Souvi）；

国民教育部部长：穆萨·卡达姆（Moussa Kadam）；

高等教育部部长：奥马尔·伊德里斯·阿尔法鲁克（Oumar Idriss Al-Farouk）；

石油部部长：埃马纽埃尔·纳丁加尔（Emmanuel Nadingar）；

国防部部长：毕沙拉·伊萨·贾达拉（Bichara Issa Djadallah）；

公共安全与移民部部长：鲁图昂·约马·戈洛姆（Routouang Yoma Golom）；

农业部部长：阿尔贝·帕希米·帕达凯（Albert Payimi Padacket）；

畜牧部部长：拉基斯·马纳尼（Rakiss Manany）；

商业和手工业部部长：尤素夫·阿巴萨拉（Youssouf Abassallah）；

环境和渔业部部长：阿瓦·奥特曼·贾梅（Dr Haoua Outhman Djame）；

水利部部长：阿巴卡尔·拉马丹（Abakar Ramadane）；

社会行动与家庭部部长：艾哈迈德·穆罕默德·泽内（Ahmat Mahamat Zene）；

国家总监察和廉政部部长：穆罕默德·贝希尔·奥科尔米（Mahamat Béchir Okormi）；

新闻和文化部部长、政府发言人：胡尔马吉·穆萨·杜姆戈尔（Hourmadji Moussa Doumngor）；

邮政和通讯新技术部部长：穆罕默德·加尔法（Mahamat Garfa）；

青年与体育部部长：奥马尔·布卡尔（Oumar Boukar）；

文化部部长：迪拉·吕西安娜（女）（Mme Dillah Lucienne）；

旅游发展部部长：卜拉欣·胡拉马拉（Brahim KHOULAMALLAH）；

团结互助和小额信贷部部长：玛丽亚姆·穆萨·阿里（Mme Mariam Moussa ALI）；

人权部部长：艾哈迈德·阿卜杜拉耶·奥古姆（Ahmat Abdoulaye Ogoum）；

权力下放部部长：索盖尔尼·博尼法斯（Sauguelni Boniface）；

政府秘书长、负责政府与国会关系部部长：卡尔泽贝·帕伊米·德贝（Kalzeube Payimi Deubet）；

基础设施部负责交通运输的部长级代表：古恩杜尔·维卡马（Goundoul Vikama）；

外交与非洲一体化部部长级代表：吉达·穆萨·奥特曼（Djidda Moussa Outman）；

卫生部部长级代表：奥马尔·布卡尔·加纳（Oumar Boukar Gana）；

财政、经济与计划部负责财政预算的部长级代表：阿巴卡尔·马拉（Abakar Mallah）；

财政、经济与计划部负责经济与计划的部长级代表：奥斯曼·马塔尔·比雷姆（Ousmane Matar Birémé）；

农业部部长级代表：穆罕默德·穆卢德·伊兹丁（Mahamat Maouloud Izzadine）；

领土管理部部长级代表：杰拉雷乌·巴基塔（Djerareou Bakita）；

国民教育部负责扫盲的部长级代表：阿尔巴图尔·扎卡里亚（女，Mme Albatoul Zakaria）；

政府秘书长部长级代表、负责政府与国会关系部部长：纳贾勒塔·米朗加耶（Nadjalta Mirangaye）。

第三节　立法与司法

一　立法机构

民议会的演变与发展：独立前的议会，根据法国宪法，1959 年乍得成立议会，议会曾通过一项法律，规定选举按一轮多数制进行。1959 年选出议会，共为 85 席。乍得进步党占 71 席，非洲民族党占 14 席。乍得人民党的阿拉乌·塔赫尔（Allahou Taher）任议长。

宪法规定：最高立法机关为一院制的国民议会，任期 5 年。1963 年 12 月 22 日，根据全国统一候选人名单普选产生议会，共 75 席。阿杜姆·切雷（Adoum Tchere）任议长。1969 年 12 月选出新议会，其议席扩大为 105 席，议长为阿博·纳苏尔。于 1975 年议会解散。

根据《乍得共和国根本法》，于 1982 年 10 月 21 日成立全国协商委员会。该委员会是国家常设协商机构，其委员由共和国总统任免，享有"国家顾问"职衔。委员会设主席和副主席两名，由委员会选举产生。委员会主要职责为：负责起草宪法草案；接受总统交办的调查任务；向政府提出建议；参与研讨国家大政方针、大赦；制订国家预算、社会经济发展计划；签订国际公约、其他公约、协定等。全国协商委员会委员不得在政府和军队中兼职。

1986 年 3 月 23 日，成立了全国协商委员会，有委员 30 名，主席为姆巴依斯贝·阿卜杜（Mbaisbe Dingaondikim Abdou）。

哈布雷执政后，于 1990 年 8 月 5 日，乍得共和国组成首届议会，共有 123 名议员，议长为让·巴沃约·阿林格（Jean Bawoyeu Aling）。

1991 年 3 月 10 日，成立了乍得共和国临时委员会，为全国最高协商机构，负责起草宪法草案，参与研讨国家大政方针。临时委员会委员不得在政府部门和军队中兼职，也不得在任何以盈利为目的的公私部门供职。该临时委员会共有 23 名成员，均由总统任命。马尔·巴达·阿巴斯（Maldom Bada Abbas）任临时委员会主席。

1991 年 12 月 4 日，伊德里斯·代比出任国务委员会（临时政府）主席。

1993 年 4 月 6 日，成立过渡时期最高委员会，是过渡时期的立法机构。该机构是经全国最高会议选举产生，由政党、工会、妇联、青年组织、人权组织和商界代表共 60 人组成，其中包括除哈布雷以外的三位前总统。该委员会主要任务是：关注和监督政府执行最高全国会议的决定和方针；行使立法权；审查宪法草案，通过选举法，监督公民投票和其他选举；仲裁过渡时期机构间可能出现的纠纷。主席为穆罕默德·巴夏尔·加达耶（Mahamat Bachar Gadye）。

1993 年 9 月 19 日，成立新议会，规定一院制国民议会为最高立法机构。国民议会主要负责通过法律和法令；依法对政府活动进行监督；批准国际条约和协定；负责审计工作，由审计法院辅之；授权宣布战争状态等。国民议会议员由直接选举产生，任期 5 年。议员享有豁免权，议员与总统和政府成员共同享有立法创议权，本届议会由 85 名议员组成，分别来自 12 个政党，其中，"中非人民解放运动"拥有 34 席，为第一大党。议长为胡格·多博藏（Hugues Dokoxendi），1993 年 11 月当选。其议会由国民议会和参议院构成，行使立法权。

议会实行两院制，但参议院尚未成立。国民议会是最高立法机构，共有 125 个议席，任期 4 年。

1997 年 4 月 4 日，新一届国民议会正式成立，议长为"争取革新与民主同盟"主席卡穆格·瓦达勒·阿卜杜勒－卡德尔（Kamougue Wadal Abdal－Kader）。各党派在国民议会中所占席位如下："爱国拯救运动"65 席，"争取革新与民主同盟"29 席，"争取发展与革新全国同盟"15 席，"争取民主共和同盟"4 席，"争取自由与发展党"3 席，"争取民主进步联盟"3 席，"争取民主与发展全国联盟"两席，"乍得争取革新全国同盟"、"乍得争取统一与社会主义行动"、"联邦党"等各 1 席。

根据 2001 年修改的《选举法》，议会共有 155 个席位，任期 5 年。2002 年 4 月 21 日产生新的国民议会。议长为"爱国拯救运动"成员纳苏尔·盖朗杜克西亚。

二　司法

宪法规定由最高法院、上诉法院、初审法庭、治安裁判所行使司法权。最高法院是最高司法机构，包括司法法庭、行政法庭和财政法庭，由 16 名成员组成，院长由总统征求参众两院议长意见后以法令形式任命。最高法院法官实行终身制。

此外，还设有宪法委员会，负责审查法律、协定等是否违宪，并监督、审理、公布选举及公民投票结果。设立特别最高法庭负责审判总统、政府成员及其同谋的叛国案。最高法院院长为阿哈马特·巴希雷特（Ahmat Batchiret）。总检察长为恩加何达·爱德华（Ngarta Mbaiaouroum Edouard）。

第四节　政党与团体

一　政党的发展及演变

独立 40 多年来，乍得的政党发展经历了多党制、一党制和多党制三个阶段。

（一）独立前后的多党制

第二次世界大战后，非洲的民族解放运动风起云涌，一些民族解放运动组织成立了政党，领导本国民众争取国家独立的斗争。同时，法国殖民者也看到了非洲各国民族要解放，国家要独立的不可抗拒的历史潮流，为了他们继续控制和掠夺殖民地，法国当局也为培养亲法的骨干力量，在其殖民地组成了一些政党，以便在法属非洲国家独立后，由亲法的骨干掌握政权。因此，乍得独立前就有若干政党存在。

1. 独立前乍得的主要两大政党

（1）乍得人民党（Parti Populaire Tchadien）　它的主要成员

大部分是在沙里河以西地区。该党赞成戴高乐宪法，反对在赤道非洲成立统一的国家，但主张各国之间密切合作。领袖是加布里尔·利塞特（Gabriel Lisete）。

（2）非洲社会主义运动（Mouvement Socialiste Africain）它的主要成员在乍得北部地区。该党主张乍得维持原有的法国海外领地的地位，后来又拥护成为法兰西共同体成员国。领袖是艾哈迈德·库拉马拉（Ahmed Koulamallah）。

另外，还有乍得农村独立派联盟（Groupement des Indepants Ruraux du Tchad）和乍得进步党等。

2. 独立后初期的主要政党

（1）乍得进步党（Parti Progressiste Tchdien）　系执政党，它的前身是乍得人民党，是非洲民主联盟的一个支部，1946 年成立，是乍得成立最早的政党。主要力量在乍得沙里河以西地区信仰基督教的部族中，代表南方部族势力集团的利益，得到乍得的大部族——萨拉族和法国的支持。乍得独立前，该党主张乍得留在法兰西共同体内。1959 年，在大选中取得多数席位，成为执政党。党内存在派系斗争。该党主席为利塞特，原任临时政府副总理。乍得独立后，于 1960 年 8 月 24 日，其主席利塞特被免去了政府副总理职务。同年 9 月，托姆巴巴耶当选为该党主席、兼总书记，并为国家元首和总理，他组成了第一届政府。

此后，该党同非洲民族党合并，组成"争取乍得进步联盟"，不久联盟分裂。

（2）非洲民族党（Parti Nationale Africain）　1960 年 2 月由"非洲社会主义运动"（Mouvement Socialiste Africain）、"乍得社会行动党"（Action Sociale Tchadienne）、"乍得独立派和农民联盟"（Groupement des Independants Ruraux du Tchad）、"乍得全国联盟"（Union Nationale Tchadienne）和"保卫乍得利益联盟"（Union de Defense des Interets Tchadiens）等 5 个政党合并组成。

主要势力在乍得沙里河以东地区信奉伊斯兰教的部族中。领袖是艾哈迈德·库拉马拉（M. Dhmed Koulamallah）。

以上两党于 1961 年 3 月合并，改称"争取乍得进步联盟"（Union pour le Progres de Tchad）。

（二）实行党禁，推行一党制，党外有党，禁而不止

1962 年 2 月 16 日，乍得进步党领导的政府宣布解散一切反对党，确立一党政治。该党成为唯一合法的政党。托姆巴巴耶执政后，因实行专制独裁统治，国内矛盾激化，党的创始人之一、教育部部长阿巴·西迪克与之分道扬镳，流亡到国外。

20 世纪 60 年代初，尽管政府宣布解散一切反对党，但是部分政党转入地下活动，有的还是成立的新党，主要地下党如下。

1. 乍得民族联盟

1958 年成立，代表农民等的利益，投票反对"戴高乐宪法"，1962 年被禁止后转入地下活动。1963 年试图推翻政府，结果失败。主席阿达姆·莫萨被软禁，总书记马哈马夫·阿巴被捕。盟员大部流亡苏丹，1964 年 7 月该联盟在致世界各国组织备忘录中宣称，乍得民族联盟首要任务是：团结全乍得人民，争取民族解放，实现国家完全独立。

2. 乍得民族解放阵线

成立于 1966 年，"乍得民族联盟"参加了该组织。据法国《红色人道解放报》1969 年 11 月刊登的"乍得民族解放阵线政治纲领"宣称，该阵线为"推翻法国强加于我国人民的新殖民主义和独裁制度"而斗争。纲领要求撤走在乍得领土上的所有外国军队和外国基地。主张建立"一个民主和人民的全国联合政府"。该组织主要领导人阿巴·西迪克曾是托姆巴巴耶政府的前部长，也曾是乍得进步党创始人之一。流亡国外进行反对乍得政府的活动。

1975 年 4 月 13 日，乍得武装部队推翻了托姆巴巴耶政权，成立以马卢姆为首的军政府,取消一切政党活动,实行军事统治。尚存一个武装反对派组织——民族解放阵线(简称"民阵")。"民阵"总书记阿巴查于 1968 年牺牲后,"民阵"内部分成几派,其中实力最强的是古库尼派。

自马卢姆上台后,同哈布雷、古库尼等三派之间相互倾轧,冲突不断,乍得政情复杂,政治派别繁多,至少有十余个之多。其中主要有如下三大派。

(1)"民阵"人民武装部队(Frolinat Forces Armees Populaires)该派在各派中实力最强,控制着北部和中部大部分地区。领导人为古库尼·韦代;

(2)"民阵"北方武装部队(Frolinat-forces Armees du Nord)该派 1976 年从古库尼派分裂出来,战斗力较强,以中、东部地区为基地,领导人为侯赛因·哈布雷;

(3)乍得武装部队(Forces Armees du Tchad) 由原乍得宪兵部队和部分国民军组成,实力较强,以人口稠密、物产丰富的南方 5 省为后方,领导人为卡穆格中校。

3. 全国独立和革命联盟(Union Nationale Pour L'Independence et La Revolution)

1984 年 6 月 24 日成立,系具有执政党性质的全国性政治组织,前身为乍得民族解放阵线——北方武装部队组织。也曾是全国唯一合法政治组织(其实还存在反哈布雷政权的政治、军事组织)。该盟章程规定:

> (本联盟是)革新的、富有活力的场所。是乍得全国实现团结和乍得所有妇女重新团结的熔炉。

联盟主张继续同国内外各反对派对话,以实现全国和解。联盟设有代表大会、中央委员会和执行局。全国代表大会是联盟的最高权力机构，4 年举行一次。1988 年 11 月 23～26 日，联盟召开第二次全国人民代表大会，总结了"一大"以来的经验教训，通过了哈布雷主席所作的工作报告，提出了党在新阶段的任务，宣布要走"乍得式的社会主义道路"；会上修改了党章，并成立了以哈布雷为首的新立中央委员会（简称"中委"，"中委"由原来的 80 名增至 120 名）。1990 年 8 月 13～20 日，召开联盟二届一中全会。会议确定保卫国防，维护国家独立、主权和领土完整是全党的首要任务；强调要根据本国民族、历史和文化特点来推进民主化进程，继续加强法制建设；鼓励人民为发展经济、建设国家而努力奋斗。1990 年 12 月哈布雷被代比推翻后，该联盟随之失去执政地位并被宣布解散。

4. 爱国拯救运动（Mouvement Patriotique du Salut，MPS，简称"爱拯运"）

1990 年 3 月 11 日成立。原为反哈布雷的政治、军事组织，后为执政党。设全国代表大会，中央委员会和执行局。全国代表大会是最高权力机构，每两年举行一次会议，应 2/3 以上中央委员要求，可召开全国特别代表大会。其政治纲领是：

> 对内反对专制、尊重人权，主张多党民主，实行混合经济；对外奉行和平、睦邻友好、不干涉别国内政和不结盟政策，遵守联合国和非洲统一组织宪章，同一切爱好和平、正义的国家发展友好合作关系。

"爱国拯救运动"主席为伊德里斯·代比。

（三）向多党制过渡

1991 年 7 月 25～28 日，召开"爱拯运"全国特别大会，决定 1992 年 5 月举行由各政党召开的全国会议，有步骤地向"多党制"过渡。初期政府批准 30 余个政党合法化。主要反对党有：争取民主进步联盟、争取乍得民主进步同盟、争取民主共和同盟、争取民主进步同盟等。1993年政府批准40余个政党合法化。1994年政府批准近50个政党合法化。迄今已有67个合法政党。其中主要政党如下。

1. 爱国拯救运动（Mouvement Patriotique du Salut，MPS，简称"爱拯运"）

1990年3月11日成立，执政党。原为反哈布雷的政治、军事组织。创始人为伊德里斯·代比、马尔东·巴达·阿巴斯（Maldom Bada Abbas）、纳吉塔（Nadjita）。政治纲领为：反对专制、尊重人权；主张多党民主，实行并发展混合经济；捍卫民族团结和领土完整；对外奉行独立自主、睦邻友好、不干涉别国内政和不结盟政策，遵守联合国和非洲统一组织宪章，同一切爱好和平、正义的国家发展友好合作关系。

该党在全国各地均有基层组织，在中央设全国代表大会、中央委员会和执行局。全国代表大会是最高权力机构，每两年举行一次会议。中央委员会是最高执行机构，执行局是中央委员会常设机构，有40名成员。应2/3以上中央委员要求，可以召开全国特别代表大会。代比曾任该党主席。1993年7月15~22日，召开第二次全国代表大会。代比连任主席。1996年代比当选总统后，由副主席马尔东继任主席。2003年11月，穆罕默德·侯赛因（Mahamat Hisseine）当选总书记。

2. 争取革新与民主同盟（Union Pour le Renouveau et la Democratie）

1992年1月26日成立，5月20日获准合法。该党主席为卡穆格·瓦达勒·阿卜杜勒-卡德尔（Kamougue Wadal Abdel-Kader），曾任部长、总理、武装部队总司令等职。卡穆格参加了1996年6月举行的总统选举，在第一轮选举中获得12.39%的选票居第二位，在第二轮选举中获得31%的选票。卡穆格系南方代表人物之一，其主张较多地反映了南方人的要求。

该党主张国家政治生活民主化，实行半总统制，行政、立法、司法三权分立，建立享有行政、财政自主权的省或地区，以向"联邦制"过渡；建立调控和自由竞争相结合的自由经济体制；奉行民族独立、国际合作、和平和不侵略政策，支持民族解放运动，反对外国统治和种族主义，致力于非洲团结和统一。

该党组织机构分为基层、乡、县委员会和地区（省）会议及全国会议。代表大会是党的最高权力机构，每三年召开一次，选举50人的全国代表大会。执行局和全国评价委员会分别负责党的日常事务和监督工作。

3. **争取发展与革新全国同盟**（Union Nationale pour le Developpement et le Renouveau，简称 UNDR）

1992年7月21日取得合法地位。主席为萨莱赫·凯布扎博（Saleh Kebzabo），曾任第一届过渡政府的贸工部部长、乍得新闻社社长、《青年非洲》杂志社成员，也是《恩贾梅纳周刊》的创始人。萨莱赫·凯布扎博参加了1996年6月的总统选举，在第一轮选举中获得8.61%的选票，居第三位。该党主张：

> 维护国家和平、团结、实现民族和解；建立一支真正全国性的职业化的军队；发展社会经济、农业、畜牧渔业、水电、交通、旅游和手工业；实行地方分权，让妇女和有能力的人参加国家管理；发展教育卫生事业；实现粮食自给……

4. **争取民主进步联盟**（Rassemblement pour la Democratie et le Progres，简称 RDP）

1992年3月10日取得合法地位。创始人为洛尔·马哈马特·舒瓦（Loe Mahamat Choua），曾任国家元首和过渡时期最高委员会主席，并参加了1996年6月举行的总统选举，在第一轮选举中获得 5.93% 的选票，居第五位。

争取民主进步联盟曾于 1992 年 2 月召开第一次代表大会，选举产生 205 人组成的执委会，舒瓦当选执委会主席。

5. 争取民主进步全国联盟（Rassemblement National pour la Democratie et le Progres，简称 RNDP）

1992 年 1 月 29 日成立，4 月 2 日经批准为合法政党。该党主席为卡西雷·德尔瓦·库马科耶（Kassire Delwa Coumakoye）。

卡西雷·德尔瓦·库马科耶自 20 世纪 80 年代起历任司法、公共工程、邮电、高教等部部长。1993 年 11 月曾当选为过渡政府总理。曾参加 1996 年 6 月的总统选举，并在第一轮选举中获得 2.29% 的选票，居第九位。

6. 争取民主共和同盟（Union pour la Democratie et la Republique）

1992 年 3 月 1 日成立，4 月 30 日被批准为合法政党。党主席为让·巴沃约·阿林格（Jean Bawoyeu Alingue）。阿林格于 20 世纪 70 年代曾任驻美、法等国大使和国际组织代表。1990 年 10 月当选为国民议会议长，12 月改任总理。

让·巴沃约·阿林格参加了 1996 年 6 月的总统选举，并在第一轮选举中获得 8.31% 的选票，居第四位。

7. 全国同盟（Union Nationale）

1992 年 3 月 29 日成立，6 月 15 日获准合法。该党主席为阿卜杜拉耶·拉马纳（Abdoulaye Lamana），曾先后出任乍得驻美国兼联合国大使和驻"欧共体"大使。

拉马纳参加了 1996 年 6 月的总统选举，在第一轮选举中获得 2.74% 的选票，居第八位。

8. 争取共和行动阵线（Le Front D'action pour la Republique，FAR）

该党主席为恩加尔勒吉·约贡加尔（Ngarleji Yorongar），曾在哈布雷时代任职。1996 年当选为国民议会议员，1998 年因污蔑总统和议长贪污罪被判处 3 年监禁，1999 年获特赦。曾参加 1996 年总统大选，获得 1% 的选票。在 2001 年 5 月的大选中获得 13.97% 的选票，居第二位。

该党代表南方富裕地区的利益，主张建立联邦共和制，限制中央政府权力；政教分离，保护人权；重建军队，消除强权政治和部族主义；均衡发展各地经济；推行和平外交，反对种族主义，促进非洲政治经济一体化。

另外，还有若干在乍得北方积极开展武装斗争反对代比政府的非法政党，如由前国防和内政部长多戈伊米领导的"争取民主正义运动"（Mouvwmwnt pour la Democratie et la Justice）、"全国抵抗联盟"、"革命民主委员会"以及"民主发展运动"等。2002 年 9 月底，"争取民主正义运动"因领导人身亡，内部发生分裂。2003 年 1 月，"全国抵抗联盟"与代比政府签署协议，承诺停止武装斗争，双方并就特赦、整编和开展全面对话达成一致协议。

二　团　体

（一）工会的成立和变化

第二次世界大战后，乍得、中非、加蓬和刚果（布）四个地区的工人阶级在反帝、反殖和争取民族独立等一切斗争中，日益发挥着显著作用。1951 年，赤道 4 个地区的工会组织合并为"赤道非洲总工会"（Confederation Generale des Travailleurs de L'Afrique Equatoriale），直接加入"世界工联"。1957 年，"赤道非洲总工会"参加了"黑非洲工人总联合会"。之后，"赤道非洲总工会乍得地区联合会"成立（Union locale C. G. A. T. du Tchad），其书记为曼勃拉·纳伊姆（Mambra Nalmou）。纳伊姆曾于 1960 年 3 月访华。

乍得独立后，成立"乍得全国工人联合会"，并参加了"全非工会联合会"。

(二) 妇女组织

1985 年 5 月 8 日，成立"乍得全国独立和革命联盟"妇女组织，这是在执政党领导下的 3 个（即工人组织、妇女组织、青年组织）全国性群众组织之一。其宗旨是：

巩固乍得的和平与安全，维护民族团结，捍卫国家独立和领土完整；在政治、经济、社会、文化等各个领域领导、组织、教育和培养社会各阶层的妇女，提高她们的觉悟，使其参加国家的发展工作。

第四章

经 济

第一节　经济概述

经济发展简史：乍得是一个农牧业国家，经济落后，被联合国列为世界上最不发达的国家之一。

公元 8 世纪前后，大批阿拉伯人移居乍得的北方地区。9 ~ 10 世纪建立起若干穆斯林王国，畜牧业和种植业渐渐地发展。在法国殖民主义入侵以前，乍得地区曾经拥有繁荣的制陶、制革、纺织、染料等手工业和自给自足的农业经济。

1910 年，法国征服乍得以后，在北部维持酋长制并实行间接统治，严重束缚了乍得生产的发展，畜牧业长期停滞不前。对南部实行直接统治，乍得自给自足的自然经济遭到法国统治者的严重破坏，乍得成为法国帝国主义掠夺廉价工业原料、廉价劳动力和推销高价工业产品的市场。

法国为了适应第二次世界大战的需要和战后法国经济的需求，在农业方面，强制乍得片面地发展单一经济——棉花。在工业方面，法国建立了一些为垄断资本服务的、小型的原料粗加工工业，它扼杀了当地手工业，阻碍了民族工业的发展。这种典型的畸形殖民地经济的发展，使乍得在经济上完全依附于法国，法国用不等价交换方式，对乍得进行残酷剥削，从而使乍得陷入极端贫困落后的境地。乍得是前法属赤道非洲中经济最落后和国民收入最低的地区。独立前平均每人每年收入仅有 3000 非洲法郎（约合 12 美元）。

乍得独立后迄今为止，畸形、落后、依附殖民经济体制和机制仍深深地束缚着乍得现时的经济，这是乍得长期难以摆脱贫困和落后的一个重要原因。

独立之初，法国要求乍得在经济、金融、财政等各方面与之继续"合作"，并签订了一系列合作协定，实际上是以法律的形式加强了法国对乍得财经的全面控制。法国棉花垄断公司仍然操纵着乍得全国棉花的收购、加工和销售。9 家法国公司控制了这个国家的对外贸易和国内商业的零售和批发业务。法国银行操纵乍得的财政金融。在这种情况下，乍得的预算连年赤字，经济困难，人民生活日益贫困。

乍得经济落后的另一个主要内在原因是，国内部族矛盾和各派政治势力斗争复杂，内战此起彼伏。1975、1982、1990 年先后发生 3 次成功的军事政变。另外还有多次未遂军事政变和小规模的不间断的武装冲突。此外，时有旱灾、蝗灾等天灾。总之，尽管乍得经济比独立前有了不小的发展。乍得政府先后也制订过五年计划和十年计划，例如：1964 ~ 1965 年的发展经济临时纲领，1966 ~ 1970 年的第一个五年计划，还有 1971 ~ 1981 年的十年计划等。但由于内战、外患和天灾三大不利因素的存在，这些纲要和计划一个也未能实现，贫困依旧，同世界各国相比仍然十分落后。

哈布雷任总统八年（1982 年 6 月 ~ 1990 年 12 月），重视恢复和发展经济，而且将农业发展摆在优先的地位，提高农产品收购价格，降低农具销售价格，加强保护良田、牧场和牧区防疫，植树造林，激发农民生产积极性，促进农牧业发展，制订了向外国投资者提供优惠条件的政策。

哈布雷执政后，1985 年乍得政府制订了实现粮食自给的农业发展纲要和全国造林同沙漠作斗争的战略规划。8 年期间，尽管经历了内战和非洲少有的大旱灾，但由于政府重视经济的恢复和发展，并采取了一些行之有效的措施，因而也取得了一定的效益。1988～1989 年，粟子、高粱的产量创历史新高，4 年产量达15.85 万吨。棉花产量，也是全撒哈拉以南非洲各国之冠。在牲畜的发展方面，其情况也较好。工业方面，糖产量和发电量均达到历史最高水平。

代比执政后，20 世纪 90 年代初，实行公私经济并存的混合经济，执行财政紧缩政策，并在国际货币基金组织和世界银行的资助下，实行经济结构调整计划，发展公、私营并存的混合经济，侧重鼓励发展中、小企业，重点整顿棉花公司、保险公司、纺织公司等，实行私有化。1997 年 4 月，又召开了水利公司私有化磋商会议。代比在首次总统选举中获胜当选，就任总统后，制定了增收节支，加快资源开发，吸取外资，整顿海关，打击走私，保证税收等政策。在努力恢复和发展经济的同时，积极争取国际援助，鼓励外国投资。乍得经济结构调整进一步见成效。

第二节　农林牧渔业

乍得经济以农、牧业为主。农、牧业产值占国内生产总值 40% 以上。长期以来是乍得国民经济的支柱产业。农村人口占全国人口的 80% 左右。乍得湖东南约 40 万平方公里的南部地区适宜于发展农业。全国可耕地面积有 5200 万公顷，已耕地面积为 700 万公顷。农业发展还有相当的潜力。乍得湖平原和南部地区是主要农业区。主要粮食作物有高粱、玉米和粟子，还有少量稻谷和小麦等。由于旱、蝗、水灾、战乱和单一经济的格局，粮食时有歉收。主要经济作物为棉花，全国约有 100

万人口从事棉花种植，约占全国总人口的 1/8 强。1999 年籽棉产量约 186 万吨。全国有 100 万人口以放牧为生，正常年景肉类自给有余，还可供出口。其他经济作物还有烟草、花生、芝麻、甘蔗和阿拉伯树胶等。

一　农业

农业发展指导思想和战略目标：乍得独立后，曾制订了发展纲要、五年计划和十年计划，均因战乱、旱灾等多种因素未能执行。1982 年哈布雷执政后，重视恢复和发展农业，把农业发展放在国民经济中的优先地位，采取积极措施发展农牧业，调动农牧民的生产热情，提高农产品收购价，降低农具和农药的售价，植树造林，保护农田牧场，加强牧区的防疫工作。同时政府鼓励外国对农牧业投资，规定向农业投资的外国经营者提供优惠条件。当局还通过各种渠道努力争取各国和国际组织的援助。1985 年，政府制订了实现粮食自给为目标的农业发展纲要和全国造林植树同沙漠作斗争的发展规划。

在 20 世纪 80 年代中期，乍得又确立了农业发展思想和目标，制订了经济发展规划。1988 年，乍得与利比亚停火，又制订了重建北方博尔库－恩内迪－提贝斯提省的规划，合理利用农牧业和矿产资源，修筑公路，整顿海关，打击走私，保证税收，压缩行政开支，控制银行贷款，加强对投资计划的宏观管理，增收节支，取消战争捐税，乍得经济开始进入恢复时期，至 1989 年，农业基本恢复到战前水平。

乍得农牧地区通常分为以下三个区域。

（1）北部撒哈拉沙漠地区　该地区由巨大的提贝斯提高原和一望无际的沙丘组成。在沙漠地带，气候十分干燥炎热，稀疏的灌木林遍野，很少有其他动植物。

（2）中部萨赫勒区　该区主要由乍得湖以东辽阔的草原组

成。年降水量 250~500 毫米。植物在雨季生长旺盛，旱季易枯萎，草原上栖息着羚羊、大象、长颈鹿等食草动物，也有狮、豹等食肉动物。同时，该地区是乍得的主要牧区，也种植谷物、花生、棉花等。

（3）南部苏丹区 年降水量 500 毫米以上，东部多沼泽，西部盛产棉花。该地区是乍得最重要的农业区，也是政治、经济中心。畜牧业较发达，还种植粟类（包括粟子等）、高粱、稻谷、玉米、花生等作物。

（一）粮食

早在法国入侵前，乍得巴吉尔米人的精耕细作闻名于非洲，农业耕作技术已相当发达。乍得西南部土地肥沃，出产多种多样的农产品。法国入侵后，强迫乍得农民种植和发展棉花生产，乍得农业的正常发展遭到严重摧残。粮食生产长期处于衰退状态，乍得每年不得不花费大量外汇进口粮食，维持国内最低限度的粮食需要。

独立后，乍得的粮食作物在每年雨季前播种，雨季结束时，播种完毕。一年一熟，正常年景如能产粮食 85 万吨，就可以自给。1961 年粮食总产为 75 万余吨，此后直到 1990 年的 30 年间，除 1963 和 1988 年粮食年产分别达到 95 万吨和 80 余万吨外，其他年份均未超 75 万吨的水平。总体上讲，乍得粮食生产处于停滞不前甚至倒退的状态。20 世纪 80 年代上半期，特别是 1983 年和 1984 年大旱，乍得连年缺粮，需要进口粮食和外国粮援。如 1983 年和 1984 年全国缺粮分别为 13.8 万吨和 16 万吨，国际社会分别提供粮援 5.5 万吨和 12 万余吨。

乍得独立后的 1963 年，其粮食总产量为 95 万吨，是独立后前 30 年的最高产量。此后粮食总产量不断下滑，其主要原因：客观上是由于法国殖民统治者长期推行单一经济的影响难以摆脱和严重的自然灾害；主观上是由于不断内乱破坏生产、机械化程度极低、缺乏比较正确的经济政策。独立后的前 30 年，其粮食产量如表 4 - 1 所示。

表 4 - 1　1961 ~ 1990 年乍得的粮食总产量表

单位：吨

年　份	1961	1962	◎1963	1964	1965	1966	1967	1968	1969	1970
粮食总产量	755600	695100	350000	770100	664000	703855	725205	721400	715350	676354
年　份	1971	1972	1973	1974	1975	1976	1977	1978	1979	1980
粮食总产量	663885	485010	468000	593830	590950	590000	619500	640700	549700	572800
年　份	1981	1982	1983	1984	1985	1986	1987	◎1988	1989	1990
粮食总产量	401400	392900	449729	354966	704919	634644	548556	808086	616841	601390

资料来源：本书农林牧渔全部资料，均选自 2006 年 1 月 24 日联合国粮农统计数据库（FAOSTAT）数据；为引起读者关注，对表中少数低产和高产年份特标◎符号，下同。

　　表 4 - 1 表明，1963 年，乍得粮食总产量仅 35 万吨，是独立后前 30 年的最低产量。自 1985 年开始有起伏地回升，1984 年产量仅为 35 万余吨，1985 年上升到 70 余万吨，1988 年创独立后 30 年历史最高纪录，第一次达到 80 余万吨的好收成。

　　1991 年，乍得粮食生产进入了一个较良好的持续发展期。从 1991 年至 2000 年，10 年间粮食产量，绝大多数年份的年产在 90 万吨以上。1991 年产量超过 80 万吨，10 年间有 4 年超过 90 万吨，其中有 3 年产量为百万吨以上，详见表 4 - 2。

　　特别值得注意的是进入 21 世纪后，从 2001 ~ 2005 年年均产量在 120 万吨以上，2001 年年产量为 132 万多吨，2003 年年产量创历史最高纪录，达到 161 万多吨。

　　21 世纪头 5 年谷物总产量（不包括木薯）如表 4 - 3 所示。

表 4 – 2　1991～2000 年乍得粮食总产量表

单位：吨

年　　份	◎1991	1992	1993	◎1994	1995
粮食总产量	812000	976310	617078	1174869	907316
年　　份	1996	1997	◎1998	◎1999	2000
粮食总产量	877738	985833	1312151	1230798	930038

表 4 – 3　2001～2005 年乍得谷物总产量表

单位：吨

年　　份	2001	2002	◎2003	2004	2005
谷物总产量	1321294	1212390	1618139	1212904	1212904

　　乍得的农业多为个体经营，除稻谷外，主要粮食作物是粟子、高粱、玉米、稻谷、小麦等。粟子和高粱是绝大多数乍得人特别是东南部地区人民的主要粮食作物。在半沙漠地区也种粟子。乍得全国各地差不多每个村子的周围都种植玉米，玉米也是乍得湖地区居民的主食之一。木薯和薯蓣是乍得居民最主要的传统食物之一，它耐旱，种植后容易生长，在南方地区木薯的面积逐渐有所扩大。

　　1. 稻谷

　　为了解决城市居民、机关和军队的需要，乍得在第二次世界大战时才开始种植稻谷。主要产区在洛果河河谷一带，产量完全因河水的泛滥情况而定。独立前后，乍得是前法属赤道非洲 4 国中最大的稻谷生产区，但产量不多，年产仅两三万吨。独立后，尽管时有战乱或自然灾害，但是乍得政府还是努力为发展农业作了一些努力。在邦戈尔设立了两个稻谷区，不断扩大播种面积，并引进新品种和新技术等。1961～1962 年，年产量仅 2.3 万吨，从1963～1970年的8年间，比独立初的前两年年平均增产50%左右，详见表4－4。

表4－4　1961～1970年乍得稻谷产量表

单位：吨

年　份	◎1961	◎1962	1963	1964	1965	1966	1967	1968	1969	1970
稻谷产量	23000	23500	34000	38000	25000	36955	32305	35000	36650	39454

进入20世纪70年代，乍得稻谷的产量有起伏地上了一个台阶，其中，有5年超过4万余吨。1971年稻谷产量猛增至5.1万余吨，1976年也达到5万吨，详见表4－5。

表4－5　1971～1980年乍得稻谷产量表

单位：吨

年　份	◎1971	1972	1973	1974	1975	◎1976	1977	1978	1979	1980
稻谷产量	51185	40000	42000	36630	38950	50000	20000	20700	25700	46800

20世纪80年代，非洲发生大旱灾，乍得稻谷产量，从1981年的4.38万吨逐步下滑到1985年的7824吨。1988年、1989年、1990年连续3年的稻谷产量上了新台阶，产量分别为7.38万余吨、10.5万余吨和6.6万余吨（详见表4－6）。乍得种植稻谷面积从60公顷扩大到405公顷，并获丰收。乍得总统代比为此两次赴邦戈尔视察，还接见支援乍得的中国农业专家，称其专家们"是乍得的功臣"。

表4－6　1981～1990年乍得稻谷产量表

单位：吨

年　份	◎1981	1982	1983	1984	◎1985	1986	1987	◎1988	◎1989	◎1990
稻谷产量	43800	23300	18029	12374	7824	14880	19497	73863	105974	66027

从 1988 年起至 2005 年的 18 年间，有 14 年稻谷年产超过 9
万吨，其中，有 9 年在 10 万吨以上，1999 年达 13.8 万余吨，创
历史最高纪录，乍得的稻谷产量基本上处于稳产高产阶段。比独
立初增长 4~6 倍，详见表 4-6、表 4-7、表 4-8。

表 4-7 1991~2000 年乍得稻谷产量表

单位：吨

年 份	1991	1992	1993	1994	1995	1996	1997	1998	◎1999	2000
稻谷产量	117725	108211	23104	90548	78978	97728	112288	120666	138282	92624

近年来，乍得拟定了一个大规模的稻谷发展计划，建立一个
以邦戈尔为中心的稻谷生产基地、引进新技术、新品种和新设
备，进行现代化大规模生产，争取实现稻田种植达到 25 万公顷，
产量除自给外，还可略有出口。

21 世纪头五年，稻谷的产量如表 4-8 所示。

表 4-8 2001~2005 年乍得稻谷产量表

单位：吨

年 份	2001	◎2002	2003	2004	2005
稻谷产量	112167	134880	126024	91083	91083

2. 高粱

高粱是乍得居民的主要传统粮食作物，产地主要集中在洛
贡河和沙里河中下游一带。在乍得湖地带，农民为了确保收成
和较合理地安排劳力，他们实行一种类似地区退洪耕作的高粱
种植方式。先将高粱播种于苗床内，俟雨季即将结束，湖水退
缩时移栽，并适当引水灌溉，到旱季中期收获。高粱产量因气
候变化而异，起伏较大。从 1961~1984 年的 20 余年中，其产

量呈下滑趋势，由 1961 年的 39 万余吨逐年减至 19 万余吨，1985 年一度恢复到 30 余万吨。之后的 6 年，产量维持在 20 余万吨。自 1992 年后，除 1993 年、1996 年和 2000 年外，每年产量均超过 40 万吨，其中 1998 年和 2003 年在 50 万吨以上，2003年产量创历史最高纪录，56 万余吨。近 10 年的高粱产量如表4 - 9 所示。

表 4 - 9　1996 ~ 2005 年乍得高粱产量表

单位：吨

年　　份	1996	1997	◎1998	1999	2000	2001	2002	◎2003	2004	2005
高粱产量	352517	426592	513930	456634	391714	497227	480686	564717	449427	449427

　　资料来源：据联合国粮农组织数据库 2006 年 1 月 24 日统计资料整理。

3. 粟子

　　粟子也是乍得人民的主要统传粮食作物之一，主要产区在乍得湖沿岸平原和东南部萨拉马特河流域。从 1961 ~ 1987 年的 20多年间，其年产量由 31 万余吨，减至 20 余万吨左右，呈现有起伏的下滑状态。1987 年到现在，一般年产约为 20 万 ~ 30 万吨之间，1988 年超过 35 万吨，从 1989 ~ 2000 年的 12 年间，只有1994 年、1998 年和 1999 年三年产量超过 30 万吨，多数年份为20 万吨左右。进入 21 世纪的头 5 年，粟子的生产形势有所好转，2003 年的产量创历史最高水平，达到 51.6 万余吨。近五年粟子产量如表 4 - 10 所示。

表 4 - 10　2001 ~ 2005 年乍得粟子产量表

单位：吨

年　　份	2001	2002	◎2003	2004	2005
粟子产量	397608	357425	516341	297529	297529

4. 小麦

非洲小麦的主产区在北非的埃及、摩洛哥、阿尔及利亚等国，还有南非。撒哈拉以南许多非洲国家，由于气候和土壤条件等因素不利小麦生长，故不产或很少生产小麦。但随着经济的发展变化，城市人口不断增加，群众生活要求的提高，对传统食品需求减少，而要求吃细粮和面包的居民人数不断增多，撒哈拉以南非洲不产或少量生产小麦的国家较多，约有 20 余国，进口小麦的态势必将长期保持下去。

乍得产小麦数量有限。独立初，1961 年产量仅 1500 吨，以后产量逐步增加，1967 年增至 8000 吨的好成绩，年均产量为 3710 吨。1983 年是乍得独立以来最高的年产量，也只有 1 万吨。但由于乍得人更习惯食用传统食物，因此每年进口小麦也有限。50 年来，有 21 年未进口小麦。20 世纪 60 年代，年均进口小麦为 1415 吨，70 年代，年均进口 1633 吨，80 年代主要因非洲大旱，年均进口量猛增至 7457 吨。以后 20 年进口小麦逐渐下降，分别年均为 106 吨和 50 吨。详见表 4 – 11、表 4 – 12、表 4 – 13。

表 4 – 11　1961～1970 年乍得小麦产量表

单位：吨

年　　份	◎1961	1962	1963	1964	1965	1966	◎1967	1968	1969	1970
小麦产量	1500	1400	2700	2700	3500	5200	8000	5500	7700	6900

20 世纪 70 年代，小麦产量年平均为 6000 余吨，产量相对平稳，1972 年的产量是 70 年代最高的年产量，为 8210 吨，详见表 4 – 12。

20 世纪 80 年代，年均产量 3300 余吨。产量出现大起大伏，1983 年小麦达到 1 万吨，创历史最高纪录，而 1986 年降至 640 吨，1989 年降至 450 吨，成为独立以来最低的产量，详见表 4 – 13。

表 4 – 12   1971 ~ 1980 年乍得小麦产量表

单位：吨

年　　份	1971	◎1972	1973	1974	1975	1976	1977	1978	1979	1980
小麦产量	6500	8210	7000	7200	5000	6000	4000	5000	6000	6000

表 4 – 13   1981 ~ 1990 年乍得小麦产量表

单位：吨

年　　份	1981	1982	◎1983	1984	1985	◎1986	1987	1988	◎1989	1990
小麦产量	5600	4900	10000	1248	5300	640	1071	2450	450	2100

20 世纪 90 年代，年均产量为 3067 余吨。产量较为平稳，粮食进口量大幅度减少，从 80 年代的 3300 余吨下降至 3060 余吨，详见表 4 – 14。进入 21 世纪，其头 3 年的年产量为 2800 ~ 4000 吨，详见表 4 – 15。

表 4 – 14   1991 ~ 2000 年乍得小麦产量表

单位：吨

年　　份	1991	1992	1993	1994	1995	1996	1997	1998	1999	2000
小麦产量	3421	2400	2006	2932	2642	2650	3600	4749	3585	2688

表 4 – 15   2001 ~ 2005 年乍得小麦前 3 年产量表

单位：吨

年　　份	2001	2002	2003	2004	2005
小麦产量	2800	4000	2890	—	—

5. 玉米

乍得的玉米产量，每 10 年均出现有起伏的不断上升之势。

20 世纪 60 年代，即 1961 ~ 1962 年年均产量为 9000 吨，1968 ~ 1970 年，每年年均产量为 1.2 万吨，1967 年产量达 3 万吨，详见表 4 – 16。

表 4 – 16　1961 ~ 1972 年乍得玉米产量表

单位：吨

年　　份	1961	1962	1963	1964	1965	1966	◎1967	1968	1969	1970	1971	1972
玉米产量	9000	9000	10000	12000	14000	23900	30000	12000	12000	12000	13000	13500

　　20 世纪 70 年代，头两年玉米年均产量为 1.3 万吨，后两年（1973 ~ 1974）降至 1.1 万吨，1975 ~ 1976 年，年产分别增产为 1.5 万吨和 1.6 吨。1979 ~ 1980 年，分别进一步提高为 2 万吨和 2.5 万吨，详见表 4 – 17。

表 4 – 17　1973 ~ 1982 年乍得玉米产量表

单位：吨

年　　份	1973	1974	1975	1976	1977	1978	1979	1980	◎1981	◎1982
玉米产量	11000	11500	15000	16000	9500	15000	20000	25000	35000	29700

　　进入 80 年代，1981 和 1982 年，其产量分别增至 3.5 万吨和 2.97 万吨，1984 年为 1.75 万余吨，1985 年回升至 3.51 万吨，1989 年和 1990 年，分别为 1.91 万吨和 2.88 万吨，详见表 4 – 18。

表 4 – 18　1983 ~ 1993 年乍得玉米产量表

单位：吨

年　　份	1983	1984	1985	1986	1987	1988	1989	1990	◎1991	◎1992	1993
玉米产量	28740	17576	35147	25293	18661	33871	19171	28823	47775	87424	61076

1991 年和 1992 年，玉米产量分别猛增至 4.77 万吨和 8.74 万吨，1994 年和 1998 年，其产量创历史最高纪录，分别达到 15.88 万吨和 17.99 万吨，1999 年和 2000 年产量又有所下降。90 年代的 10 年，可以说是乍得玉米高产年，年均产量达 9.29 万吨，详见表 4 - 19。

表 4 - 19　1994 ~ 2000 年乍得玉米产量表

单位：吨

年　　份	◎1994	1995	1996	1997	◎1998	1999	2000
玉米产量	158896	62537	74631	99141	179999	94151	64014

21 世纪的前 5 年，玉米的产量相对稳定，年均产量约为 10.45 万吨，详见表 4 - 20。

表 4 - 20　2001 ~ 2005 年乍得玉米产量表

单位：吨

年　　份	2001	2002	2003	2004	2005
玉米产量	105295	84349	117978	107422	107422

6. 木薯和薯蓣

木薯和薯蓣是乍得又一主要传统食物，是广大农村居民的主食之一。在乍得食物结构中居第二位。这种根块作物的生产条件是：有较强的耐旱性，能在劳力和生产资料投入很少的贫瘠土地上获得一定的收成。

（1）木薯产量　乍得独立后的前 30 年，木薯产量有起伏地节节上升。1961 年年产量仅 3 万吨，1965 年比 1961 年产量翻了一番，达到 6.5 万吨。1970 年又翻一番达到 14 万吨。10 年共产 77.5 万吨，年均产量为 7.75 万吨，详见表 4 - 21。

木薯产量成倍增长的主要原因，是木薯的种植面积大幅度地扩大。如 1961 年木薯种植面积为 8000 公顷，60 年代种植面积逐年增加，到 1970 年增至 4.4 万公顷，10 年中乍得木薯种植面积增长 5 倍。

表 4 – 21　1961 ~ 1970 年乍得木薯产量表

单位：吨

年　份	1961	1962	1963	1964	1965	1966	1967	1968	1969	1970
木薯产量	30000	40000	47000	58000	65000	70000	90000	110000	125000	140000

20 世纪 70 年代，乍得木薯产量又缓步逐渐上升，1971 年总产量为 14.4 万吨，1975 年增至 16 万吨，1980 年增产至 21 万吨，比 1971 年增产 45.8%。10 年共产 152 万余吨，比 60 年代增长近两倍。年均产量为 15.2 万余吨，详见表 4 – 22。

表 4 – 22　1971 ~ 1980 年乍得木薯产量表

单位：吨

年　　份	1971	1972	1973	1974	1975	1976	1977	1978	1979	◎1980
木薯产量	144000	145000	136000	140000	160000	163000	170000	175000	180000	210000

20 世纪 80 年代，尽管非洲出现大旱灾，但木薯产量更上一层楼，1981 年产 22.5 万余吨，1985 年上升为了 36 万余吨，后 5 年保持在 30 万余吨以上。10 年的总产和年均产量都超过 70 年代，分别是 306 万余吨和 30.6 万余吨。而且 1985 年的产量达到历史最高纪录。增产的主要原因：一是由于这种根块作物耐旱性相当强；二是 80 年代乍得木薯种植面积扩大了，从 1971 年的1.6 万公顷，扩大到 2.1 万 ~ 2.5 万公顷之间。从 1991 ~ 2005 年的 15 年间，基本维持在 2.4 万公顷左右，未出现大幅度调整，详见表 4 – 23。

表4-23 1981~1990年乍得木薯产量表

单位：吨

年 份	1981	1982	1983	1984	◎1985	1986	1987	1988	1989	1990
木薯产量	225000	260000	290000	320000	360000	300000	305000	350000	300000	350000

至20世纪90年代，木薯产量有所下降，1992~1994年降至年均产量十余万吨，10年中有9年产量均在30万吨以下，总产量为281万吨，年均约28万余吨，最高的年产量是1999年为32万余吨，详见表4-24。

表4-24 1991~2000年乍得木薯产量表

单位：吨

年 份	1991	1992	1993	1994	1995	1996	1997	1998	◎1999	2000
木薯产量	270000	195496	190242	184900	267739	274165	281000	291700	323200	256270

进入21世纪的头5年，产量又有所回升，5年总产量为160万余吨，年均为32万余吨。每年产量保持在30万吨以上的水平。2001~2005年，木薯产量如表4-25所示。

表4-25 2001~2005年乍得木薯产量表

单位：吨

年 份	2001	2002	2003	2004	2005
木薯产量	305956	322000	325000	325000	325000

（2）木薯种植面积 60年代木薯种植面积逐年增加，1961年其种植面积为8000公顷，1970年增至4.4万公顷，10年乍得木薯种植面积增长5倍多，详见表4-26。

表 4 - 26　1961～1970 年乍得木薯种植面积表

单位：公顷

年　份	1961	1962	1963	1964	1965	1966	1967	1968	1969	1970
木薯种植面积	8000	10000	12000	15000	18000	22000	28000	35000	40000	44000

20 世纪 70 年代初，种植面积大幅度下滑，从 1970 年的 4 万多公顷滑到 1971 年 1.6 万公顷，最大的种植面积也仅有两万公顷。80 年代种植面积略大于 70 年代，约在 2.1 万～2.5 万公顷之间。从 1991～2005 年的 15 年间，基本维持在 2.4 万公顷左右，未出现大幅度调整。21 世纪的头 5 年，其木薯的种植面积如表4 - 27 所示。

表 4 - 27　2001～2005 年乍得木薯种植面积表

单位：公顷

年　份	2001	2002	2003	2004	2005
木薯种植面积	24000	24000	24000	24000	24000

（3）薯蓣　60 年代，1961 年产量为 11 万吨，以后逐年有所增长，1970 年上升到 12 万吨。70 年代和 80 年代产量一直缓步上升，1980 年为 16.5 万吨。80 年代，从 1981 年的 17.5 万吨增长到 1990 年的 24 万吨。自 1991～2005 年的 15 年间，其产量比较平稳，保持在 23 万～24 万吨左右。

乍得独立后的前 30 年，其产量有起伏地增长，但后 15 年产量也无大的增减（详见表 4 - 28）。其原因最主要的也是与种植的面积不断扩大和停止扩大紧密相关。例如，乍得独立后的前 30 年，薯蓣面积节节缓步上升，1961 年种植面积为 1.45 万公顷，1970 年增加为 1.6 万公顷，70 年代从 1.6 万公顷进一步增

为两万公顷。80 年代非洲发生大旱，种植面积再进一步由 2.1
万公顷扩大到 2.5 万公顷。从 1991 ~ 2005 年的 15 年间，种植面
积一直维持在 2.4 万 ~ 2.5 万公顷之间。

表 4 - 28 1961 ~ 1990 年乍得薯蓣产量表

单位：吨

年　份	1961	1962	1963	1964	1965	1966	1967	1968	1969	1970
薯蓣产量	110000	112000	114000	115000	116000	117000	118000	119000	120000	120000
年　份	1971	1972	1973	1974	1975	1976	1977	1978	1979	1980
薯蓣产量	121000	123000	116000	115000	130000	135000	140000	145000	150000	165000
年　份	1981	1982	1983	1984	1985	1986	1987	1988	1989	1990
薯蓣产量	175000	190000	195000	200000	230000	200000	200000	230000	210000	240000

20 世纪 90 年代至 21 世纪前 5 年，15 年间，除 1993 年外，
薯蓣产量多徘徊在 23 万 ~ 24 万吨之间，详见表 4 - 29。

表 4 - 29 1991 ~ 2005 年乍得薯蓣产量表

单位：吨

年　份	1991	1992	1993	1994	1995	1996	1997	1998
薯蓣产量	240000	230000	210000	240000	240000	240000	240000	240000
年　份	1999	2000	2001	2002	2003	2004	2005	
薯蓣产量	230000	230000	230000	230000	230000	230000	230000	

（4）薯蓣种植面积　乍得独立后的前 30 年，薯蓣种植面积
缓步扩大，1961 年种植面积为 1.45 万公顷，至 1970 年增加到
1.6 万公顷，详见表 4 - 30。

20 世纪 70 年代，其薯蓣种植面积从 1971 年的 1.6 万公顷，每
年约扩大 1000 公顷左右，到 1980 年增至两万公顷，详见表 4 - 31。

表 4 – 30   1961 ~ 1970 年乍得薯蓣种植面积表

单位：公顷

年　份	1961	1962	1963	1964	1965	1966	1967	1968	1969	1970
薯蓣种植面积	14500	14500	14700	14700	15000	15000	15700	15800	16000	16000

表 4 – 31   1971 ~ 1980 年乍得薯蓣种植面积表

单位：公顷

年　份	1971	1972	1973	1974	1975	1976	1977	1978	1979	1980
薯蓣种植面积	16000	16200	15500	15500	17000	17500	18000	18500	19000	20000

　　20 世纪 80 年代非洲发生大旱，种植面积再进一步由 2.1 万公顷扩大到 2.5 万公顷。从 1991 ~ 2005 年的 15 年间，种植面积一直维持在 2.3 万 ~ 2.5 万公顷之间，详见表 4 – 32。

表 4 – 32   1981 ~ 2005 年乍得薯蓣种植面积表

单位：公顷

年　份	1981	1982	1983	1984	1985	1986	1987	1988	1989
薯蓣种植面积	21000	22000	23000	22000	25000	22000	22000	25000	23000
年　份	1990	1991	1992	1993	1994	1995	1996	1997	1998
薯蓣种植面积	25000	25000	25000	23000	25000	25000	25000	25000	25000
年　份	1999	2000	2001	2002	2003	2004	2005		
薯蓣种植面积	24000	24000	24000	24000	24000	24000	24000		

　　（5）薯蓣单产的变化　基本和种植面积的变化同步。从 1961 ~ 1979 年的 19 年中，其单产每公顷未超过 8000 公斤。1980 年才达到 8250 公斤。从 1984 年开始，薯蓣单产又上了一个新台阶，超过 9000 公斤，自 1984 年截至 2005 年，其单产一直保持在 9500 公斤左右。

（6）农业机械化问题　独立以来，乍得的农业机械化虽然有所发展，但是农业机械化程度十分低，成为乍得农业发展缓慢的重要原因之一。20 世纪 60 年代，发展还相对较快，1961 年全国有农用拖拉机 18 台、收割 – 脱粒机 1 台。1970 年，这两种机器分别增至 90 台和 8 台。70 年代的 10 年间，分别从 110 台和 10 台增为 160 台和 17 台。而进入 80 年代，从 1981～1990 年的 10 年间，拖拉机和收割 – 脱粒机仅分别增加 5 台和 1 台。90 年代，前者从 1991 年的 165 台增为 2000 年的 175 台，同期，后者则由 18 台减为 17 台。21 世纪前 3 年无增加，农业停滞不前。

（二）经济作物

乍得的主要经济作物有棉花和花生。

1. 棉花

乍得有长绒棉和短绒棉两种，其中短绒棉种植历史相当长，尼日利亚北部、多哥北部、布基纳法索、中非共和国和乍得是短绒棉的传统中心，主要用于织成土布就地消费。商品性的长绒棉种植始于 19 世纪后半叶和 20 世纪初，主要产地在洛贡河流域、美伊奥 – 凯比、中沙立、萨拉马等地。棉花种植区已逐渐向东部发展。独立前，法国人为了他们的需要，强制乍得南部最肥沃的土地种植棉花，当时全国约有 45 万农民种棉，1957 年产棉 6.4 万吨，棉花生产全过程完全受法国赤道非洲棉花公司控制。独立后，乍得政府与法国 – 乍得棉花公司（societe Cotonniere Franco-Tchadianne）签订了新合同，规定该公司有权收购、加工、销售。由于 20 世纪 60 年代世界棉花市场价格下跌，乍得棉花产量一度下降。1961 年籽棉产量为 4.67 万吨。乍得政府采取了各项增产措施，扩大棉田播种面积，1962 年籽棉产量增长 1 倍，达到 9.4 万余吨，1963 年突破 10 万吨，上升到 10.5 万吨。1968 年产量提高到 14.8 万吨，是 60 年代的最高产量。

20 世纪 70 年代，除 1970 和 1979 年外，籽棉年均产量基本

上保持在 10 万吨以上。1975 年产量达 17 万余吨，创建国 15 年
来最好成绩，又再上了一个新台阶。乍得成为仅次于埃及、苏丹
的非洲第三产棉国。此后，乍得棉产量基本上不断提高。1981
年下降到 7.1 万余吨。1989 年猛升到 15 万余吨。1991 年产量上
升达 17.4 万余吨，1996 年和 1997 年，其产量分别为 21.3 万余
吨和 26.3 万余吨，创历史最高水平，是法国统治时期 1957 年年
产量的 3 倍，详见表4 – 33。

表 4 – 33　　1961 ~ 2005 年乍得籽棉产量表

单位：吨

年　　份	1961	1962	1963	1964	1965	1966	1967	◎1968	1969
籽棉产量	46763	94459	104901	99106	86827	122699	101623	148496	116748
年　　份	◎1970	1971	1972	1973	1974	◎1975	1976	1977	1978
籽棉产量	94684	108482	104037	114394	143640	174062	147382	125279	136856
年　　份	1979	1980	1981	1982	1983	1984	1985	1986	1987
籽棉产量	91297	85621	71391	102118	158492	98416	99460	89400	127600
年　　份	1988	◎1989	1990	1991	1992	1993	1994	1995	◎1996
籽棉产量	137458	150886	160000	174482	125268	97200	156746	157483	213034
年　　份	◎1997	1998	◎1999	2000	2001	2002	2003	2004	2005
籽棉产量	263476	161645	186300	180000	200000	200000	140000	233000	233000

2. 花生

主要产区在乍得西南部地区沙里河上游，并逐步向东部的瓦
达伊地区发展。乍得的大片植棉区的自然条件也适合于花生的种
植，甚至用没选择过的种子，播种在地里，也能每公顷收获
1600 公斤含油率高、含酸少的花生。1958 年，花生产量为 13.5
万吨，独立后的 1964 年的产量为 14 万吨。以后的花生产量也是
有起有伏地不断上升的趋向，详见表 4 –34。

291

表 4 – 34   1961～1978 年乍得花生产量表

单位：吨

年　　份	1961	1962	1963	1964	1965	1966	1967	1968	1969
带壳花生	130000	140000	119100	140000	150000	92000	88000	110000	115000
年　　份	1970	1971	1972	1973	1974	1975	1976	1977	1978
带壳花生	96300	75000	70000	78500	90000	82300	80000	95000	87600
年　　份	1979	1980	1981	1982	1983	1984	1985	1986	1987
带壳花生	93800	98600	86100	73000	77700	79053	111506	104250	92739
年　　份	1988	1989	◎1990	◎1991	1992	1993	1994	1995	◎1996
带壳花生	99273	151741	108423	230417	223764	190000	207212	292581	304989
年　　份	1997	1998	1999	2000	2001	2002	2003	2004	◎2005
带壳花生	352462	471150	371852	358791	448089	450000	450000	450000	450000

从表 4 – 34 可见，1969 年乍得花生产量为 11.5 万吨，1989 年升为 15 万余吨，1990 年降为 10.80 万余吨，1991 年猛升至 23.04 万余吨，创历史新高。从 1995 年开始其产量不断攀升，1995 年为 29 万余吨，1996 年上了年产 30 万余吨的新台阶，此后 10 年，直到 2005 年，其产量达到新高度，进入 21 世纪的头 5 年，其年均产量进一步达到 45 万吨，是法国殖民统治时期年产量的 3 倍多。

二　林业

　　乍得的林区在东部边境的阿比尔廷高原，林业规模不大，森林和林地约 1650 万公顷，主要是阿拉伯树胶林，有专人经营管理的种植园，年产树胶数百吨不等，往往因旱灾减产，最高可达千吨。产品主要供出口，是非洲第二阿拉伯树胶生产和出口国。

　　乍得还生产工业用圆木，其产量节节上升：20 世纪 60 年代工业用圆木的产量从 1961 年的 31.2 万立方米增至 1970 年的

36.5 万立方米；70 年代，1971 年的产量为 37.2 万立方米，中期 1975 年突破 40 万立方米达到 40.7 万立方米，1980 年升为 45 万立方米。继 80 年代产量上升至 50 余万立方米后，90 年代，10 年内产量连上两个台阶，1992 年产量超出 60 万立方米，1996 年进一步达到 70.5 万立方米。21 世纪前 4 年年产量平均为 76.1 万立方米。比独立初增产 1 倍多，即从 31.2 万立方米增为 76.1 万立方米，详见表 4－35。

表 4－35 乍得历年圆木产量表

单位：立方米

年　　份	1961	1962	1963	1964	1965	1966	1967	1968
工业用圆木	312000	317000	322000	328000	334000	340000	346000	352000
年　　份	1969	1970	1991	◎1992	1993	1994	1995	◎1996
工业用圆木	359000	365000	597000	619400	645000	666000	686000	705000
年　　份	1997	1998	1999	2000	◎2001	◎2002	◎2003	◎2004
工业用圆木	724000	742000	761000	761000	761000	761000	761000	761000

三　畜牧业

畜牧业在乍得国民经济中的重要地位仅次于农业，居第二位，是中部非洲地区主要畜产国之一。畜群的组成以牛和羊为主，其次还有骆驼、马、驴和猪等。由于缺水，每年有四五个月的时间，北部牧群向南移动，寻找水、草。由于这种移动，造成大批牲畜死亡，南方农民的庄稼每年也遭到迁移牧群的践踏，损失很大。20 世纪 60 年代初，乍得政府在北部牧区打了 350 口井，初步解决了这个问题。

　　乍得的主要牧区在乍得中部和东部，荆棘丛生的干旱草原，是良好的天然牧场。乍得境内有很多肥沃的牧场，牧区约占全国总面积的 1/3，有可牧地约 4500 万公顷。南方农业区出产猪和其他小牲畜。全国约有 100 万人从事畜牧业，游牧人口占现有总人口的 1/8。乍得每年有近 10 万头活牲口向邻近的中非、苏丹、喀麦隆和尼日利亚等国出口，其中以尼日利亚居首。此外，还向西非和赤道非洲的喀麦隆、中非共和国等国家出口鲜牛肉，除此还有马肉、绵羊肉和猪肉等。畜产品占出口总值的 25% 左右。

乍得畜牧业落后，在牧区至今还普遍采用游牧和半游牧的饲养方式，饲养牲畜完全仰赖天然草场，没有或几乎没有人工饲养方式的补充。最普遍的方式是定居放牧，每年大部分时间由一部分牧民驱赶着牲畜在天然草场、撂荒地、休闲地上饲养，只是在作物收获以后才让牲畜进入田地里采食残茬或少量补喂一些秸草。仅在城市郊区才有极少量的牲畜以舍饲为主的集约饲养方式。以粗放的饲养方式是导致乍得牲畜质量差、产品率低下的重要原因之一。正常年景，每年乍得各种牲畜总存栏数可达 1000 万头以上。2001 年牲畜存栏数为 1266 万余头。50 余年来，除驴的存栏数下降外，其他牲畜存栏总数，详见表 4-36。

表 4-36　乍得牲畜存栏总数表

单位：头

种类＼年份	1961	1971	1981	1991	◎2001	◎2005
牛	4130000	4500000	4461000	4400435	5992160	6540000
羊	2000000	2150000	2700000	2922955	5303536	5842500
马	150000	160000	170000	201496	255000	275000
骆驼	300000	450000	445000	565274	725000	740000
猪	5000	5700	9000	15250	22000	25000
驴	400000	365000	270000	238700	364120	388000
总计	6985000	7630700	8055000	8344110	12661816	13810500

55 年来，乍得的牛、羊、马、骆驼、猪和驴等 6 种牲畜总数逐步增长，1961 年，将近为 7 百万头，1971 年和 1981 年分别增至

763 万余头和 805 万余头，2005 年增至 1381 万余头。

从 1997 年起，羊和牛分别突破 400 万头和 500 万头大关，分别增为 482 万余头和 545 万余头；1998 年分别增为 493 万余头和 558 万余头；1999 年，羊和牛进一步分别超过 500 万头；2002 年，羊和牛分别达到 546 万余头和 612 万余头的好成果。自 1997 年开始，6 种牲畜存栏总数在 1200 万头左右，其中，牛和羊的存栏数超出 1000 万头，此后牛和羊的存栏总数逐年增加，2005 年创历史最高纪录，达到 1238 万余头。

在 1997~2005 年的 9 年中，乍得的牛、羊存栏总数，详见表 4-37。

表 4-37　1997~2005 年各年乍得牛羊存栏总数表

单位：头

年份 \ 种类	牛	羊	总　计
1997	5451262	4823550	10274812
1998	5581787	4939303	10521090
1999	5711730	5057846	10769576
2000	5851710	5179234	11030944
◎2001	5992160	5303536	11295696
2002	6128000	5462730	11590730
2003	6268000	5588310	11856310
2004	6400000	5716800	12116800
2005	6540000	5842600	12382600

四　渔业

乍得南部河湖水域面积较宽，渔业资源较丰富。有乍得湖、沙里河和洛贡河等三大捕鱼中心区。渔民主要是波陀马族和科托科族。专业渔民约 1 万人左右，季节渔民 3 万余人。乍得渔业生产的水平很低，多系传统的方法捕鱼，主要使用独木舟进行手工操作，渔具和捕捞方法简陋，通常只能在近岸处捕捞，很少超出 3 公里。捕捞方法，除使用各种网具外，还使用鱼钩钓鱼、筐篓捕鱼、渔叉叉鱼，还用植物药剂使鱼昏迷而捕之等。近些年，有的渔民正在推广使用尼龙挂鳃网或舷外马达推动的玻璃纤维船，并逐步用木板船代替独木舟。乍得渔业水平相当落后，每人平均的鱼获量为 8 公斤左右，远远低于世界 18 公斤的平均水平。

乍得渔业普遍缺乏专门的加工和冷冻设备。捕获的鱼，除新鲜鱼供渔民自身消费和在当地销售外，大部分鱼由妇女用简单的方法晒干，熏制成咸鱼，然后由鱼商收购，主要供国内消费，30% 出口，外汇收入居出口收入的第三位。

乍得独立初，1961 年捕获鱼的总量为 4.5 万吨，以后逐步增长，1970 年达 7 万吨。70 年代维持在 7 万吨左右，1977 年曾一度达 8 万吨。1980 年产量开始下滑，1987 年和 1990 年恢复到 7 万吨，详见表 4 - 38。

表 4 - 38　1961 ~ 1990 年乍得鱼产量表

单位：吨

年　份	1961	1962	1963	1964	1965	1966	1967	1968	1969	◎1970
鱼产量	45000	45000	45000	50000	55000	60000	60000	65000	65000	70000
年　份	1971	1972	1973	1974	1975	1976	◎1977	1978	1979	1980
鱼产量	70000	70000	70000	75000	75000	75000	80000	75000	70000	60000
年　份	1981	1982	1983	1984	1985	1986	◎1987	1988	1989	◎1990
鱼产量	55000	30000	40000	50000	55000	60000	70000	58000	64400	70000

从 1991 ~ 2001 年，渔业产量上了一个新台阶，年均鱼产量在 8.3 万余吨，1995 年创历史最高纪录，达 10 万吨。

表 4-39 1991~2001 年乍得鱼产量表

单位：吨

年　份	1991	1992	1993	1994	◎1995	1996
鱼产量	80000	87300	80000	90000	100000	85000

年　份	1997	1998	1999	2000	2001
鱼产量	60000	84000	84000	84000	84000

第三节　工矿业

得是法属赤道非洲国家中工业最落后的国家。

　　独立之初，仅有少数农产品加工厂。工业产值只占国内收入的3%。主要以棉花加工为主，全国24家棉花加工厂。这些工厂可以加工乍得出产的棉花，每年产量为3.6万~3.8万吨。法国赤道非洲棉花公司垄断了乍得的棉花加工工业。乍得这个产棉国没有一家纺织厂，国内所需棉织品全部从法国进口。赤道非洲棉花公司的附属苏尔特公司加工棉籽，每年生产棉籽油45万公升，还有一家肥皂厂，年产肥皂600吨。

　　独立后，乍得政府收购了一家屠宰厂，并在阿尚博堡又兴建一家屠宰厂。

　　1961年，生产棉籽油和花生油共755000吨，加工肉类7793吨，碾米280吨，产天然碱2457吨。1960~1962年，分别发电670万度、780万度和960万度。

　　1962年，两家国营肉类加工厂可年产鲜肉7000吨，每年空运到邻近非洲国家4000吨。每年向尼日利亚和德国出口40万张牲畜皮。此外，还兴建了三家碾米厂、花生油厂和奶制品厂。

　　20世纪60年代中期，外资在乍得建立了几家粗具规模的面粉厂、制糖厂、酿酒厂，还有法、德两国合资在阿尚博堡兴建了一家纺织厂、一家其他轻工业工厂。

70年代，法国垄断资本通过法国－乍得棉花公司控制了乍得25家轧棉厂，掌握了乍得棉花的生产、收购、加工和外贸。可以加工全部收获的棉花。

此外，还有食品加工、卷烟、屠宰、面包、面粉、制糖、啤酒等，小型农牧业产品加工工厂等，多为法国人所经营。1970年以来，在乍得湖南部和其东北部发现石油。

1980年3月，首都发生大规模武装冲突后，外资企业纷纷撤离，多数工厂关闭停工，只有南方的啤酒厂、糖厂和纺织厂等尚能维持生产。

80年代中期，1984年乍得的40家公司，内战后已有18家恢复了生产。但由于国际市场棉价下跌，棉花的生产和加工受到严重影响，全国棉花加工工厂26家，1987年仅有5家棉花加工厂开工。乍得主要工业产品产量，详见表4－40。

表4－40　1986～1988年主要工业产品产量

	1986	1987	1988
纺织品(万米)	1391.3	997.6	596.6
食用油(万公升)	712.0	977.0	1083.0
糖(吨)	25972.0	22117.0	26760.0
香烟(万包)	1126.8	992.1	1020.2
啤酒(万公升)	1175.0	1071.0	1090.0
肥皂(吨)	884.0	3535.0	3068.0
发电量(万度)	6360.0	6980.0	7540.0

资料来源：1983～1988年乍得计划和合作部经济统计资料。

1988年，工业产值为542.97亿非洲法郎，占国内生产总值17.6%，增长率为20.4%。1990年，工业产值为507亿非洲法郎，占国内生产总值的16.9%。1996年工业产值占国内生产总值的 17.7%，其中制造业产值占国内生产总值的 16.1%。1998 年工业产值占国内生产总值的 14.1%，其中制造业产值占国内生产总值的 12%。2001～2002 年，工业产值占国内生产总值的 15.4%。全国只有 7% 的劳动力从事工业生产。受电力不足和资金短缺的困扰，工业经营困难较多。电力供应不足，电价昂贵，首都仅 1% 的居民能够用电。

一 电力工业

19 45 年，一家美国电业公司在乍得建立的柴油发电厂开始发电。从 1951～1960 年，乍得的电力生产和供应，全部由外国资本经营的赤道电力公司所控制，装机容量为 1620 千瓦，年发电量为 670 万～770 万度。1968 年建立了本国资本的乍得电力公司，并扩建电站。1997 年装机容量为 22000 千瓦，发电量为 5900 万度。1985 年全国有两大发电厂，其中有一座燃油热电厂。全国有 6000 用户，其中首都占有 2/3。乍得的全国发电能力约为 9899 万千瓦。首都恩贾梅纳总发电量为 7200 万度。目前乍得电力生产基本可以满足本国需要。

二 石油

乍 得北部与利比亚毗邻，西部有尼日利亚，与两个非洲石油大国相近，西方大国一直关注乍得是否也蕴藏着大量石油。1970 年，美国大陆石油公司首先从乍得政府获得石油勘探许可证，经过周密考察，1974 年开始钻探。随后，美国的埃索公司和英荷壳牌等公司相继而至，勘探乍得的石油资源，发现了乍得北方卡涅姆省内、乍得湖北岸的塞迪基、南部东洛贡省首府多巴地区均有石油。已初步探明乍得不仅蕴藏石油，而且分布广，储量大。油脉从东洛贡省到南方的萨拉马特、西洛贡、凯比河、中沙里、坦吉莱省。

另外，北方的博尔古、恩内提、提贝斯提等省也均有石油。乍得至少蕴藏着两亿吨石油。目前有关外国石油公司继续进行勘探工作。据乍得政府高级官员透露，乍得石油蕴藏量可能超过非洲的加蓬，甚至与尼日利亚的储量相当。北方的塞迪基油田，蕴藏的石油量约为 1200 万吨，虽然储量有限，但其油质好，含蜡质少和黏度小，乍得政府打算将这里开采的石油供乍得国内使用。计划从油田铺设一条 360 公里的输油管道直到首都恩贾梅纳，在首都兴建一座日处理 3300 桶原油的小型炼油厂和以石油为燃料、发电能力为 1.2 万千瓦的发电厂。两厂建成后，乍得可以不用大量外汇进口石油，更重要的是将结束长期依赖石油进口的历史。乍得政府为实施这一重要工程，已筹集到了所需要的资金——750 亿非洲法郎。

乍得多巴（Doba）盆地由三个主要油田组成：巴拉博（Bolobo）、科海（Komé）和米昂杜（Miandoun）。一个由埃克森美孚公司为首的国际财团于 2001 年开始在多巴盆地测试钻井。2003 年 10 月，乍得首次产出石油。2004 年 12 月，乍得政府将新的油气勘探许可证授予乍得能源石油公司。这些许可证包括位于 Doba 盆地附近的 Chari-Ouest 盆地和位于乍得中、北部的盆地。三个大油田长 80～100 公里，宽 40～50 公里。该地区地质结构复杂，油层分布断断续续，且原油的含蜡量和黏度均较高。乍得政府决定将该地区所产原油全部用于出口。

美国的埃克森公司、法国的埃勒夫公司、英荷壳牌石油公司、喀麦隆和乍得五方组成联合开发公司，对多巴油田开发投资，原预计于 2001 年开始产油。但是，由于乍得无出海口，决定铺设一条从多巴地区横穿喀麦隆全境到西部沿海克里比小镇的输油管。全长 1200 公里，其中乍得境内部分为 200 公里，总造价为 2500 亿非洲法郎。沿途要建 4 个加压泵站，克里比港储油、装油设施工程，将成为中部非洲地区的最大建设项目，可为 1200～1850 人创造就业机会。西方国家曾应允投资 20 亿美元开发乍得石油。

乍得、喀麦隆和三家跨国公司，已决定共同开发乍得西南部多巴地区新发现的、藏量约两亿吨原油的最大油田。根据协定，乍得、喀麦隆、美国埃克森公司、英荷壳牌公司以及法埃勒夫公司组成联合开发公司，三家西方石油公司占总投资额的 80%，喀麦隆占 15%，乍得占 5%。

乍得与喀麦隆达成铺设输油管道协议，计划用 3 年时间，投资 9000 亿非洲法郎进行建设，于 21 世纪初竣工。届时，石油将会成为乍得的经济重要支柱产业。不仅喀麦隆将可获得一定经济效益，乍得将成为非洲又一个石油出口国，乍得的经济也会逐步有所改观。

1999 年和 2000 年，乍得经济增长仅 1%，2000 年石油运输管道开工，其经济增长率猛增至 9%。

乍得多巴油田和乍得至喀麦隆石油运输管道工程建设进展顺利。非洲最大的石油开发项目——乍得多巴油田和乍得－喀麦隆输油管道正式投产，并于 2003 年 10 月 10 日在乍得南部的科梅隆重举行投入使用仪式，这标志着乍得正式成为石油生产出口国。BP 公司于 2005 年 6 月份发布的《全球能源统计年鉴》的统计数据显示，乍得拥有探明石油储量 9 亿桶。2005 年乍得的石油产量大约为 24.9 万桶/天，预计石油产量为 990 万吨，超过喀麦隆的石油产量（480 万吨）。

据专家估计，乍得蕴藏的石油可以开采 25 年以上。

第四节　商业与服务业

服务行业占国内生产总值的百分比，自乍得独立以来经历了三次上升。第一次是 1965 年，从 1960 年的 36% 提高到 43%，之后下降至 1982 年的 29%；第二次是 1987 年、1989 年、1990 年分别为 39%、44% 和 53%，1990 年达到历史最

高纪录；第三次是 20 世纪 90 年代的前 5 年其比例下滑，从 1997
年至 21 世纪初创新高。2002 年，服务业产值占国内生产总值的
49%。全国 21% 的人口从事服务业，主要集中在交通运输业和
公共服务业领域。

从 1960 年以来，其服务业占国内生产总值（%）的发展变
化，详见表 4－41。

表 4－41　乍得服务业历年占国内生产总值的比例

年份	%	年份	%	年份	%
1960	36～37	1989	44	1995	35
1965	43	1990	53	1997	46
1970	35	1991	39	1998	46
1980	34	1992	35	1999	48
1982	29	1993	35	2002	49
1987	39	1994	35	2003	42

资料来源：1983～2001 年历年《世界银行发展报告》；2002 年的数据来自
2006～2007 年《世界知识年鉴》。

乍得服务行业年均经济增长率的起伏，并不与其他行业国内
生产总值的增长率完全同步。自 1960 年独立后的 22 年，服务行
业年均增长率处于低迷状态，1970～1982 年甚至为－5.5%；
1980～1990 年，年均增长率为 8.6%～9.9%，是其增长率最高
的 10 年；20 世纪 90 年代以后又大幅度下滑，详见表 4－42。

表 4－42　乍得服务业年平均经济增长率

单位：%

年　份	经济增长率	年　份	经济增长率	年　份	经济增长率
1965～1980	0.2	1980～1992	6.7	1990～1995	1.2
1980～1990	8.6～9.9	1980～1993	5.8	1990～1998	－0.5

资料来源：1983～2001 年历年《世界银行发展报告》；2002 年的数据来自
2006～2007 年《世界知识年鉴》。

第五节 交通与通讯

一 交通

乍得交通运输落后，是一个内陆国家，无铁路，但地处非洲中部，具有重要的战略性。

（一）公路

乍得主要靠公路运输。独立初，有公路 18800 公里。独立前这些公路主要为法国殖民者的军事和经济利益服务。从拉密堡（即今首都恩贾梅纳）到另一军事要地阿尚博堡的军事公路为 580 公里，在第二次世界大战中，改建为全天候的高级公路。乍得独立以来，新建公路 6200 公里，现在公路总长增至 25000 公里，其中沥青路 253 公里。乍得的对外交通依靠四条主要公路，干线全长约 10000 公里：

第一条由首都恩贾梅纳经刚果（布）的布拉柴维尔到黑角港；

第二条由恩贾梅纳经喀麦隆的雅温得到杜阿拉港；

第三条由恩贾梅纳经尼日利亚的恩古鲁，转火车抵拉各斯港，这是一条运送出口棉花为主的运输线；

第四条由瓦达伊牧区跨过沙漠到苏丹的苏丹港。

离首都恩贾梅纳最近的邻国出海口是喀麦隆的杜阿拉，相距 1970 公里。

（二）航空

乍得独立前，法国为了军事上的需要，在乍得全国建立了 36 个机场，其中拉密堡（即恩贾梅纳）机场是仅次于法国最大的现代化机场。第二次世界大战时，乍得是自由法国军队的根据地和桥头堡。美国轰炸机从这里的机场起飞，轰炸轴心国军队的阵地。自由法国政府的勒克莱将军，就是从乍得发动对德军进行著名的沙漠迂回战的。

乍得独立后，法国继续在乍得驻军，当刚果（布）和加蓬等国发生政变时，拉密堡（即恩贾梅纳）机场是法国用来空运法军前往镇压的重要基地。现在恩贾梅纳国际机场跑道长 2800 米，可起落波音 747 等大型远程飞机，是非洲国际航线的重要中转站之一。法国、利比亚、苏丹、埃塞俄比亚和非洲航空公司均有航班飞机飞往乍得。现乍得全国有 50 个机场，国内萨尔赫、蒙杜和阿贝歇等几个主要城市有航班。

（三）水运

乍得全国河道总长 4830 公里，其中 2090 公里可全年通航，主要集中在乍得西南部的沙里河和洛果河。全年从首都到乍得湖只能通行吃水浅的货船，主要运输天然碱、石头和干鱼。洛果河可以从恩贾梅纳到喀瑞河段通航。

在乍得的水陆运输中，畜力（骆驼、马、驴）、独木舟和人力仍在发挥着相当重要的作用。

二　通讯

乍得通讯业不发达，费用高，覆盖率低，但发展迅猛。乍得电讯公司垄断乍得固定电话和国际长途电话业务。2000 年，"Anglo-Dutch MSI Celtel" 和 "Egyptian Orascom" 公司进入乍得移动通讯市场。2001 年，全国固定和移动电话用户共 33000 户，2002 年，迅速发展达 46000 户。乍得电讯公司是唯一的 Internet 服务提供商，2001 年，约有 4000 个注册用户，2002 年，Internet 服务提供商发展为 11 家，注册用户比前一年增长近 3 倍，达 15000 户。2003 年 4 月，Celtel 公司宣布在乍得北部设服务网，争取 2006 年覆盖乍得全境。

乍得每千人拥有通讯设备数量的变化，详见表 4－43。

表 4－43　1994～2000 年乍得每千人拥有通讯设备情况

单位：台

	每千人拥有通讯设备比例					
	因特网	个人电脑	移动电话	电话主线	电视机	收音机
1994						
1996				1	2	249
1997				1	2	242
1998				1	1	
1999						
2000	0.4	1.5	0.1	2.1		

资料来源：根据《世界银行发展报告》数据整理。

第六节　财政与金融

一　财政

乍得政府财政收入经常出现赤字，收入主要依靠税收和外国援助两部分来平衡收支。棉花税收约占整个税收的 1/3。外援以法国为主。另外还从欧洲、美国和世界银行等方面获得贷款补贴，如 1962 年，乍得预算为 60 亿非洲法郎，其中法国补贴 8.5 亿非洲法郎。当年乍得开发预算仅有 3.3 亿非洲法郎，预算全靠外援。

1965 年以后，法国对乍得以补贴开发预算代替补贴经常预算。这种状态延续了相当长的时间。以 1983 年预算为例，预算总额为 360 亿非洲法郎（约为 1.1 亿美元），其中，近 1/2 的预算用于防务和治安。预算赤字为 0.85 亿美元，主要依赖外援弥补。

1978 年以来，乍得内战加剧，生产停止，经济遭到严重破坏，财源枯竭，经济陷入崩溃境地。1979～1982 年，这三年乍

305

得竟然无财政预算。

1983 年，财政预算总支出原为 9200 万美元，后通过减少文职人员的工资等措施，将总支出削减到 3325 万美元。赤字 1475万美元，通过向中央银行预支和国外贷款来解决。

多年来，乍得因走私、偷漏税严重，财政拮据。但从 1995 ~1998 年财政赤字逐年有所减少，由 - 189 亿非洲法郎减为 - 100亿非洲法郎。

1995 ~ 1998 年，乍得财政预算情况如表 4 - 44 所示。

表 4 - 44   1995 ~ 1998 年乍得财政预算情况

单位：亿非洲法郎

年　　　度	1995	1996	1997	1998
收　　　入	427.0	1822	1950	2306
支　　　出	616.5	2004	2060	2406
差　　　额	- 189.5	- 182	- 110	- 100

资料来源：根据乍得计划合作部数据整理。

二　金融

非洲国家独立后，法国为加强对撒哈拉以南非洲法郎区国家的控制，分别推动法语国家建立了"西非货币联盟"和"中非货币联盟"。乍得是"中非货币联盟"的成员国。

"中非货币联盟"设有中非国家银行，行址设在喀麦隆首都雅温得。中部非洲各成员国不能自行独立发行货币，其货币由中非国家银行统一发行，称为"非洲金融共同体法郎"（简称非洲法郎）。

"中非货币联盟"与法国签订有"货币合作协定"。该协定规定如下。

（1）非洲法郎在法郎区 14 个国家内流通使用；

（2）非洲法郎与法国法郎实行固定比价，即 50 非洲法郎等于 1 个法国法郎。1994 年 1 月 11 日，在国际货币组织和世界银行的压力下，非洲法郎区 14 国在塞内加尔首都达喀尔举行首脑会议，决定将非洲法郎（对法国法郎的比价）贬值 50%，即 100 非洲法郎等于 1 个法国法郎；

（3）根据货币合作协定，法国国库对非洲法郎提供担保。"中非货币联盟"成员国（包括乍得）将各国的外汇储备集中于中非国家银行，但是其中 65% 的外汇储备存入在法国国库开立的特别账户，即"业务账户"，其余的 35% 由中非国家银行自行掌握；

（4）法国财政部派官员参加中非国家银行的董事会和管理机构及监事机构，法国官员在董事会内有否决权；

（5）中非国家银行可向"中非货币联盟"成员国（包括乍得）发放贷款，但向成员国提供信贷的总额不能超过该国上一财政年度中预算收入的 20%；

（6）法国财政部可以规定法郎区扩大货币发行量的指标。

根据上述协定，乍得不能自行印刷和发行货币，贷款也受到一定限制，外汇储备也不可根据需要动用。乍得独立 40 多年以来，财政金融基本上还受制于法国。

乍得外汇和黄金储备及外债举例如下：

1982 年，乍得外汇和黄金储备为 1154 万美元，外债累计为 1.9 亿美元，占国民生产总值的 5.9%。1998 年，其外汇储备为 1.23 亿美元，外债为 10.92 亿美元，外债占 GNP 的 38%。

1999 年，乍得外汇储备为 0.95 亿美元，外债总额为 11.42 亿美元。

根据 2006 年《世界银行发展报告》中资料称，2000 年、

2003 年和 2004 年，乍得长期外债分别为 10 亿美元、15 亿美元和 16 亿美元。

乍得共和国目前主要有如下几家金融机构，即乍得发展银行（BDT）、乍得储蓄和贷款银行（BTCD）、子午线银行集团西非国家银行乍得分行（BMBT）、中部非洲国家银行（BEAC）乍得分行、财政银行（FB）和乍得阿拉伯利比亚银行（BTAL）等六家银行。

第七节　对外经济关系

一　对外贸易

乍得主要出口商品是皮棉，其次为肉类和皮张等畜产品；主要进口石油（最近几年已成为非洲新的石油出口国）、化工产品、机电产品、建筑材料、汽车、纺织品、食品、药材等。

主要出口贸易对象是葡萄牙、德国、哥斯达黎加、法国和美国；主要进口贸易对象是法国、喀麦隆、比利时、葡萄牙、尼日利亚等。1997 ~ 1999 年，乍得进出口情况如表 4 – 45、表 4 – 46 所示。

表 4 – 45　1997 ~ 1999 年乍得进出口金额比较

单位：亿非洲法郎

年　　度	1997	1998	1999
出　　口	1381	1545	1207
进　　口	1438	1532	1408
差　　额	– 57	13	– 201

资料来源：根据中部非洲国家银行资料整理。

表 4 – 46　1997 ~ 1999 年乍得主要出口商品及收入情况

单位：亿非洲法郎

年　　度	1997	1998	1999
皮　棉	759	894	814
牲　畜	312	279	326
树　胶	40	95	37
皮　革	7	10	13
烟　草	119	132	180

资料来源：根据中部非洲国家银行资料整理。

二　外国援助

乍得外援在财政收入和投资预算中占很大比重。1971 ~ 1978 年，外国援助总额近 5.6 亿美元，年平均约为 7000 万美元。1979 ~ 1982 年的三年间，外国援助总额为 2.3 亿美元，年平均为 5800 万美元，其中，双边援助占 55%，多边援助占 45%。1984 年，法国和美国各向乍得提供 7000 万法郎和 1100 万美元的援助。1986 年，乍得黄金、外汇储备为 1591 万美元；国际收支逆差为 2770 万美元，外债为 1.7 亿美元。1988 年财政收入为 184 亿非洲法郎，其中税收为 145 亿非洲法郎。

进入 21 世纪后，乍得获得的外援，2000 年、2003 年、2004 年获得发展援助和官方援助资金分别为 1.3 亿美元、2.47 亿美元和 3.18 亿美元。援助主要来自法国、美国、德国、瑞士、意大利以及联合国、欧共体和非洲开发银行等。援助方式以项目援助为主。1998 年，官方发展援助资金占乍得 GNP 的 10%。人均获得美国援助 23 美元。

三　外国资本（包括外国投资）

乍得与喀麦隆计划用 3 年时间，投资 37 亿美元，开发乍得油田，并修建从乍得油田至喀麦隆港口长达 1000 多公里的输油管道，其中乍得境内投资约需 20 亿美元，1999 年 12 月末，法国的埃尔夫公司和英荷壳牌石油公司突然宣布退出乍得石油开发计划。经乍得政府多方努力，2000 年 6 月，世界银行董事会批准向乍得和喀麦隆两国分别提供 3950 万美元和 5340 万美元贷款用于石油开发，从而为管道工程筹资开辟了道路。同年 10 月，分别在两国——乍得和喀麦隆举行了石油管道开工典礼。

近年来，随着国内局势趋向稳定和石油生产的投产，外国向乍得的投资大幅增长。据 2006 年 4 月的《世界银行发展报告》称，外国对乍得投资，2000 年为 1.14 亿美元，2003 年增至 7.12 亿美元，2004 年为 4.78 亿美元。

四　外债

至 1984 年，乍得累计外债 1.1 亿美元，其中欠官方外债 8510 万美元，欠私人外债 2390 万美元，利息 250 万美元。据 2001 年 5 月《经济季评》报道，乍得 1998 年外债总额为 10.92 亿美元，1999 年增至 11.42 亿美元，1999 年长期债务为 10.45 亿美元，短期债务仅 2800 万美元。在长期债务中，以官方贷款为主，达到 10.42 亿美元，其余 1600 万美元为私人贷款。2000 年、2003 年和 2004 年，乍得的长期外债分别为 10 亿美元、15 亿美元和 16 亿美元。

2001 年 6 月初，世界银行发布的《发展新闻》报道，根据世界银行和国际货币基金组织联合发起的"重灾穷国减债计划"，两家国际金融机构同意一项支持，即为乍得减免 2.6 亿美元的一揽子计划。

第八节 旅游业

乍 得系内陆国家，经济落后，旅游事业不发达。主要旅游城市和景点如下。

一 首都恩贾梅纳

乍 得首都原名拉密堡（Fort-Lamy），1973 年 9 月 5 日改为现名——恩贾梅纳（N'Djamena），即"让我们和平"的意思，是全国政治、经济、文化的中心，也是全国的交通枢纽。

恩贾梅纳位于乍得西南邻近尼日利亚和喀麦隆的边境地区，与喀麦隆的库塞里镇隔河相望，在沙里河和洛贡河的交汇处。东经为 15°03′，北纬为 12°07′，海拔为 294 米，地势平坦。5~10月为雨季，降雨多集中在 7、8、9 三个月，年平均降水量为 648 毫米。11 月至第二年的 4 月为旱季，3~4 月为全年最热的时期，最高温度达摄氏 40 度，年平均温度为摄氏 27 度。

恩贾梅纳建城历史较久，历史上曾是撒哈拉南缘的商队贸易的重要活动地。19 世纪初，法国入侵后，长期在此建立军事要地，是法国在非洲的重要军事基地之一，也是法国在非洲中部镇压非洲各国人民反抗法国殖民统治的重要据点。该地以法国远征军指挥官的名字命名为拉密堡，后成为法国殖民当局的首府。在第二次世界大战期间，这里曾是同盟国军队的军事基地。

1960 年，乍得独立时定为首都。这里虽然气候炎热，但是高大的猴子面包树，低矮的灌木，使全市区置于绿荫覆盖之下，热带花草满布全市，景色十分宜人，住宅、别墅、总统官邸以及公共建筑物，均坐落其间。市中心区是政府机关所在地，放射形与方格形的街道交错，多为欧式建筑，还有许多高级的别墅和豪华宾馆。

乍得首都周围盛产棉花、花生和畜产品，也是全国农畜产品的贸易中心，沙里河和乍得湖出产的鱼大多运往首都加工和销售。沙里河流经市内，该河盛产味道鲜美的"上尉鱼"等，"上尉鱼"还有"沙里王子"之美称。农产品出口占总出口值的95%以上。出口商品主要有棉花，还有牲畜、肉类、鱼类和阿拉伯胶等，进口商品主要是食品、机器、石油、金属材料、化工产品和纺织品等。

全国工业的50%集中在恩贾梅纳，以小型工厂企业为主，如纺织、皮革、制糖、榨油、啤酒、轧棉、鱼类、肉类加工厂和自行车装配厂等。

1971年，乍得创办的全国唯一最高学府——乍得大学设于首都恩贾梅纳。还建有国家博物馆，馆内收藏有公元9世纪萨奥文化时期的珍贵文物和石雕等艺术品，并设有考古学和民俗学科学研究机构。

恩贾梅纳是全国的公路、河运和空运交通运输中心。从首都有公路可以通向全国各地的重要城镇，并有公路通向邻国喀麦隆、尼日利亚和中非共和国。沙里河是恩贾梅纳到萨尔赫的重要内河航道。恩贾梅纳国际机场可起降波音747等大型远程飞机，是非洲要重国际航线之一，有航班飞往法国、俄罗斯、赤道几内亚、尼日利亚、苏丹等国。

二 萨尔赫

原名阿尚博堡，位于乍得南部沙里河畔，是乍得商业中心和棉花加工中心。有公路与首都恩贾梅纳相通，郊区还有国际机场。萨尔赫附近有许多野生动物，是全国著名的狩猎区和旅游胜地。

三 扎科马国家公园

扎科马国家公园有 30 万公顷，是乍得最大的自然保护区，这里有狮子、羚羊、大象、长颈鹿、水牛等动物，是观光游览的好地方，也是研究野生动物的生活习性和生态学的好场所。

四 乍 得 湖

这是非洲的第四大湖泊，有上万平方公里，湖中有许多小岛，风光优美，近看细看，湖边碧绿如茵，远望水天相连，浑然一体。湖里淡水鱼种类丰富，游人既可乘舟泛游，也可观赏渔民撒网捕鱼的劳动景色。有的湖岸还常有大象、河马和鸵鸟奔跑嬉戏，呈现一派美丽的热带风光。

五 基得亚野生动物保护区

在去乍得湖的途中，有基得亚野生动物保护区，这里有各种热带草原动物。保护区内有旅游小屋设施，以供旅客游人休息，是理想的游览胜地。

另外，在恩贾梅纳南面 35 公里的曼代利亚，还有专门开辟的大象保护区，也可供游人观赏。

第五章

军　事

第一节　军事概况

一　建军简史

乍得独立后，在法国的控制和军事援助下，建立乍得军队，1964 年军队有 400 人，之后逐步扩展为 1600 人，警察和其他治安部队为 1950 人。法国在首都拉密堡（后更名为恩贾梅纳）一带设有军事基地，这也是法国控制非洲的重要军事基地之一，常驻乍得法军有 1600 人。

乍得政府军，与法军联手镇压农民抗税武装斗争。1965 年 6 月，乍得芒加尔梅地区的农民为了反抗苛捐杂税举行暴动，拿起武器反抗乍得政府的镇压。1968 年 3 月，游击武装力量曾经包围乍得北部提贝斯提的一个哨所。

1969 年初，由"乍得民族解放阵线"领导的反抗政府的武装斗争波及全国。主要活动在北部的博尔库 - 恩内迪 - 提贝提斯省，东部的瓦达伊省、萨拉马特省和中部的巴塔省、盖拉省，参加武装斗争的人数达 4000 人左右，曾一度逼近首都，当时乍得政府和法国统治者认为他们的利益受到严重的威胁，便面对农民武装斗争的发展趋势，乍得政府军由原来的 1600 人增加到 6500 人。

根据乍得政府与法国签订的《防御协定》，1991 年 1 月，代比总统颁布命令将全国武装部队改编为乍得国民军，全国共划分为 8 个军区，实行义务兵役制。由于利比亚军队的介入，使乍得发生内战，于是乍得兵力增加到 2.2 万人，1991 年扩充达 4.5 万人。

1991 年 7 月，乍得同法国签订了军队缩编协议，根据协议法国出资帮助乍得将军队编制减至 2.5 万人。精简整编后的乍得军队设总参谋部、陆军、空军和宪兵。

1996 年，乍得军队支出约为 200 亿非洲法郎。截至 1998 年 6 月，乍得国民军已从 4.75 万人精简至 3.485 万人。

二 国防体制

全国共划分为 8 个军区。1991 年 1 月，代比总统颁布命令，将全国武装部队改为乍得国民军，由总参谋部、陆军、空军、宪兵组成。1991 年 7 月，乍得同法国签订了军队缩编协议。根据协议，法国出资帮助乍得将军队编制从 4.5 万人减至 2.5 万人。根据宪法，乍总统伊德里斯·代比中将为最高军事统帅。总参谋长为胡图旺·约马·戈洛姆（Routouang Yoma Go-Lom）上校，1996 年 10 月 27 日就任。

三 国防预算

在 1983 年，乍得国防开支为 0.517 亿美元（50% 的国防预算依靠外援）。1985 年国防开支约 200 亿非洲法郎；1987 年为 90 亿非洲法郎；1988 年为 100 亿非洲法郎，占国家财政预算的 40% ~ 50%；1991 年为 160 亿非洲法郎，占国家财政预算的 44.69%；1996 年国防支出为 200 亿非洲法郎。

进入 21 世纪，据 2006 年世界银行资料，2000 年、2003 年和 2004 年，乍得的国防开支分别占乍得 GDP 的 1.5%、1.5%、和 1.1%。

第二节　军种与兵种

乍得兵力发展，1964 年有正规军 400 人。1982 年总兵力为 1.22 万人，1986 年为 3.02 万人（包括现役军人，含共和国卫队），1991 年军队达到 4.5 万人，1995 年减至 3 万人，2004 年为 2.5 万人。

一　陆军

1982 年，乍得陆军为 1.2 万人，1986 年增至 3 万人，2004 年为 1.5 万人。备有坦克和装甲车 120 余辆（其中坦克 60 辆，装甲车 60 余辆），各种火炮 5 门以上。

二　空军

1982 年，乍得有空军 200 人。备各种类型飞机 17 架（其中有战斗机 4 架）。2004 年空军增加到 350 人。

三　准军事部队

1964 年，乍得准军事部队共 1950 人。1982 年增至 1.14 万人。其中有宪兵 1800 人，共和国卫队 800 人，农村民兵 3900 人。2004 年有宪兵 4500 人，共和国卫队 5000 人。

另外，法国在乍得驻军 950 人。

第三节　军事训练与兵役制度

一　军事训练

根据《乍法军事合作协定》，法国向乍得派遣 300 名军事合作人员，为乍得训练军队等。

二 兵役制度

乍得实行义务兵役制，服役期限为一年半。

第四节 对外军事关系

乍得独立的当天，法国立即与乍得政府签订了《军事合作协定》，规定国防军事方面继续与法国合作。法国在乍得设有三个军事基地，均派常驻军队。原有常驻军1600人，后又增至3000人。1970年下半年，法国口称开始从乍得"撤军"，1971年6月，法国宣布派驻乍得的最后一批"援军"离开乍得，实际上还留下近2000人在乍得军队中"服役"。其中，有伞兵和骑兵600人，空军和顾问各600余人。

一 与法国的军事关系

乍得军事装备主要来自法国，根据协定，应乍得政府的要求，法国先后于1969年派兵进驻乍得。1978年，反政府的乍得民族解放阵线武装力量占领了国土的一半，法国军队应乍得政府要求，派兵1700人参加作战。

1983年，法国为帮助乍得抵御利比亚军队入侵，赶运大批武器装备并派出特遣部队，遏制反政府军和利比亚军队南下。2000年4月，乍得与法国签署协议，法国于2000年向乍得提供4100万非洲法郎的军事援助，并在3年内，每年为乍得培训25名军官和40名下级军官。

二 与苏联的军事关系

1975年，苏联高级军事代表团访问乍得，两国签订了军事合作协定。1976年，乍得曾接受苏联一批军事装备，但往来不多。

三　与中国的军事往来

自1976 年起，中国向乍得提供无偿军事援助和军事贷款。1990 年 8 月，中国与乍得签订了军事贸易合同（资料来源于 1995 年《世界经济年鉴》）。

1996 年 12 月 29 日～1997 年 1 月 3 日，中国人民解放军总政治部副主任唐天标应邀，率领中国军事友好代表团到乍得进行友好访问。代表团会见了乍得总理科依布拉、乍得武装部的部长优素福·图戈米和参谋长胡图旺·约马·戈洛姆上校。乍得总理希望乍中两国间的友好合作关系得到加强。

四　乍得与国际维和部队

在2001 年 4 月 23 日，西非经济共同体 9 国与乍得军队参加国际联合军事演习，各国官方代表借此机会交换了意见，并表示尽早在乍得建立非洲维和部队的愿望。

第六章

教育、文化艺术、卫生、新闻

第一节　教育

一　概况

乍得是黑非洲文化教育水平较低的国家。独立前，全国文盲约占总人口的90%，其中95%是妇女。长期以来，现代学校很少，信奉伊斯兰教地区的群众，往往以《古兰经》为课本，向儿童教授传统文化知识。全国有小学154所，学生3.2万人。有中学3所，学生485人。

独立后，乍得教育事业有了明显发展，1960年，乍得在校的初级小学学生有5.4万人。文盲约占总人口的80%以上。乍得实行六年义务教育制。大、中、小学在校学生全部免学费上学。1963年有小学生11.5万人，中学生为4400人。1966年，小学生增至16万人，中学有21所，中学生共有7000人，另外还有700名技术学校学生。

1986年，乍得建立了第一所大学——恩贾梅纳大学（原名乍得大学），也是全国唯一的一所大学，设有文学、人文科学、法学、经济学和自然科学几个系科，在校学生为666人。1986年，全国有59所中学，在校学生为4.1万多人。全国有小学1184所，在校学生为 30 余万人。全国有中学教师 298 人，小学教师 4700 人。

1995 年，在经济困难的条件下，乍得教育事业有了进一步发展，全国有小学 2918 所，儿童入学率为 59.3%；中学 157 所，在校学生为 8.3 万人，教师为 11073 名。

1996 年，乍得中学会考，共有考生 9951 名，其中 2526 人被录取，录取率为 25.38%。1996 年小学和中学净入学率分别为 88% 和 6%。

2002 年，恩贾梅纳大学有教师 304 名，在校学生增至 5700 人。

此外，乍得还有费萨尔国王大学、蒙杜商业技校、阿贝尔科技学院、萨尔尔赫天文和环境学院。

二　教育经费

有关资料表明，1986 年，乍得教育经费为 48 亿非洲法郎。1988 年，教育经费为 37.23 亿非洲法郎。1989 年，教育经费占国家预算总额的 13%。1991 年，教育经费增至 56.9 亿非洲法郎，占国家财政预算的 15.5%。

由于教育经费不断增加，乍得的教育事业在原有的基础上，有了不小的发展。2002 年，乍得成人识字率为 45.8%，但低于撒哈拉以南非洲国家的平均指数 61%。

三　中国与乍得教育交流

从 1976 年起，中国接受乍得留学生。1986 年中国向乍得提供 7 名奖学金名额，1987～1996 年，每年乍得在华留学生约 20 人左右，最多时曾达到 24 人。

四　体育

在 2006 年，乍得田径选手阿卜杜拉耶·卡利姆在达喀尔半程国际马拉松比赛中，荣获男子组冠军。

第二节　文化艺术

乍得是一个有着古老文化传统的国家。有着丰富多彩的音乐、舞蹈、岩画、木雕等艺术。这里仅就岩画作简要介绍。

岩画主要集中在提贝斯提高原。这个地方的行政中心在费特，有军队驻扎，在历史上也是扣押和处杀罪犯的地方。周围都是沙漠，离此最近的城镇也相距数百公里之远，犯人要想从这里逃出去是不可能的。就在这个不毛的山地，到处遗留有庞大的岩画群。

最古老的岩画，是在这里的气候尚处在湿润期的作品，可以追溯到数千年之前。1850～1855 年，德国探险家巴鲁特在乍得东北部平均海拔 2000 米的提贝斯提高原地区，发现了耶内得岩画。这些岩画，反映了随着气候的变化，这里饲养的主要牲畜大致经历了三个时代，即：

第一时代为放牧时代，或称为牛时代，约在公元前 3500 年～前 1500 年。

第二个时代也叫马时代，约在公元前 1500 年左右。

第三个时代称为骆驼时代，约在公元前 2 世纪。

随着撒哈拉以南牛、马、骆驼三个历史时代的变迁，岩画的内容和形式也随之发生了变化。特别是"牛时代"和"马时代"，彩色崖壁画较多，崖壁画中所反映出来的生活，当时人们住的是圆锥形用兽皮覆盖的帐篷式房子，用杵舂米，人物形象的表现很有特色，穿着形式也多种多样，有带状形的、有厚脚形的、有线状形的，也有穿吊钟形裙子的。还有用特殊方式描绘的牛，可能是原始部落民族用以表现繁殖愿望的。

在后期的彩色崖画中，出现穿短裤和靴子的，可能是接受欧洲文化影响的表现，这是和"牛"时代不同时期的作品。这种提贝斯提岩画，系由琢刻的线条组成，经过打磨，长度145厘米。①

另一幅提贝斯提岩画，是一位文身的妇女。

乍得的恩尼底山岩画点，有一些是身材魁伟的人物形象，最高的可达9英尺（约2.74米）。②

《出征》崖壁画，出现在乍得的托勾伊岩画点（Tougoui Toungour）。它同一幅《春谷的妇女》崖画，都是新石器时代的作品。

在位于乍得费特的西边约20公里处，有一座名为曼达西那的巨大岩山，在高达数十米的岩石避荫处，有许多用彩色描绘的崖画，其中的一幅表现为身穿长裙的妇女正在春谷，身体各部分的比例都与真人接近，是一幅写实的珍贵作品。

乍得的文化设施较为简陋，在独立之初，全国仅有几家电影院。

第三节　医药卫生

一　医药卫生发展简况

乍得卫生事业落后。独立前，首都拉密堡（后改名为恩加梅纳）有一所全国唯一的正规医院。在乍得中东部的阿贝歇、南方阿尚博堡和西南地区的蒙杜各设野战医院1所。此外，还有12家企业单位的医务所和27家诊所。

1961年统计，全国仅有41位医生，3位药剂师，外科和牙

---

① 资料来源：Karl Heinz Striedter。
② 资料来源：Karl Heinz Striedter。

科医生各 1 人，助产士 12 人，护士 500 余人，全国有 345 个公私卫生培训中心，各种医院总床位为 3907 张。

1989 年，全国有 8 家医院，44 个诊所，251 个卫生站。53 个卫生培训中心。总床位仍为 3907 张，各类医务人员为 1686 人，其中医生 150 人。

1998 ~ 1999 年，全国共有 429 个医疗卫生设施，总床位 3962 张。其中，综合性医院仅有三所，即恩贾梅纳中央医院、军事医院和中国援建的自由医院。有各类医务人员共 4181 人，其中，有 290 名医生和 1837 名护士。医疗卫生服务覆盖率占总人口的 65%。人口出生率为 4.1%，死亡率为 1.5%，平均寿命为 50.3 岁。

乍得的常见病有：疟疾、肝炎、脑膜炎、麻风病、淋病等。成年人艾滋病感染率为 4.8%。

人均预期寿命为 45.8 岁，人口年增长率为 4.8%。

二　医药卫生预算

乍得医药卫生预算，1986 年为 5 亿非洲法郎，约占国家财政预算的 3%。1991 年医疗卫生预算为 20.7 亿非洲法郎，约占国家财政预算的 5.1%。

第四节　新闻出版

乍得在独立前，没有自己的报纸，没有自己的通讯社，也没有自己的广播电台。独立以后，其新闻出版事业有较大的发展。

一　报纸与通讯社

乍得共和国成立之初，主要有《乍得共和国公报》、《乍得之星》月刊、《经济公报》周刊。目前乍得主要报刊有法文日刊《乍得新闻稿》，另外，还有《恩贾梅纳周刊》《青年非洲》杂志等十余种民间报刊。

乍得新闻社为国家通讯社，成立于 1966 年。

二　广播和电视

乍得国家广播电台，于 1965 年建台，属政府电台，主要用法语、萨拉语、阿拉伯语广播。

乍得国家电视台，于 1987 年 12 月建台，目前仅覆盖首都恩贾梅纳。用法语和阿拉伯语播放节目，每周播出 4 天。定时转播喀麦隆电视节目。

第七章

外　交

第一节　外交政策

一　外交概况

乍得独立初，于 1960 年 9 月 20 日参加联合国，并于 1960 年参加了法语非洲国家会议，也参加了蒙罗维亚会议。1961 年 6 月，因法国驻拉密堡高级代表机构多次干涉乍得内政，乍得决定与该机构断绝关系，并希望法国另派大使。此外，美国、尼日利亚、苏丹在乍得驻有外交代表。

乍得的托姆巴巴耶政权同法国关系密切。对外执行不结盟和对外开放政策，反帝、反殖、反对种族主义和犹太复国主义，支持非洲民族解放运动，主张非洲团结。

乍得全国团结过渡政府成立后，古库尼主席重申对外执行"睦邻、友好、合作互利、不干涉别国内政和不结盟"政策，但全国团结过渡政府忙于应付各派纷争，无暇顾及外交事务，对重大国际问题很少表态。

1979 年 4 月，乍得各派达成协议，成立民族团结过渡政府，新政府对外采取友好和互利合作的政策，奉行不结盟原则，谴责扩张主义和外来干涉，支持处于殖民主义、种族主义和犹太复国主义统治下的各国人民的正义斗争。欢迎各国到乍得投资。

哈布雷政府对外奉行睦邻、友好、合作和不结盟政策，支持民族解放运动，反对霸权主义和扩张主义。在第 38 届 "联大"上，乍得是东盟 51 国提出的关于要求外国军队立即全部撤出柬埔寨决议草案的提案国之一，投票支持巴基斯坦等 45 国提出的关于要求外国军队立即撤出阿富汗决议草案。哈布雷政府重视发展同周边邻国睦邻友好关系，积极促进区域性合作，主张开展南北对话和建立国际经济新秩序。注意推行全方位外交，广泛争取国际社会的支持和经济援助。

代比政府奉行和平、不干涉别国内政和不结盟政策。乍得坚持维护国家统一、主权和领土完整；注意同西方大国和国际金融机构搞好关系，侧重加强乍、法关系；坚持睦邻友好和非洲团结，重点保持稳定的周边环境；积极参加区域性合作；主张开展南北对话和建立国际经济新秩序。认为环境问题是涉及世界各国利益的重大问题，对身处萨赫勒地区的环境状况十分关切。主张在联合国范围内，通过和平方式解决国际争端，广泛争取国际社会的支持和经济援助；注意开展全方位外交，重视发展同中东产油国和广大撒哈拉以南非洲国家的关系。

2002 年，同乍得保持外交和领事关系的国家有 79 个。

二　历届政府对重大国际问题的态度

（一）关于国际形势

乍得政府认为当前世界上存在两个对立集团，世界和平与安全建立在不公正和强权政治这样不稳定的现实之上；主张国与国之间不管政治和意识形态如何，均应遵守和平共处的原则；对东西方之间建立新的和平气氛表示欢迎，认为这有助于缓和世界紧张局势。

（二）关于建立国际经济新秩序问题

认为世界经济形势不断恶化，富国与穷国之间的差距愈来愈大；对不公正的国际经济和贸易关系，以及工业化国家对不发达国家的变相掠夺表示不满；强调只有通过斗争才能建立公正合理的国际经济新秩序。

（三）关于债务问题

认为债务问题的根子在于不合理的原料价格，只有改变后者问题才能根本解决前者问题；赞成召开国际会议讨论非洲债务问题，主张一揽子解决，反对逐国分别解决债务问题。

（四）关于非洲经济共同体问题

认为非洲只有成立经济共同体才能适应世界经济集团化的发展趋势，以应付世界经济的挑战，特别是应付建立欧洲大市场的挑战。表示乍得将为非洲经济共同体的建立贡献力量。

（五）关于海湾问题

曾认为海湾危机是伊拉克造成的，强调不能容忍一个国家用武力侵占另一个国家；主张只要尚有一线和平解决的希望，就不要动用武力。

（六）关于朝、韩问题

乍得历届政府均欢迎和支持朝鲜、韩国双方同时加入联合国。

（七）关于南部非洲问题

乍得政府谴责南非当局种族歧视和种族隔离制度，支持南部非洲人民的正义斗争，强调必须执行联合国安理会的 435 号决议，认为南部非洲问题的最终解决还要依靠武装斗争。

（八）关于中东问题

支持巴勒斯坦和阿拉伯人民反对以色列侵略的斗争，认为巴勒斯坦解放组织是巴勒斯坦人民的唯一合法代表。于 1988 年 11 月 15 日宣布承认巴勒斯坦国。

（九）关于阿富汗和柬埔寨问题

自哈布雷政权以来，乍得政府在历届"联大"会议上，均赞成要求苏联和越南从阿富汗和柬埔寨撤军的提案。

（十）关于裁军问题

乍得政府支持联合国关于裁军的努力，主张核大国应率先削减和销毁核武器，并把省下来的钱用于援助世界上贫穷的国家。

（十一）关于伊拉克问题

2003年3月，乍得议会一致通过声明，谴责美、英发动伊拉克战争，主张通过和平途径解决伊拉克危机。

第二节　同美国的关系

乍得和美国于1961年建交。1964年6月，两国签订关于培养中等干部的合作协定。根据这项协定，美国为20多名乍得青年提供学习或实习经费，培养乍得警察，向乍得派两名公共工程专家，并提供一批掘土机。

1960～1970年，美国对乍得提供1000万美元的援助。

1968年，乍得还参加了美国控制的"中非国家联盟"，后在法国的压力下退出了该联盟。1970年7月24日，美国大陆石油公司同乍得签订协定，取得在乍得勘察和开采石油的权利，投资总额为566万美元，为期5年。

1971年6月，美国与乍得签订了三个协定，答应向乍得提供3000万美元的援助。

1975年，由于美国驻乍得文化中心无视乍得总统马卢姆政府承认安哥拉"人运"的立场，散发"安运"传单，乍得政府宣布关闭该文化中心，并驱逐其中心主任，美国随即召回美国驻乍得大使，两国关系一度紧张。

1976年下半年，美国向乍得派出新大使，并先后提供几次援助，乍得与美国关系才有了改善。

1977 年 7 月，乍得军事委员会副主席吉梅访问美国并要求美国对其军事援助。但美国对乍得援助额较前减少。

1982 年，哈布雷执政后，美国向乍得提供了大量援助。1982 年援助达 1600 万美元。

1983 年，乍得内战再起，美国支持哈布雷政府反对利比亚支持的古库尼武装力量，美国向哈布雷政府提供 2500 万美元的紧急军援。

1984 年 10 月，美国总统里根的巡回特使弗农沃尔特斯访问乍得。同年，美国国际开发署向乍得提供 1100 万美元的紧急援助。

1985 年，美国援助乍得总额达 5700 万美元，其中紧急粮食援助 3800 万美元，紧急军事援助 500 万美元。同年 1 月，美国国务院负责非洲事务的副国务卿和助理国务卿帮办相继访问乍得。

1986 年 2 月，美国向乍得政府提供了三笔紧急军事援助，总额达 3100 万美元，同年还提供发展援助 2470 万美元。

1982～1989 年，美国向乍得提供经济援助达 1.86 亿美元。

1992 年和 1993 年，美国又分别向乍得提供 1600 万美元和 47.5 亿非洲法郎援助。

1994 年 9 月，美国前总统卡特访问乍得。

1995 年 6 月 9 日，美国关闭其援助开发署驻乍得办事处。美国向乍得派遣一支 28 人的"和平队"。美国埃索等石油公司掌握着乍得石油勘探和开采权。

1995 年 10 月，代比总统参加联合国成立 50 周年纪念活动时顺便访问美国。

不久美、乍关系降温，美国援助减少。1995 年，美国关闭了美国驻乍得援助开发署办事处。

1996 年 4 月，驻欧美军指挥官詹姆森上校访问乍得，表示愿意帮助乍得缩编军队。

1996 年，在乍得总统大选期间，美国驻乍得使馆曾指责乍得选举有舞弊行为，招致乍得政府的强烈抗议。

1999 年 8 月 23～28 日，乍得总统代比对美国进行私人访问。美国是乍得排雷计划的主要参与者，迄今美国政府已向乍得政府提供了 2.8 亿非洲法郎资金的援助。美国还向乍得教育、环保、社会等部门的小型项目提供物资或资金支持。

2002 年，美国向乍得政府提供 700 万美元的官方发展援助。有数十名美国士兵在乍得北方排雷，还有一支 28 人的美国"和平队"在乍得工作，并帮乍得进行反恐怖培训。

2003 年 3 月 31 日，乍得国民议会在首都恩贾梅纳一致通过一项声明，对于美国入侵伊拉克问题，谴责美、英发动对伊拉克战争，希望通过外交途径和平解决伊拉克危机。声明指出，乍得国民议会对目前伊拉克以及整个中东地区的局势深表忧虑，并对这场战争带来的后果深表遗憾。声明强调，乍得议会呼吁联合国和世界各国应该为维护世界和平和稳定作出更大的努力，有关各方应该遵守联合国安理会的 1441 号决议，以便和平解除伊拉克的武装。

从 2003 年开始，乍得生产原油，日产量为 16 万～17 万桶，尽管原油的价格飞涨，可是乍得政府却没有获得相应的收益。乍得每出口一桶原油，作为产油国的乍得仅能从中得到 12.5% 的收入，只能得到 5.88 美元。而巨大的原油出口却未能使乍得脱离贫困。

石油与美、乍关系方面，随着乍得石油项目的上马，美国成为乍得第一出口目的地。美国石油公司参与乍得石油开发，乍、美关系得到加强，约有 2000 余美国石油技术人员在乍得工作。在不到三年的时间里，美孚和雪佛龙等组成的联营公司在乍得就赚了约 50 亿美元。"美国之音"报道称，实际上，西方石油公司在乍得赚的钱远不止这些。

2004 年 3 月，乍得总理法基访问美国。

2004 年 10 月，乍得政府曾指责负责开采乍得多巴油田的美国等石油公司不顾乍得国家利益，低价向某些特定的国际市场出售乍得原油，使乍得蒙受了巨大的经济损失。据乍得总统府发表的公报说，自 2003 年乍得正式生产石油以来，由美孚、雪佛龙等共同组成的石油联营公司曾以平均每桶 18 美元的价格向某些特定的市场出售了 5000 万桶原油，而当时的国际原油平均价格已超过 30 美元。即使世界原油价格已攀升到每桶 70 多美元，但乍得的石油价格仍被该石油联营公司控制在 25 美元左右。乍得政府对这种"掠夺行为"表示不满。为此，乍得政府要求参与原油的开发与生产，以控制自己的财富，增加石油输出的参与力度。

2005 年 1 月，美国与乍得签订司法信息管理和人员培训援助协定。

2006 年 8 月初，乍得政府通知美国雪佛龙等公司和马来西亚国家石油公司，要求它们遵守合同中约定的新国家税法，但这两家石油公司却置若罔闻。乍得总统伊德里斯·代比于 2006 年 8 月 26 日下令，责令美国能源巨头雪佛龙等公司在 24 小时内离境。

第三节　同法国的关系

乍得和法国一直保持着密切的传统关系。在乍得宣告独立的当天，法国迫使乍得政府与其正式签订了一系列"合作"协定，规定在国防、经济技术和文化等方面继续与法国"合作"，并要求在乍得驻扎 3000 多名法国军队。在独立的仪式上，乍得总统托姆巴巴耶颂扬法国说，乍得忘不了法国和戴高乐总统所给予的东西。他表示欢迎外国资本，并认为，外国企业的全部设备都是投在我们的国土上。外国企业发出的工资是国民收入的组成部分。外国企业本身的繁荣和我们国家的繁荣是密切相连的。因此，吸引外国资本是一个明智的政策。但乍得总统和政府同时也反对法国对乍得过多的干涉和控制。

1960 年 6 月，由于法国政府在乍得首都拉密堡派驻了大使级的高级代表机构，它们多次干涉乍得内政，乍得政府宣布同这个机构断绝关系，要求法国另派大使。托姆巴巴耶政府因而得到人民的支持。但是，也因此受到法国支持的、代表北方各部族酋长势力的右派政党的反对，即以让·巴普蒂斯特为首的"保卫乍得利益联盟"和以艾哈迈德·库拉马拉为首的"非洲社会主义运动"的反对。

1963 年 3 月、9 月，乍得的右派政党曾先后多次策动推翻托姆巴巴耶，均被托姆巴巴耶政府镇压下去，以失败而告终。另外，托姆巴巴耶也遭到广大人民群众和乍得进步党内的"少壮派"的不满和反对。

1964 年 4 月，在乍得进步党的少壮派和广大群众的压力下，乍得国民议会一致通过要求法国驻军在 3 个月内撤走的法案。同年 5 月，乍得同法国签订了文化合作协定、技术援助、军事援助等十多项协定。在签订这些协定的谈判过程中，法国拒绝讨论撤军问题。当时法国继续在乍得驻有 3000 多名军人、315 名"技术援助"人员、30 名民政人员和 167 名教员。7 月，托姆巴巴耶到法国进行私人访问。

1972 年，乍得和法国的两国元首互访。

1976 年 3 月，乍、法两国政府进行谈判，修改独立时双方签订的各项合作协定，在新协定中取消了法国的某些特权，法国在乍得的军事基地也于同年 9 月撤销。根据新的协定，给乍得提供的经济、技术援助和财政补贴，占乍得全部外援的 40% 左右。乍得与法国之间的贸易占对外贸易的 70%。根据《乍法军事合作协定》，法国向乍得派出 300 人的军事合作人员，为乍得训练军队等。从 1978 年上半年起，法国应邀向乍得派遣了 1500~2000 名军队，协助乍得政府与反政府军作战，故法国在乍得长期设有军事基地和常驻军队。

1980 年 5 月，在乍得政府的再次要求下，法国撤走了全部军队。

1982 年 6 月，哈布雷执政后，法国向乍得不断提供大量财政和经济援助，主要用以修复被战争破坏的公共设施，恢复农业生产和维持行政机关工作。

1983 年 6 月，乍得国内再次爆发内战，应哈布雷政府的要求，法国提供了大量的军事援助，并向乍得派遣了 3000 多人的特遣部队。法国总统非洲事务顾问佩内、合作部部长级代表尼西和国防部部长埃尔尼等先后访问乍得。10 月初，哈布雷总统赴巴黎访问，与法国总统举行单独会谈。

1984 年，乍得与法国高层领导人往来频繁，法国国防部部长夏尔·埃尔尼先后三次访问乍得。2 月，法国对外关系部部长谢松访问乍得。4 月，法国总理莫鲁瓦也相继访乍。10 月，哈布雷总统首次对法国进行访问。这一年法国政府向乍得提供的援助总额达 7000 万法国法郎。

1985 年，法国对乍得援助总额为 31700 万法国法郎，其中军事援助为 5000 万法国法郎。

1986 年 2 月，法国应哈布雷总统的要求，再次在乍得部署了军事力量。为缓解乍得经济困难，此后法国每年向乍得提供 4 亿~5 亿法国法郎的财政援助。

1987 年 7 月，应法国邀请，哈布雷总统再次访问法国。

1983~1988 年，法国对乍得援助总额达到 3.92 亿美元。

1990 年 6 月，哈布雷第三次访问法国。此后，法国在乍得要"换马"的情况下，对哈布雷政府态度发生了明显变化。

1990年11月，乍得战火又起，法国政府称这是乍得人民内部的事，严令法国驻乍得部队"恪守中立"，并对哈布雷政府要求提供紧急援助的呼吁不予置理。同年12月，哈布雷下台后，法国将其驻守在乍得部队从1300人增至1850人，大力扶持代比政权，法、乍关系更加密切。并向代比政府提供14.9亿非洲法郎的财政援助。

1992年，法国总统特别参谋长凯诺将军三次访问乍得，双方签署改建乍得军队的协议。同年11月法国为乍得全国会议提供500万法国法郎援助。

1993年6月，代比总统访问法国。11月，法国合作与发展部部长访问乍得，并同乍得政府签署了总额为24.5亿非洲法郎的援助协定。1993年法国向乍得提供了143亿非洲法郎，占乍得外援总额的22.7%。

1994年2月和8月，代比总统先后两次访问法国。乍得派兵参加了法国在卢旺达的"绿松石行动"。

1995年2月，法国合作部部长德勃雷访问乍得，向乍得提供1000万法国法郎援助，以促使其完成"民主进程"。9月，法国又向乍提供1亿非洲法郎军用物资。1995～1996年，代比总统先后四次访问法国。

1996年4月和8月，法国合作部部长雅克·歌德富兰先后两次访问乍得。这年4月，乍得部分军人因要求乍得政府发放拖欠的军饷，在法国军队的干预下被平息。5月，军人抗议总统卫队收缴参加第一次兵变军人的武器，并继续要求补发军饷。军人再次兵变，法国实施"铁铝榴石二号"军事行动，将兵变镇压下去。

1997年7月，代比总统再次对法国进行正式访问，会见了法国总统希拉克、总理若斯潘和法国商界人士。

1998 年 9 月，法国军队参谋长让·皮埃尔·凯尔什和合作部部长若斯兰先后访问乍得，商讨两国合作事宜。这年，法国从乍得的进口额为 595 万美元，出口额为 6095 万美元。法国在乍得长期设有军事基地，驻乍得的"食雀鹰"部队有 825 人，军事顾问 150 人，侨民 3000 人左右。

2000 年 3 月，因法国埃尔夫石油公司撤出乍得石油开发计划，乍得驱逐法国大使，两国关系一度紧张。5 月，法国新大使到任，两国关系有所改善。

2001 年 1 月，代比在喀麦隆首都雅温得参加法 – 非首脑会议期间，同法国总统举行单独会谈。2 月，法国合作部部长查理·若斯兰访问乍得，两国签署了为期 3 年的贷款协议，法国向乍得提供 30.55 亿非洲法郎的援助。优先用于卫生、农村发展、国家安全领域等。

2002 年 9 月 1 日，法国总统希拉克以私人身份赴乍得进行访问。

2004 年，法、乍两国高层领导人互访较多，1 月 20～30 日，代比总统对法国进行私人访问，2 月 19 日，法国外长德维尔潘访问乍得。4 月，代比出席在巴黎举行的尼日尔河流域组织首脑峰会。5 月 28 日，法国合作部部长级代表达尔科斯访问乍得。8 月 15～16 日，代比出席在法国举行的第二次世界大战盟军登陆 60 周年纪念活动。苏丹达尔富尔危机爆发后，法国向乍得与苏丹边境派 200 名军人，执行"人道授权维和"任务。

近年来，法、乍两国双边贸易增长较快，2000 年、2005 年分别为 501 万美元和 5448 万美元，乍得逆差 4947 万美元。2003 年法国从乍得进口额为 600 万美元，向乍得出口额为 9800 万美元。法国援助额占乍得外援总量的 2/3 以上，法国有 100 多名专家在乍得主要政策部门工作，其侨民超过 2000 人。法国公司几乎承包了全部乍得和喀麦隆石油管道建设工程。

2005 年，代比多次对法国进行私人访问。7 月，法国外长布拉齐访问乍得。12 月，法国军队参谋长邦德访问乍得，并视察法国在乍得驻军。

第四节　同俄罗斯、东欧等国家关系

于 1964 年 11 月，乍得决定与苏联建立外交关系。1968 年 6 月，托姆巴巴耶总统访问苏联，两国签订了文化和贸易协定。同年 12 月，两国签订了经济技术合作协定。苏联答应帮助乍得培养技术干部，并派专家帮助乍得拟订农业改革纲要。

1972 年，乍得、苏联两国议会代表团互访；乍得派妇女学习团访问苏联。

1973 年 10 月，乍得司法部部长率代表团赴苏联参加世界和平力量大会。

1975 年，乍得三位部长应邀先后访问苏联，苏联也派高级军事代表团访问乍得，两国签署了军事合作协定和新的文化合作协定。

哈布雷执政后，乍、苏两国来往不多。苏联驻恩贾梅纳使馆撤离。从 1987 年以后，苏联开始同哈布雷政府接触，商谈复馆。1988 年，苏联向乍得提供的奖学金名额由往年的 25 名增加到 50 名。1989 年 1 月，乍得驻苏联首席参赞履任。

1990 年 6 月，苏联驻乍得大使馆复馆。1991 年 2 月苏联向乍得派出大使。

苏联解体后，俄罗斯继承了前苏联同乍得的关系，乍、俄关系发展比较缓慢。

1994 年，乍得同乌克兰、立陶宛、乌兹别克斯坦和土库曼斯坦等国建交。

1999 年 7 月 23 日，乍得与哈萨克斯坦建交。9 月 17 日，与

克罗地亚建交。同年 10 月 13 日，乍得与马其顿建交。11 月 21 ～
22 日，代比总统访问卡塔尔，两国签署了关于劳务、航空运输
和投资的三项协议。

第五节 同中国的关系

一 中国与乍得政治关系

在 1960 年 8 月 11 日，乍得宣布独立，周恩来总理和陈
毅外交部长分别致电祝贺并承认。

1960 年 9 月 20 日，乍得参加联合国。在第 15 届联合国大会
就美国阻挠恢复中国合法席位的提案时，乍得代表弃权。在第
18 届联合国大会就恢复中国合法权利的提案表决时，乍得代表
投反对票。1962 年乍得同台湾当局建立"外交关系"。1965 年 2
月 14 日，乍得总统托姆巴巴耶发表讲话说："中国的意识形态
对非洲发展是没有任何用处的。"1968 年 10 月，他还就刚果
（金）缪勒尔事件恶毒攻击中国。1969 年和 1970 年，乍得在联
合国大会上都投票反对恢复中国在联合国的合法权利。1970 年
10 月，托姆巴巴耶在第 25 届联合国大会上鼓吹"两个中国"。

1971 年，第 26 届联合国大会召开时，乍得对阿尔巴利亚和
阿尔及利亚等国关于恢复中国在联合国一切合法权利和驱逐台湾
当局的提案投反对票。同年 5 月，乍得发生霍乱，中国红十字会
向乍得捐赠人民币 100 万元，并赠送疫苗。

1972 年 11 月 28 日，乍得与中国建立外交关系，乍得与台
湾当局"断交"。此后，中、乍两国关系发展一直比较顺利。
1973 年 4 月，前总统托姆巴巴耶的私人顾问阿齐兹访华。

1973 年 9 月，中国与乍得两国政府签订了经济技术合作协
定。

1975 年 1 月，中国农林部副部长郝中士访问乍得。同年，乍得工商局局长德林率代表团访华。

1976 年底，乍得外交和合作部部长卡穆格应邀率代表团访问中国。

1978 年 9 月 20 日，乍得总统马卢姆访华。

1980 年 8 月，由于乍得内战加剧，中国撤回驻乍得大使馆的人员。

1985 年 6 月，中国驻乍得使馆复馆。同年 11 月，中国驻刚果（布）大使杜易代表中国政府参加乍得国庆活动。

1989 年，乍得"全国独立和革命联盟"中央执行局第一执行书记苏古米率领该盟代表团访华。10 月，乍得青年文化和体育部部长格林基率领文化代表团访华，同时签订了中、乍文化协定。11 月，乍得"全国工人联合会"副书记率领其代表团访华。同年 11 月，中国的国务委员兼国家教委主任李铁映、团中央国际联络部副部长、"全国青联"副秘书长王胜洪分别率领代表团访问乍得。

1990 年 6 月，哈布雷总统正式访华。同年 8 月，中国文化部副部长陈昌本率中国政府文化代表团访问乍得，签订了中、乍 1991～1992 年文化交流执行计划。

1990 年 12 月，乍得的伊德里斯·代比执政。

1991 年 4 月，乍得"爱国拯救运动"执行委员、新闻和宣传第一书记阿德里安·贝约·马洛访华。同年 10 月，乍得"爱国拯救运动"副执行书记穆喀塔尔·巴萨尔访华。12 月，中国人民对外友好协会副会长刘庚寅率中国友好代表团访问乍得。

1992 年 10 月，中国外交部部长助理李肇星率团访问乍得，参加中国援建乍得的人民宫竣工典礼和中、乍建交 20 周年的庆祝活动。

1993 年 6 月，柳州市政府代表团访问乍得，与恩贾梅纳市签订两市缔结友好城市意向书。不久，中国文化部部长助理高运甲率领中国政府文化代表团访问乍得，并与乍得文化部部长恩戈泰分别代表两国政府签署了中、乍文化协定和 1993～1994 年执行计划。10 月，乍得总统军事办公室主任姜贝访华。

1994 年 1 月，中国外交部部长助理王昌义访问乍得。

1995 年 8 月 23 日，以社会事务和妇女地位部部长阿什塔·塞尔盖为团长的乍得妇女代表团，参加了在北京举行的联合国第四次世界妇女大会。

1996 年 12 月 29 日，由中国人民解放军总政治部副主任唐天标率领的中国军事友好代表团对乍得进行友好访问。

1997 年 7 月，乍得议会第一副议长马尔东率领乍得"爱国拯救运动"代表团访华。

1997 年 8 月 12 日，乍得与台湾当局"复交"，中国政府宣布，自 8 月 15 日起中止同乍得的外交关系。两国政府间一切协议也随即停止执行。中国在乍得的权益由阿尔及利亚驻乍得使馆代为管理。

2006 年，是中华人民共和国与乍得共和国关系史上具有重要意义的一年。是年 8 月 6 日，中国外交部部长李肇星与乍得外交、非洲一体化和国际合作部部长艾哈迈德·阿拉米分别代表各自政府在北京签署《中华人民共和国和乍得共和国关于恢复外交关系的联合公报》，从此双方关系翻开新的一页。复交后，两国各领域友好交往与合作得到迅速恢复和发展。8 月 8 日，中国政府特使、外交部部长助理翟隽出席乍得总统伊德里斯·代比就职典礼仪式，并转交国家主席胡锦涛致代比总统的亲笔信。9 月 2 日，中国驻乍得使馆复馆小组抵达乍得首都恩贾梅纳。10 月 19～22 日，乍得基础设施国务部部长阿杜姆·

尤努西米率外交部部长、国防部部长、财政部部长等人访华。11月2~7日，乍得阿拉米外长率代表团出席中非合作论坛峰会暨第三届部长级会议。12月16日，中国驻乍得大使王英武到任。

2007年9月19~23日，应中国国家主席胡锦涛的邀请，乍得共和国总统伊德里斯·代比对中国进行国事访问。国家主席胡锦涛与乍得总统代比举行会谈。双方就发展长期稳定、真诚友好、全面合作的中、乍关系达成广泛共识。胡锦涛说：

> 自去年8月中、乍恢复外交关系以来，两国关系呈现良好的发展势头，双方各级别交往日趋活跃，各领域合作迅速恢复。乍得政府坚持一个中国政策，反对"台独"，在台湾问题上支持中方立场，我们对此表示赞赏。中、乍关系的发展符合两国和两国人民的根本利益，也有利于中、非新型战略伙伴关系的发展。

胡锦涛表示，中国愿同乍得一道，从以下四个方面进一步深化两国关系：

（一）密切高层交往，增进政治互信。两国领导人、政府部门、立法机构和政党可以通过多种方式保持经常联系。在涉及各自核心利益的重大问题上双方要相互理解，相互支持。

（二）扩大经贸合作，促进共同发展。中方愿本着平等互利、注重实效的原则，积极开展同乍方在贸易、农业、基础设施建设、能源资源开发等领域的合作，实施好双方已商定的合作项目。我们支持有实力、信誉好的中方企业赴乍得投资，参与乍得经济建设。

（三）重视人文交流，加深人民友谊。双方要共同搞好教育、文化、卫生等领域的交流合作，为两国关系的发展奠定牢固的民意基础。

（四）开展多边合作，维护共同利益。双方要加强在联合国、世界贸易组织、中非合作论坛等多边框架下的协调与配合，共同致力于推动地区及世界的和平、稳定与发展。[①]

代比总统积极评价双边关系的发展，并表示两国复交后，双方在各领域的交流与合作不断增加，相互了解与信任不断加深，这为两国建立健康、有成效的合作关系提供了坚实保障。乍得政府和人民一直关注中国的发展，赞赏中国在经济社会发展中取得的伟大成就。代比还表示，乍方高度评价中方在达尔富尔问题上发挥的积极、建设性作用。代比完全赞赏胡锦涛主席关于深化两国关系的有关建议，愿与中方共同努力，认真落实有关合作项目，积极推动双方企业加强合作，开创两国友好互利合作的新局面。

会谈后，两国元首共同出席了两国经济技术合作协定等合作文件的签字仪式。

国务院总理温家宝会见了乍得总统代比。温家宝总理说，去年中、乍恢复外交关系以来，两国在各领域的合作取得了显著进展。事实证明，中、乍关系的发展符合两国人民的根本利益。双方应以长远的眼光看待和处理中、乍关系，保持双边关系长期、稳定、健康发展。中国政府重视加强中、乍关系，鼓励中国企业参与乍方经济建设，并向乍方提供力所能及的帮助。希望双方充分利用经贸混委会机制，认真规划两国经贸合作，改善贸易结

---

① 2007 年 9 月 21 日《人民日报》。

构，提高合作效益。

代比总统表示，此次访问取得了积极成果，有力地推动了双方在各领域的务实合作。代比还表示，乍方希望与中方共同努力，不断加深相互了解与友谊，拓展双方合作领域，为两国重启的友好合作关系不断注入新的活力。代比重申乍方将继续恪守一个中国政策。

乍得与中国台湾当局关系：1962 年 1 月乍得与台湾当局建立"外交关系"。1964 年还同台湾签订农业技术合作协定。1971 年 7 月，乍得农业和农村发展部部长到台湾活动。1994 年初，台湾当局对乍得进行诱拉，双方就"复交"进行具有实质性内容的会谈。后经中方严正交涉，乍得与台湾当局会谈未有结果。此后，台湾当局多次派人赴乍活动，于 1997 年 8 月 12 日恢复所谓"外交关系"。2000 年初，台湾当局的负责人陈水扁到乍得活动。2004 年，乍得与台湾当局贸易额为 82.3 万美元，其中台湾向乍得出口额为 3.8 万美元。2006 年 8 月 6 日，台湾当局宣布，即日起中止与乍得的"外交关系"，"行政院长"苏贞昌原定晚间启程前往乍得，因此，出席代比总统就职典礼的计划停止。

二　中国与乍得的经贸关系

在 1973 年 9 月，中国与乍得两国政府签订了经济技术合作协定和贸易协定。根据协议中国在乍得承担了农业、体育场和沙里河公路桥三个援建项目。

1978 年 9 月，中、乍两国签订经济技术合作协定和贸易协定。后因乍得国内局势动乱，中国对乍得经济援助工作无法进行，中国专家于 1979 年不得不撤回国内。

1984～1985 年，中国政府先后分 4 批向乍得政府赠送救灾粮 1 万吨。1986 年经双方商定，拟由中国帮助乍得在恩贾梅纳建设人民宫和自由医院各一座，分别于 1992 年和 1997 年建成并移交乍得政府使用。

1987 年，中国与乍得开始互利合作。广西国际公司和甘肃省建设公司在乍得注册，开设经理部，承建了恩贾梅纳市协和体育场、排水渠、清真寺维修、海关仓库及阿贝师范学校工程，受到乍方好评。

1990 年，签订了关于《中华人民共和国政府向乍得共和国政府提供贷款的协定》。1992 年 11 月在中、乍建交 20 周年之际，两国政府签署了经济技术合作协定。

1994 年 12 月，乍得总统代比访华，中国对外贸易和经济合作部副部长孙振宇与乍得计划合作部部长努尔夫人代表各自政府签署了两国政治经济技术合作协议。

1995 年 3 月 20 日，乍得计划和合作部部长努尔夫人与中国驻乍得大使郭天民分别代表各自政府换文确认关于乍得人民宫第三期技术合作协议。

1996 年 1 月，钱其琛副总理兼外交部部长访问乍得，两国签署了经济技术合作协定。1996 年 10 月，中国援助乍得的邦戈尔 B 垦区关于稻田振兴项目也正式在邦戈尔市移交给乍方。

根据两国政府贸易协定，双方贸易以现汇支付。20 世纪 70 年代中、乍两国贸易逐年上升。中国主要从乍得进口棉花，向乍得出口绿茶等。1979 年以后由于乍得内战和其他原因，两国贸易额一直不大。

后来中、乍的外交关系虽已中止，但是乍得仍需要中国价廉物美的商品，中、乍贸易继续进行，但中国有出口几乎无进口。中、乍中止外交关系后，两国贸易基本态势是开始逐步下降，但到 2002 年，中、乍进出口贸易大幅增长，2004～2005 年超速增长，主要是中国从乍得进口大幅增加。2006 年 1～12 月进出口额同比增长 36%，主要是中国进口同比增长 33.2%，这年中、

乍进出口贸易额和中国从乍得进口额创历史纪录。近 10 年双边
贸易情况，如表 7-1 所示。

表 7-1 1997~2007 年中国和乍得两国进出口贸易额比较表

单位：万美元

年 份	进出口	出 口	进 口
1997	262.8	103	159.8
1998	153	153	—
1999	24	24	—
2000	53	52	1
2001	29	28	1
2002	324	171	153
2003	452	168	282
2004	22853	594	22259
2005	20601	1493	19108
2006	27432	1414	26018
2007(1~8 月)	2865	2381	484

资料来源：根据中华人民共和国海关统计资料整理。

三 其他往来

从 1976 年起，中国开始向乍得提供高校奖学金，包括
农学、医学、道路、桥梁、水电、石油化工、建筑等
专业，学成归国的乍得青年近 80 人。

从 1978 年 11 月起，中国开始向乍得派遣医疗队。后因乍得
内战加剧，中国医疗队被迫于 1979 年 7 月撤回。应乍得政府要
求，于 1989 年 5 月起，中国恢复向乍得派遣医疗队。至 1997 年
8 月，中国共派出援乍医疗队 6 批计 57 人次。

1997 年 4 月，乍得首都恩贾梅纳市与中国广西壮族自治区
柳州市结为友好城市。

第六节 同非洲各国和周边国家的关系

一 重视同非洲各国发展友好合作关系

乍得历届政府重视发展同邻国及其他非洲国家的友好合作关系，积极参加非洲地区各种合作活动。

乍得是非洲统一组织（后为非洲联盟）、法郎区、中非（中部非洲地区国家）关税和经济联盟、乍得湖盆地委员会等非洲区域性组织的成员国。

1963 年 5 月和 1964 年 7 月，乍得先后两次参加了非洲国家首脑会议。

1984～1985 年，哈布雷先后访问尼日利亚、喀麦隆、埃及、加蓬、多哥、摩洛哥、扎伊尔和苏丹等国。1987～1988 年又访问了科特迪瓦、刚果等国。

代比执政后，先后出访加蓬、多哥、布基纳法索、尼日尔、苏丹、科特迪瓦、塞内加尔和扎伊尔等国。1993 年 5 月，代比出席了在加蓬首都利伯维尔举行的第二届非洲人和非裔美国众议员高级会议。

1994 年 3 月，乍得作为东道国主持了第 29 届中非（中部非洲地区国家）关税和经济联盟首脑会议。

1999 年 6 月 23 日，代比赴赤道几内亚出席中部非洲地区经济货币共同体和中部非洲国家经济共同体首脑会议。7 月 1 日，代比会见新任中部非洲经济与货币联盟执行秘书让·恩库特，就中部非洲实现人员和物资自由流动等事宜交换了看法。7 月 12 日，代比参加在阿尔及利亚召开的第 35 届非统首脑会议，期间会见了尼日利亚总统奥巴桑乔、埃及总统穆巴拉克、利比亚领导人卡扎菲、巴解组织领导人阿拉法特、加蓬总统邦戈等人。

2001 年 1 月 18 ~ 19 日，代比赴加蓬参加 "经济增长暨消除贫困首脑会议"。同年 2 月 24 日，赴赤道几内亚出席中部非洲国家经济共同体首脑会议。

2004 年 3 月，乍得外长亚马姆赴埃塞俄比亚参加非洲联盟执行委员会第四次例会和泛非议会首次会议。5 月，代比访问刚果（布）和加蓬。6 月，代比赴雅温得同喀麦隆总统比亚主持克里比输油管道竣工仪式。同年，总理法基访问尼日尔。7 月，代比赴埃塞俄比亚参加 "非盟" 第三次首脑会议。9 月 7 日，代比去布基纳法索出席非洲反贫首脑峰会。11 月 25 ~ 26 日，代比赴布基纳法索参加第十届法语国家首脑会议。12 月 15 日，乍得外长亚马苏姆作为总统特使访问摩洛哥。

2005 年 1 月，代比总统赴尼日利亚参加非洲联盟首脑会议。2 月，代比总统赴加蓬参加保护中部非洲森林生态系统第二届首脑会议和中部非洲经济与货币联盟首脑会议。6 月，代比总统赴瓦加杜古出席萨赫勒－撒哈拉国家共同体首脑会议。12 月，代比总统访问尼日利亚。

二　同利比亚的关系

在　1971 年 8 月 27 日，乍得政府宣布粉碎了一次反政府的未遂政变，事后乍得政府指责利比亚参与政变，并宣布与利比亚断交。

之后，利比亚占领乍得北方奥祖一带领土，支持乍得反政府武装。1977 年以来，乍得在非洲统一组织会议上对利比亚提出控告，非洲统一组织和中、西部非洲国家对乍得内战和外部势力插手十分关切，非洲统一组织外长会议和首脑会议曾多次讨论乍得问题，设立了专门委员会进行调解。乍得的邻国分别推动乍得各派和解，并都先后参加了在尼日利亚的卡诺和拉各斯召开的 4 次乍得全国和解会议。

1979 年 11 月，古库尼在乍得全国团结过渡政府中掌权后，于 1980 年 6 月同利比亚签订了"友好同盟条约"；应古库尼要求，利比亚出兵乍得，协助攻打哈布雷部队。

哈布雷执政后，利比亚不承认哈布雷政权，两国关系更加紧张。利比亚继续支持前"全国团结过渡政府"主席古库尼。哈布雷政府则一再指控利比亚侵略乍得领土，要求利比亚军队从乍得领土全部撤出。

1983 年 6 月，乍得内战再起，哈布雷政府谴责利比亚干涉乍得事务和破坏领土完整。

1985 年 1 月，乍得政府向联合国安理会控诉利比亚企图谋杀哈布雷总统，利比亚矢口否认。

1986 年 2 月 17 日，乍得外交合作部发表声明，强烈谴责利比亚轰炸恩贾梅纳机场，乍得外交合作部秘书科罗姆致函联合国安理会主席，指责利比亚新的侵略行动威胁中部非洲国家地区的安全与和平。同年 7 月，非洲各方共同努力，乍得和利比亚化敌为友。非洲统一组织第 22 届首脑会议强调要解决乍、利冲突，并据此恢复了成立于 1977 年的乍、利边界争端调解特别委员会的活动。

1987 年 1 月底，古库尼部队和哈布雷政府军联合抗击利比亚入侵后，乍、利两国军事冲突不断。同年 8 月 8 日，乍得军队攻克奥祖镇。不久，利比亚军队又夺走了奥祖镇。乍得军队袭击利比亚境内的"迈阿坦－萨拉陆空"基地。

乍、利边界争端调解特别委员会于 1987 年 4 月，在加蓬首都召开会议，决定分别向乍得和利比亚派出部长级代表团，以寻求和平解决乍、利边界争端。9 月，经非洲统一组织执行主席、赞比亚总统卡翁达斡旋，乍、利实现停火。

1988 年 5 月，非洲统一组织第 24 届首脑会议前夕，卡扎菲宣布承认哈布雷政府，表示愿以友好方式解决两国之间的所有问题。哈布雷发表广播讲话，宣称卡扎菲的建议是积极的，并表示准备立即同利比亚复交。在非洲统一组织特别委员会安排下，乍、利两国外长在加蓬首都会晤。由于利比亚只愿谈战俘问题，而乍得提出"奥祖地带"归属问题，会谈未取任何结果，但双方均表示要为实现两国关系正常化作出努力。

此后，在多哥总统埃亚德马斡旋下，乍、利双方于1988年10月3日宣布恢复邦交，并在11月初互派了大使。

1989年8月31日，乍、利外长就和平解决两国领土争端签署了原则协议。1990年8月，哈布雷和卡扎菲在摩洛哥会晤，双方一致同意把乍、利领土争端交由海牙国际法院仲裁。8月31日和9月1日，乍、利双方分别把两国领土争端诉讼提交海牙国际法院。

1990年12月，代比上台后，释放了利比亚战俘，卡扎菲则向乍得新政府运去70吨食品和各种药物。

1991年利比亚宣布免除乍得所欠全部债务（2000万美元），并向乍得提供了300万美元现汇援助和一批救灾物资。同年2月、8月和1992年10月，代比总统先后3次访问利比亚。1992年12月利比亚派代表团参加代比执政两周年庆典。

1993年6月14日，海牙国际法院开庭审理乍、利奥祖领土争端案，代比总统亲赴海牙参加开庭式，并表示将服从海牙国际法院的判决。

1994年2月3日，海牙国际法院将乍、利争议的领土"奥祖地带"裁决归乍得，乍、利两国就执行国际法院裁决的具体方式在利比亚的锡尔特市达成协议。两国发表联合声明，宣布利比亚军队和政府工作人员撤出奥祖地区，双方举行了该地带的领土交接仪式。

此后，乍得同利比亚关系不断发展。1994年6月3日，代比总统访问利比亚，双方签署了《乍利睦邻、友好与合作条约》，以及关于商业、文化、科技等领域合作的多项协定。8 月 31 日，代比总统赴利比亚，参加利比亚举行的"革命 25 周年"庆祝活动。1995 年 8 月，乍得总理科伊布拉访问利比亚。

1996 年 8 月，代比总统访问利比亚，并同利比亚商谈乍得在利比亚的侨民问题。11 月，利比亚全国人民委员会秘书（总理）到乍得参加第三次"乍利混委会"专家会议，双方批准或新签了 20 几项合作协议，内容涉及政治、安全、经济、技术、文化等各个领域。

1997 年 1 月，利比亚新出版的日历，在其一张世界穆斯林分布图中，将乍得的奥祖地区划入利比亚版图。乍得即与其交涉，利比亚重申：遵守 1994 年国际法院关于"奥祖地带"归属问题的裁决。

1998 年 4 月 29 日~5 月 5 日，利比亚总统卡扎菲访问乍得，并在乍得主持了回历新年首次聚礼仪式。同年 9 月 5 日，代比总统访问利比亚，参加"九一"革命日庆祝活动，并会见了卡扎菲总统。11 月 20 日，利比亚负责安全事务的秘书长马哈马特·穆罕麦德率团访问乍得，双方交流了对双边合作和"乍利混委会"工作等问题的看法，并就开放乍得边界以促进人员物资交流签署了协议。

1999 年 4 月 13 日，代比总统赴利比亚参加萨勒赫和撒哈拉地区国家共同体首脑会议，会议期间会见了利比亚领导人卡扎菲总统。5 月 11 日，代比总统访问利比亚，参加由卡扎菲总统主持的刚果（金）问题首脑会议。8 月 14 日，代比对利比亚进行工作访问，与卡扎菲总统和马里总统科纳雷讨论了"非统组织"特别首脑会议准备工作，并就地区团结达成共识。9 月 10 日，代比出席了在利比亚举行的"非统组织"小型首脑会议。11 月 16 日，代比总统访问利比亚，就乍、利双边合作的有关问题与卡扎菲总统进行了会谈。11 月 30 日，代比总统率团访问利比亚。

2000 年 1 月 25 ~ 26 日，卡扎菲总统的儿子塞伊夫访问乍得，为卡扎菲基金奠基。2 月，卡扎菲总统到恩贾梅纳出席萨赫勒和撒哈拉共同体国家首脑会议，并访问乍得南方城市邦戈尔，向当地人民赠送了一批农业机械。5 月 29 ~ 31 日，代比出席在利比亚首都的黎波里召开的萨赫勒和撒哈拉共同体特别首脑会议。8 月 6 ~ 9 日，代比率领代表团访问利比亚，与卡扎菲会谈，利比亚允诺每年向乍得提供 500 名留学生名额和培训 70 名军官，利比亚还积极促成代比总统与前总统古库尼以及叛军领导人多戈伊米的谈判。

2001 年，乍得空军轰炸乍得叛军设在利比亚边境的基地，两国关系又一度紧张。7 月，卡扎菲总统对乍得进行友好工作访问，代比总统在 1 年内 7 次访问利比亚，双边关系恢复正常。

2002 年 1 月，利比亚促成乍得北方反政府军与政府签署和解协议。5 月，乍得总理法基访问利比亚，向卡扎菲总统递交代比总统信件。10 月 17 ~ 19 日，代比总统出访利比亚，并出席苏丹达尔富尔小型首脑会议。

2005 年，乍得外长阿拉米、总理约阿迪姆吉纳、总统代比先后访问利比亚。利比亚积极调解乍得与苏丹争端，并于 2006 年 2 月，主持召开非洲联盟小型首脑会议，促成乍得与苏丹签署和平协议。

三 与中非共和国的关系

在 1997 年 1 月，乍得共和国派兵参与了在中非共和国的维和行动。

在过去 20 多年中，中非共和国政局一直动荡不安，经历了多次兵变和政权更迭，在全国范围内造成了大批持枪的“散兵游勇”，成为社会安全的隐患。

2001 年 11 月，中非共和国前武装部队参谋长博齐泽叛乱图谋失败后逃至乍得。因乍得政府拒绝向中非引渡博齐泽，中非与乍得两国关系从此开始紧张。

2002 年 8 月，两国边境地区发生严重武装冲突，双方在冲突中均有不少人员伤亡和财产损失。同年 10 月 25 日，博齐泽在班吉策划第二次武装叛乱，从而使中非和乍得两国紧张关系加剧。同年 11 月，非洲联盟（简称非盟）调解代表团团长、非盟委员会主席埃西的特使萨利夫，在班吉和中非总统帕塔塞举行了"开诚布公的会谈"。调解代表团结束对中非共和国为期三天的访问，20 日离开班吉前往乍得首都恩贾梅纳，萨利夫和乍得总统代比就中非和乍得和解问题深入交换意见，继续为中非和乍得两国紧张关系进行调解。萨利夫表示对中非和乍得两国关系恢复友好充满信心。

近年来，中非共和国境内屡屡发生持枪抢劫，已有约 3 万中非难民生活在乍得南部的昂博科等几个难民营中。这批难民大部分是 2002～2003 年逃到那里避难的。新到达的中非难民也将被陆续安置在这些难民营中。逃往乍得避难的中非共和国难民人数不断增加，至 2005 年 8 月 19 日，已增至近 4 万人。这种局势令人深表担忧。

2003 年 3 月 15 日，博齐泽武力推翻帕塔塞政权后，乍得与中非关系迅速改善。

2004 年，中非共和国总统夫人访问乍得。6 月，乍得和中非签订建立边防混合部队的协议。8 月 26 日，中非总统博齐泽对乍得进行边境访问。博齐泽执政后，与乍得关系一直较好。

2006 年 6 月 26 日，中非共和国政府军及中部非洲经济与货币共同体多国部队，位于中非共和国首都班吉东北部 800 公里处的戈尔迪勒（这里靠近乍得边境），同乍得共和国叛军发生激烈交火，共造成 76 人死亡，其中乍得叛军死亡 71 人，中非共和国政府军和中部非洲经济与货币共同体多国部队共死亡 5 人。

四　与苏丹关系

从1966 年起，乍得与苏丹关系紧张，8 月，乍得政府发表声明，指责苏丹支持反对乍得政府的游击队，并声称要对苏丹采取行动。同年 8 月 24 日，两国封锁边界。9 月苏丹抗议乍得军队入侵苏丹领土，由于尼日尔总统出面调解，两国关系才开始缓解。

20 世纪 90 年代，乍得与苏丹政治关系密切，两国高层人士往来较频繁。1999 年 1 月，乍得与苏丹签署了海、陆、空运输合作协议，苏丹向乍得敞开了通向红海的大道，乍得又赢得了一个出海口。8 月 29 日，代比总统出席苏丹石油管道开通仪式。

2005 年 12 月 18 日，乍得政府称，由乍得反叛军人组成的一支反政府武装在乍得东部的阿德雷地区向乍得政府军发动进攻。乍得军方表示，乍得已成功击退了反政府武装的进攻，并打死了约 300 名反政府武装人员。乍得政府同时指责苏丹政府支持乍得反政府武装。23 日，乍得政府发表声明：

> 由苏丹政府支持的乍得反政府武装，于本月 18 日在乍得东部与苏丹接壤的阿德雷地区，向乍得政府军发动了进攻，致使乍得和苏丹两国处于"交战"状态。

声明同时呼吁乍得民众行动起来，以抵抗苏丹的"入侵"。乍得外交部当天还召见苏丹驻乍得大使，并向他递交了一份有关"苏丹入侵乍得"的备忘录。但苏丹政府对此表示否认，苏丹内阁当天在总统巴希尔主持下举行会议，听取了外交部国务部长卡尔提有关苏丹与乍得关系最新情况的汇报。内阁在会议结束后发表声明强调：

　　乍得境内正在发生的事件是乍得内部事务，苏丹与这些事件没有任何关联，乍得对苏丹的指责是绝对不正确的。

声明表示：

　　苏丹真诚希望邻国乍得以及兄弟的乍得人民实现安全与稳定。

　　2006年2月8日，非洲国家小型首脑会议在利比亚首都的黎波里闭幕。会议通过了关于解决苏丹和乍得冲突的《的黎波里宣言》。该宣言呼吁冲突双方不干涉对方内政，不向对方叛乱组织提供支持，并立即停止一切有损对方的宣传攻势，努力建立相互信任。会议决定成立以利比亚为首的后续行动部长委员会，帮助双方寻求和平解决彼此分歧的途径。苏丹和乍得在会上一致同意在对方边界城市开设领事馆，禁止对方叛乱分子在己方领土上从事武装活动。

　　2006年4月10日，乍得反政府武装发动新一轮攻势，11日攻占了距首都恩贾梅纳不足400公里的城市蒙戈。12日晚，乍得反政府武装代表在巴黎宣布，他们已经控制了乍得全国80%的领土，正向首都恩贾梅纳进军。据报道，叛军12日离首都仅100公里之遥。大量乍得政府军士兵12日晚些时候开始在恩贾梅纳周边及出入通道修建防御工事。经过3小时的战斗获胜后，乍得总统代比通过国家电台宣布，政府军在13日拂晓前，粉碎了一伙试图潜入恩贾梅纳的叛军，并在守卫首都的战斗中取得胜利。政府仍控制着国家。4月14日，乍得总统伊德里斯·代比在首都恩贾梅纳举行的集会上宣布，乍得决定断绝同苏丹的外交关系，要求苏丹驻乍得外交人员立即离境。

　　2006年7月10日，乍得外长阿拉米率领的乍得政府代表团抵达喀土穆开始对苏丹进行访问，这是两国是年断交后访问苏丹级别最高的乍得政府代表团。苏丹总统巴希尔当天会见到访的乍得外长阿拉米。阿拉米在会见时向巴希尔总统转交了乍得总统代比有关实现两国关系正常化、恢复两国外交关系等内容的信件。阿拉米此次访问，为苏丹与乍得恢复外交关系、实现关系正常化迈出了第一步。这次访问使两国结束过去的敌对关系、掀开两国关系的新篇章。两国政府目前正在着手准备恢复苏丹与乍得外交关系，以实现两国关系正常化。

2007 年 5 月 3 日，乍得总统代比和苏丹总统巴希尔在沙特阿拉伯首都利雅得签署协议，表示将结束两国在边境地区的紧张局势和敌对状态，实现双边关系正常化。

2007 年 5 月 8 日，埃及总统穆巴拉克、利比亚领导人卡扎菲和乍得总统代比在利比亚首都的黎波里举行三国首脑会晤，就苏丹达尔富尔地区形势的最新发展、苏丹与乍得新近签署的和解协议，以及非洲其他问题交换了看法。

埃及总统发言人阿瓦德在三方会晤后对新闻界透露，穆巴拉克向利比亚和乍得两国首脑通报了他此前在开罗与苏丹总统巴希尔会晤的有关情况，介绍了埃及在达尔富尔问题上反对外来干涉，以及认为只能通过和平手段加以解决的原则立场。

2007 年 5 月下旬，苏丹外交部国务部部长阿尔瓦希拉结束对乍得的访问，这次访问是为了执行两国前不久达成的和解协议。访问期间，阿尔瓦希拉和乍得官员讨论了建立联合军事委员会、控制边界冲突的计划。

五　同其他非洲国家的关系

乍得重视发展与邻国的关系以及其他非洲国家的友好合作关系，积极参加非洲地区开展的合作活动，注意维护地区和平与稳定。

1964 年 5 月，乍得、喀麦隆、尼日尔、尼日利亚四国签署了开发乍得湖的协定。

1982 年，哈布雷当权后，十分重视同邻国建立友好合作关系，重申尊重非洲统一组织宪章的原则，并宣布乍得政府在非洲统一组织和其他地区性组织范围内，为加强非洲团结而努力。哈布雷先后访问了加蓬、多哥、喀麦隆、扎伊尔、尼日利亚和苏丹等国。

1983 年 6 月，哈布雷政权在非洲统一组织的合法地位得到承认。外长米斯金代表乍得出席了第 19 届非洲统一组织首脑会议。

1991 年 3 月，乍得总统代比执政以来，先后访问了加蓬、多哥、布基纳法索、尼日利亚、科特迪瓦、尼日尔、苏丹、塞内加尔、扎伊尔、利比亚、喀麦隆和刚果等非洲国家。

1993 年 1 月 25～26 日，尼日利亚领导人阿布巴卡尔对乍得进行正式访问。3 月 15 日，代比总统率团访问尼日利亚。9 月 3 日，代比赴加拿大参加法语国家组织首脑会议。14 日，中非总统帕塔塞对乍得进行了工作访问，双方就双边关系和中非竞选等问题举行了会谈。10 月 22 日，代比总统赴中非参加帕塔塞总统就职典礼。

1995 年 1 月，乍得、喀麦隆双方政府与美、法石油公司就石油管道事签署协议。

共同的利益将乍得与喀麦隆紧密联结在一起。乍得是一个内陆国家，发现石油后，开发石油需要资金，石油出口创汇需要通道，只有通过喀麦隆铺设一条石油管道才是比较花钱少又便于出口石油的捷径，这对喀麦隆也将获得一定的收益。

1996 年 2 月，乍得与喀麦隆两国签署了铺设和经营图布洛（乍）至克里比（喀）输油管道框架协议。

1996 年 12 月，代比总统赴布基纳法索出席第 19 届法非首脑会议,并于会后与加蓬、布基纳法索和马里总统一起前往班吉调停中非兵变。

1997年1月,中非第三次兵变平息后,乍得派兵参与了在中非的维和行动。

1997年5月,乍得科伊布拉访问摩洛哥,两国签署成立合作混合委员会的协议。

1997年6月6日,代比总统主持了在恩贾梅纳举行的尼日尔政府与武装反对派签署《和平协议》。

同年,乍得、尼日尔和联合国难民署共同签署协议,遣返滞留在尼日尔的1500名乍得难民。

1998年8月,刚果(金)冲突爆发后,乍出兵支持刚(金)卡比拉政权,1999年4月乍得宣布从刚果(金)撤军。

1998年1月,中非总统帕塔塞访乍。3月4~10日,代比总统赴中非参加中非全国和解大会。6月8~10日,代比总统赴瓦加杜古参加"非统"首脑会议。8月14日,代比总统赴尼日利亚参加乍得、尼日利亚、尼日尔三国首脑会谈。9月23日代比总统赴加蓬出席刚果(金)问题中部非洲首脑会议。9月30日~10月1日,代比总统参加在利比亚西尔忒举行的刚果(金)问题首脑会议。

乍得为维护非洲地区的和平作了不懈努力。

附　　录

一　中华人民共和国和乍得共和国
关于建立外交关系的联合公报

中华人民共和国政府和乍得共和国政府，根据两国的利益和愿望，通过友好协商，一致决定建立大使级的外交关系并互派大使。

中华人民共和国政府支持乍得共和国政府维护民族独立、国家主权、发展民族经济的斗争。

乍得共和国政府承认中华人民共和国政府是代表全中国人民的唯一合法政府。两国政府同意在互相尊重主权和领土完整、互不侵犯、互不干涉内政、平等互利、和平共处的原则基础上，发展两国之间的友好合作关系。

一九七二年十一月二十八日

二　王光亚致函联合国秘书长批驳
乍得等国干涉中国内政提案

中国常驻联合国代表王光亚 2005 年 8 月 15 日向联合国常务副秘书长弗雷谢特递交了致联合国秘书长安

南的一封信，就乍得等极少数国家 12 日要求将台湾"参与"联合国问题及"联合国维护台海和平方面的积极作用"两项提案列入第 60 届联合国大会议程一事，严正阐明了中国政府的立场。

王光亚在信中说，乍得等国公然违背《联合国宪章》宗旨和原则，无视联大第 2758 号决议，今年再次提出所谓台湾"参与"联合国问题，并要求讨论"联合国维护台海和平方面的积极作用"。中国政府和人民对这一粗暴干涉中国内政的行径表示强烈谴责和坚决反对。王光亚说，1971 年，联大第 26 届会议以压倒多数通过的具有历史意义的第 2758 号决议，明确规定中华人民共和国政府的代表是中国在联合国的唯一合法代表。因此，中国在联合国的代表权问题早已得到彻底解决。台湾是中国的一个地区，中国在联合国的代表权自然包括台湾在内。所谓台湾"在联合国的代表权问题"是根本不存在的。

三　中华人民共和国和乍得共和国关于恢复外交关系的联合公报

中华人民共和国和乍得共和国，根据两国人民的利益和愿望，决定自 2006 年 8 月 6 日起恢复大使级外交关系。

中华人民共和国和乍得共和国同意恢复互派大使，并在对等的基础上为对方大使馆的建立和履行职务提供方便。

中华人民共和国政府支持乍得共和国政府为维护国家主权和发展经济所作的努力。乍得共和国政府承认世界上只有一个中国，中华人民共和国政府是代表全中国的唯一合法政府，台湾是中国领土不可分割的一部分。中华人民共和国政府对乍得共和国政府的这一立场表示赞赏。

四　中国驻乍得历任大使

中国驻乍得历任大使及任职时间如下：

王人三，任期：1973 年 5 月 ~ 1977 年 5 月；
苗九锐，任期：1977 年 9 月 ~ 1981 年 2 月；
杨永瑞，任期：1985 年 12 月 ~ 1988 年 8 月；
周振东，任期：1988 年 9 月 ~ 1992 年 8 月；
郭天民，任期：1992 年 8 月 ~ 1995 年 11 月；
高如铭，任期：1995 年 11 月 ~ 1997 年 8 月；
王英武，任期：2006 年 12 月 ~ 迄今。

五　奥祖的归属问题

乍得的北方邻国是利比亚，乍、利两国有 90 公里的共同边界，奥祖地区在共同边界接壤处，是一块人烟稀少的沙漠高原。面积约 11.4 万平方公里。由于地下蕴藏着十分丰富的石油等资源，自 1973 年以来，乍、利两国为此曾多次发生武装冲突。

（一）祸根

奥祖争端最早是英国和法国殖民主义者留下的祸根。1899 年 3 月 21 日，这两个老牌帝国就中部非洲地区的殖民势力范围划分达成协议，双方确认：包括乍得在内的赤道非洲为法国所有，然而未标明当时被奥斯曼帝国占领下的乍得和利比亚的边界线。土耳其不承认该协议，认为他们的历史权力一直延伸到乍得湖，不同意法国占领乍得北方。而实际上当时英、法、土 3 国均未占领祖奥地区。之后直到乍得独立前,法国已经设法控制了该地区,为瓜分和争夺殖民地,英、法、意 3 国多次在乍、利边界划分问题上进行秘密交易,包括奥祖在内的乍得北方的提贝斯提地区归属多次改变,为乍、利独立后两国发生边界争端种下了祸根。

部族问题是奥祖争端中另一个复杂的因素:乍得北方提贝斯提(包括奥祖)地区的居民为图布人,主要集中居住在兹瓦尔、古曼、奥祖、巴尔代等山区,与利比亚南部居民铁达人语言相通,属同一种族,均信奉伊斯兰教。乍得前总统古库尼·韦代是图布族世袭首领的后裔。长期以来,图布族人同铁达人交往频繁,乍得北部的提贝斯提地区同利比亚南部库夫拉等地区有着密切关系,历史上,该地区和利比亚都曾被奥斯曼帝国占领。

还有一支居住在乍得乌尼昂加以南的博尔库、法亚等地的达扎人的图布族,乍得另一位前总统哈布雷即属该族。达扎人随着历史的变迁,文化和人员的交流与发展,达扎人逐渐与埃及和苏丹接近,这两支图布族人渐渐在语音、语调和语言等各方面出现了差异,对现代的乍得历史和现实产生深远的影响。

(二) 图谋已久

利比亚对乍得奥祖地区图谋已久。1951 年利比亚独立后不久,就要与法国谈判乍、利边界问题,但未获结果。1955 年利比亚以人口普查和巡回医疗的名义派人进入奥祖地区,被法国哨兵拦截解送出境,法国向利比亚提出抗议。

1955 年 8 月 10 日,法国与利比亚签订了睦邻友好条约,确定了利比亚与当时法属赤道非洲北端的边界,即今乍得与利比亚边界。1960 年乍得宣布独立,宣布承认殖民帝国留下的国际边界;1966 年 3 月,乍得与利比亚签订《睦邻友好条约》,双方都未对两国边界的划法提出异议。

1970 年，卡扎菲出任利比亚革命指挥委员会主席兼政府总理，同年，利比亚利用出版官方地图把奥祖划入利比亚版图。

（三）出兵占领

19 73 年 6 月，利比亚出兵占领奥祖 7.2 万平方公里土地后又逐步占领了北方的提贝斯提地区，共计 11.4 万平方公里。当时乍得托姆巴巴耶政权，因从利比亚获得 1 亿美元援助款，对利比亚占领奥祖未提出异议。

1975 年，乍得托姆巴巴耶执政，表示以和平方式谈判解决领土争端，要求利比亚归还奥祖，利比亚未予答理。次年，北方反政府的乍得民族解放阵线武装力量在提贝斯提地区与利比亚军队发生武装冲突，利比亚称奥祖是利比亚的"自然延伸"，"是利比亚南方领土"。而且 1977 年利比亚军队进一步入侵到博尔库－恩内提高原地区。

乍得政府向非洲统一组织和联合国安理会控告利比亚侵占乍得领土。1981 年底，在国际社会的压力下，利比亚被迫从乍得部分撤军，但仍占领乍得北方提贝斯提 15 万平方公里土地。

（四）撤军归乍

经 过复杂艰难的斗争，在国际社会的推动下，经海牙国际法院裁决，明确奥祖为乍得所有，利比亚正式全部从乍得撤军，奥祖的归属最终得到和平解决（详见上文第七章第六节二"同利比亚的关系"部分）。

六　王英武大使出席中兴通讯
CDMA 放号仪式

5 月 30 日，中国中兴通讯公司和乍得通讯部下属的乍得电信公司，在首都恩贾梅纳的凯宾斯基酒店联合举行了首期 CDMA 通讯网络商用放号仪式。中国驻乍得大使王英武、乍得通讯部长、基础设施部长等多名部长和政府要员，以及我驻乍得经济商务参赞黄明元等出席了该仪式。经现场实际通话测试，通话质量良好。

自 2006 年 8 月以来，中兴通讯公司和乍得电信公司进行 CDMA 网络项目的合作。此网络系统同时提供移动电话、固定电话和高速上网三项业务。现已经完成第一期恩贾梅纳 1 万线 CDMA 网络的建设，该系统被命名为 Tawali（阿拉伯语"快速"的意思），覆盖了整个首都恩贾梅纳市区，并可为市区及市郊的居民提供语音和高速上网服务。目前双方正积极准备第二期 19 万线 CDMA 全国网络项目。项目建成后，将可从根本上改善乍得通讯网络的落后状况。

中兴通讯公司已经在全世界建立了上百个代表处，其中非洲国家就有 45 个。在非洲，该公司已经将此技术成功应用在摩洛哥、利比亚、苏丹、阿尔及利亚、贝宁、尼日尔、马里和毛里塔尼亚等国家。

〔2007 – 06 – 1207：36
资料来源：中国驻乍得"经商参"处
资料类型：原创
内容分类：新闻〕

七　中国援助乍得道路整治项目开始启动

中国援助乍得恩贾梅纳市政道路整治项目先遣组一行 4 人，于 7 月 10 日抵达乍得首都恩贾梅纳，为该项目做准备工作，标志着该项目进入施工准备阶段。

此项目包括乍得首都恩贾梅纳市的 6 条市政道路的整治，全长 9.7 公里，是中、乍两国复交以来中国援乍首个基础设施项目。工程完成后将大大改善该市的道路状况。项目由富有施工经验的广东省建筑工程集团有限公司承建。

〔2007－07－1613：26
资料来源：中国驻乍得"经商参"处
资料类型：原创
内容分类：新闻〕

八　乍得经济数据

近年乍得共和国主要经济数据如下：

（一）GDP：65 亿美元。

（二）人均 GDP（2006 年）：644 美元，人均 GDP（石油产值不计人内）：350 美元。

（三）实际国内生产总值增长 1.3%（2005 年为 8.4%）。

各部门 GDP 贡献率：

第一产业：64.0%（农业 10.1%、畜牧业 10.0%、林业渔业采矿 2.3%、石油开采 41.6%）。

第二产业：7.0%（工业 1.8%、手工业 3.5%、水电供应 0.4%、建筑工程 1.3%）。

第三产业：28.9%（商业 12.9、运输 2.0%、行政 8.6%、其他 5.5%）。

（四）通货膨胀率为 8.1%，比去年上升 0.2%。

（五）外汇储备为 6.2 亿美元（不包括黄金）。

（六）外债：8479 亿非洲法郎（17 亿美元），其中多边债务为 7601 亿非洲法郎，占 89.6%，双边债务 878 亿非洲法郎。

（七）汇率：1 美元≈522 非洲法郎（2007 年〈500 非洲法郎〉）。

（八）进出口贸易额：出口：17601 亿中非法郎，进口：5890 亿非洲法郎（其中燃油进口 2640 亿非洲法郎），贸易顺差11711 亿非洲法郎。

进出口主要产品构成参见下表（2006 年主要出口产品表和2006 年主要进口产品表）

2006 年主要出口产品表

出口产品名称	出口数量	出口额	出口比重（％）	同比增长（％）
籽　棉	37830 吨	420 亿中非法郎	2.3	－15.3
阿拉伯胶	6715 吨			－13.5
原　油	7820 吨	13870 亿中非法郎	87.3	－11.6
卷　烟	116400 万盒			－59.1
非食品产品	1943 吨			－50.1
食品产品	412 吨			－76.9
工业装备和运输				
建　材				
食品工业	93669 吨			11.0
其　他	4304 吨			11.9

2006 年主要进口产品

产品名称	进口数量	同比增长（％）
燃　料	1412872 公升	－4.4
非食品产品	249 吨	－95.9
食品产品	109179 吨	12.0
工业装备和运输	41440 吨	10.9
建　材	55495 吨	－4.5
食品工业	…	…
石　油	174483 吨	－4.0
其　他		

（九）主要贸易伙伴：

主要出口产品对象国：美国、中国、葡萄牙、韩国、法国。

主要进口产品来源国：法国、喀麦隆、美国、比利时、葡萄牙。

（十）全国可耕地面积 5200 万公顷，已耕地 700 万公顷。主要粮食作物为高粱、玉米和小米［粟子］，主要经济作物为棉花，烟草、花生、芝麻、甘蔗等。

（十一）为中部非洲主要畜产国，2006 年产值占 GDP 的 10%。全国 40% 的就业人口从事畜牧生产，畜产品是主要的出口产品，占出口总值（除石油）的 54%。

（十二）外援在财政收入和预算中比重较大，2003 年接受外援 2.47 亿美元，其中，双边援助 0.96 亿美元，多边援助 1.51 亿美元。主要来自法国、德国、瑞士、美国以及联合国、欧盟和非洲开发银行等。2006 年投资占国民生产总值的 22.6%，约合 14.7 亿美元。

（十三）全国石油可开采储量 12 亿桶，2006 年原油日产量 22.5 万桶。

〔2007 - 08 - 1601：27

资料来源：中国驻乍得"经商参"处

资料类型：原创

内容分类：调研〕

九　乍得已给 5 家外国公司发放铀矿勘探开发许可证

乍得是个铀矿相对丰富的国家。70 年代初，在联合国开发计划署的资助下，国际原子能机构曾对乍得南部雷雷（LELE）和巴拉（PALA）地区的铀矿资源进行过地质调查，初步显示良好前景。截至目前，乍得政府已给5家外国公司发放了10张铀矿勘探开发许可证，这些外国公司均为欧美和南非公司。其中，Blue marine global limited 拿到4张许可证，Brinkley 公司3张，Uramin Tchad 公司、Lyndhurst 公司和 Zodiac holding 公司各1张，后两家公司尚未开展任何实质性开发活动，处于被催告阶段。

〔2007 - 09 - 2807：57
资料来源：中国驻乍得"经商参"处
资料类型：原创
内容分类：新闻〕

十　中地海外公司中标乍得乌玛
哈吉—阿贝歇公路项目

中地海外建设有限责任公司近日与乍得基础设施部签订合同，总包乍得乌玛哈吉至阿贝歇公路项目。该项目位于乍得东部，项目内容为修建乌玛哈吉至阿贝歇公路全长146公里沥青混凝土路面道路以及沿途6座桥梁，合同总金额约1.2亿美元，由乍得石油发展基金出资。

该项目是中、乍两国复交以来中国公司获得的最大承包项目，对促进中、乍工程承包领域合作具有重要意义。

〔2007 - 09 - 1508：47
资料来源：中国驻乍得"经商参"处
资料类型：原创
内容分类：新闻〕

十一　中国援乍道路整治项目
举行隆重开工仪式

10 月 16 日，我援乍得恩贾梅纳市道路整治项目在乍得首都恩贾梅纳博卡萨路举行隆重的开工仪式。乍得总理库马科耶、乍基础设施国务部长尤努西米、恩贾梅纳市长巴达和乍政府大部分内阁成员都出席了开工仪式。中方出席开工仪式的有我驻乍得王英武大使、政务参赞陈光国、经商参赞黄明元，以及道路整治项目组的全体成员、其他援乍专家组代表、在乍的中资公司代表以及华人华侨代表等，场面隆重热烈。乍得总理和王英武大使代表两国政府挥锹铲土为项目奠基。

恩贾梅纳市长、乍基础设施部长［巴达］和王［英武］大使在开工仪式上讲了话。恩贾梅纳市长感谢中国政府的无私援助，称此道路整治项目将使该市的道路得到很大改观，造福于所有恩贾梅纳市民乃至乍得人民。乍基础设施部长高度评价两国的友谊与合作，称此项目是乍得总统九月份成功访华后开工的第一个中国援建项目，意义重大。王大使在讲话中说，道路整治项目体现了中国政府和人民对乍得政府和人民的深厚情谊，是中乍富有成果的友好合作的见证。中方将在力所能及的范围内帮助乍方提高自主发展能力，实现可持续发展。

乍得基础设施落后，首都恩贾梅纳也只有有限的几条柏油路，其他路段都是土路，一到雨季，行车十分困难。此道路整治项目将为该市修建 6 条沥青混凝土道路，包括照明和排水，全长 9.7 公里，项目实施单位为广东省建筑工程集团

对外建设有限公司。项目完成后将极大改善该市的道路
状况。

〔2007 - 10 - 1706：04

资料来源：中国驻乍得"经商参"处

资料类型：原创

内容分类：新闻〕

主要参考资料

一　文献资料

世界知识编辑委员会编《世界知识手册》，世界知识出版社，1953、1954、1955、1957。

世界知识编辑委员会编《世界知识年鉴》，世界知识出版社，1958~2007（历年各册）。

中华人民共和国外交部外交史编辑室主编《中国外交概览》，世界知识出版社，1987、1988、1989、1990、1991、1992、1993、1994、1995。

人民出版社各国概况编辑组编《各国概况》，人民出版社，1970、1972。

世界知识编辑委员会编《各国概况》，世界知识出版社，1979。

中华人民共和国外交部政策研究室主编《中国外交》，世界知识出版社，1996、1997、1998、1999、2000、2001、2002、2003、2004、2005、2006、2007。

〔法〕波埃尔·卡尔克著，山东大学翻译组译《中非共和国》，山东人民出版社，1976（第一版）。

吴安其编《多种多样的语言》，中央民族大学出版社，1999。

赵匡为主编《世界宗教总览》，东方出版社，1993。

陈兆复、邢琏著《外国岩画发现史》，上海人民出版社，1993。

中国大百科全书总编辑委员会《民族》编辑委员会：《中国大百科全书·民族》，中国大百科全书出版社，1995。

沪声、竹桥编著《中非、乍得》（世界各国知识丛书），军事谊文出版社，1996。

〔美〕迈克尔·莱蒙尼克：《我们所有人的祖先?》，美国《时代》周刊，2002 年 7 月 22 日。

英国历年出版的《经济季评》。

法国历年出版的《热带与地中海市场》周刊。

中华人民共和国海关统计资料。

中华人民共和国商务部规划财务司统计资料。

中国政府派赴中非共和国中国医疗队网页各期《简报》资料。

2003~2007 年新华社网上资料。

2003~2007 年人民日报社网上资料。

2003~2007 年中华人民共和国外交部网上资料。

1960~2006 年联合国粮农组织网上数据库统计资料。

二　主要网站

中华人民共和国外交部网站

中华人民共和国商务部网站

联合国粮农组织网站

联合国教科文组织网站

世界银行网站

新华社网站

人民日报网站

《列国志》已出书书目

2003 年度

《法国》，吴国庆编著

《荷兰》，张健雄编著

《印度》，孙士海、葛维钧主编

《突尼斯》，杨鲁萍、林庆春编著

《英国》，王振华编著

《阿拉伯联合酋长国》，黄振编著

《澳大利亚》，沈永兴、张秋生、高国荣编著

《波罗的海三国》，李兴汉编著

《古巴》，徐世澄编著

《乌克兰》，马贵友主编

《国际刑警组织》，卢国学编著

2004 年度

《摩尔多瓦》，顾志红编著

《哈萨克斯坦》，赵常庆编著

《科特迪瓦》，张林初、于平安、王瑞华编著

《新加坡》，鲁虎编著

《尼泊尔》，王宏纬主编

《斯里兰卡》，王兰编著

《乌兹别克斯坦》，孙壮志、苏畅、吴宏伟编著

《哥伦比亚》，徐宝华编著

《肯尼亚》，高晋元编著

《智利》，王晓燕编著

《科威特》，王景祺编著

《巴西》，吕银春、周俊南编著

《贝宁》，张宏明编著

《美国》，杨会军编著

《国际货币基金组织》，王德迅、张金杰编著

《世界银行集团》，何曼青、马仁真编著

《阿尔巴尼亚》，马细谱、郑恩波编著

《马尔代夫》，朱在明主编

《老挝》，马树洪、方芸编著

《比利时》，马胜利编著

《不丹》，朱在明、唐明超、宋旭如编著

《刚果民主共和国》，李智彪编著

《巴基斯坦》，杨翠柏、刘成琼编著

《土库曼斯坦》，施玉宇编著

《捷克》，陈广嗣、姜琍编著

2005 年度

《泰国》，田禾、周方冶编著

《波兰》，高德平编著

《加拿大》，刘军编著

《刚果》，张象、车效梅编著

《越南》，徐绍丽、利国、张训常编著

《吉尔吉斯斯坦》，刘庚岑、徐小云编著

《文莱》，刘新生、潘正秀编著

《阿塞拜疆》，孙壮志、赵会荣、包毅、靳芳编著

《日本》，孙叔林、韩铁英主编

《几内亚》，吴清和编著

《白俄罗斯》，李允华、农雪梅编著

《俄罗斯》，潘德礼主编

《独联体 (1991～2002)》，郑羽主编

《加蓬》，安春英编著

《格鲁吉亚》，苏畅主编

《玻利维亚》，曾昭耀编著

《巴拉圭》，杨建民编著

《乌拉圭》，贺双荣编著

《柬埔寨》，李晨阳、瞿健文、卢光盛、韦德星编著

《委内瑞拉》，焦震衡编著

《卢森堡》，彭姝祎编著

《阿根廷》，宋晓平编著

《伊朗》，张铁伟编著

《缅甸》，贺圣达、李晨阳编著

《亚美尼亚》，施玉宇、高歌、王鸣野编著

《韩国》，董向荣编著

2006 年度

《联合国》，李东燕编著

《塞尔维亚和黑山》，章永勇编著

《埃及》，杨灏城、许林根编著

《利比里亚》，李文刚编著

《罗马尼亚》，李秀环编著

《瑞士》，任丁秋、杨解朴等编著

《印度尼西亚》，王受业、梁敏和、刘新生编著

《葡萄牙》，李靖堃编著

《埃塞俄比亚　厄立特里亚》，钟伟云编著

《阿尔及利亚》，赵慧杰编著

《新西兰》，王章辉编著

《保加利亚》，张颖编著

《塔吉克斯坦》，刘启芸编著

《莱索托　斯威士兰》，陈晓红编著

《斯洛文尼亚》，汪丽敏编著

《欧洲联盟》，张健雄编著

《丹麦》，王鹤编著

《索马里 吉布提》，顾章义、付吉军、周海泓编著

《尼日尔》，彭坤元编著

《马里》，张忠祥编著

《斯洛伐克》，姜琍编著

《马拉维》，夏新华、顾荣新编著

《约旦》，唐志超编著

《安哥拉》，刘海方编著

《匈牙利》，李丹琳编著

《秘鲁》，白凤森编著

2007 年度

《利比亚》，潘蓓英编著

《博茨瓦纳》，徐人龙编著

《塞内加尔 冈比亚》，张象、贾锡萍、邢富华编著

《瑞典》，梁光严编著

《冰岛》，刘立群编著

《德国》，顾俊礼编著

《阿富汗》，王凤编著

《菲律宾》，马燕冰、黄莺编著

《赤道几内亚 几内亚比绍 圣多美和普林西比 佛得
    角》，李广一主编

《黎巴嫩》，徐心辉编著

《爱尔兰》，王振华、陈志瑞、李靖堃编著

《伊拉克》，刘月琴编著

《克罗地亚》，左娅编著

《西班牙》，张敏编著

《圭亚那》，吴德明编著

《厄瓜多尔》，张颖、宋晓平编著

《挪威》，田德文编著

《蒙古》，郝时远、杜世伟编著

2008 年度

《希腊》，宋晓敏编著

《芬兰》，王平贞、赵俊杰编著

《摩洛哥》，肖克编著

《毛里塔尼亚　西撒哈拉》，李广一主编

《苏里南》，吴德明编著

《苏丹》，刘鸿武、姜恒昆编著

《马耳他》，蔡雅洁编著

《坦桑尼亚》，裴善勤编著

《奥地利》，孙莹炜编著

《叙利亚》，高光福、马学清编著

坦桑尼亚

裴善勤 编著
2008年9月出版 49.00元
ISBN 978-7-5097-0296-3/K·0029

　　本书全面、详细地介绍了坦桑尼亚的自然地理、历史、政治、经济、军事、科学、教育、文化、卫生、体育、外交等各方面的情况。作者长期在坦桑尼亚工作，精通斯瓦西里语和英语，在写作过程中查阅了大量第一手资料，所提供的情况翔实可靠。本书是了解坦桑尼亚情况的较好的参考书。

苏丹

刘鸿武 姜恒昆 编著
2008年6月出版 45.00元
ISBN 978-7-5097-0163-8/K·0013

　　苏丹位于非洲大陆东北部，尼罗河纵贯南北，长达3300公里，河道上瀑布成群，起伏跌宕，沿途有众多支流汇入，尼罗河赋予了苏丹多样性的民族精神，塑造了苏丹丰富而多彩的民族文化，古希腊诗人荷马曾这样赞美它："那是一个最遥远的国家，是人类最公正的地方，也是诸神最宠爱的地方。"本书对苏丹进行了全面、系统的介绍。

社会科学文献出版社网站

www.ssap.com.cn

1. 查询最新图书　　2. 分类查询各学科图书
3. 查询新闻发布会、学术研讨会的相关消息
4. 注册会员，网上购书

　　本社网站是一个交流的平台，"读者俱乐部"、"书评书摘"、"论坛"、"在线咨询"等为广大读者、媒体、经销商、作者提供了最充分的交流空间。

　　"读者俱乐部"实行会员制管理，不同级别会员享受不同的购书优惠（最低 7.5 折），会员购书同时还享受积分赠送、购书免邮费等待遇。"读者俱乐部"将不定期从注册的会员或者反馈信息的读者中抽出一部分幸运读者，免费赠送我社出版的新书或者光盘数据库等产品。

　　"在线商城"的商品覆盖图书、软件、数据库、点卡等多种形式，为读者提供最权威、最全面的产品出版资讯。商城将不定期推出部分特惠产品。

咨询/邮购电话：010-59367028　　邮箱：duzhe@ssap.cn
网站支持（销售）联系电话：010-59367070　　QQ：168316188　　邮箱：service@ssap.cn
邮购地址：北京市西城区北三环中路甲 29 号院 3 号楼华龙大厦　社科文献出版社市场部
邮编：100029
银行户名：社会科学文献出版社发行部　　开户银行：工商银行北京东四南支行　　账号：0200001009066109151

图书在版编目（CIP）数据

中非 乍得/汪勤梅编著. －北京：社会科学文献出版社，
2009.3
（列国志）
ISBN 978 - 7 - 5097 - 0660 - 2

Ⅰ. 中… Ⅱ. 汪… Ⅲ.①中非 - 概况 ②乍得 - 概况
Ⅳ. K946.2 K946.1

中国版本图书馆 CIP 数据核字（2009）第 015995 号

中非（Central Africa）
乍得（Chad）
·列国志·

编 著 者／汪勤梅
审 定 人／陈公元 崔永乾

出 版 人／谢寿光
总 编 辑／邹东涛
出 版 者／社会科学文献出版社
地　　址／北京市西城区北三环中路甲 29 号院 3 号楼华龙大厦
邮政编码／100029
网　　址／http：//www. ssap. com. cn
网站支持／（010）59367077
责任部门／《列国志》工作室　　（010）59367215
电子信箱／bianjibu@ ssap. cn
项目经理／宋月华
责任编辑／赵慧芝
责任校对／单蔚蔚
责任印制／岳 阳

总 经 销／社会科学文献出版社发行部
　　　　　（010）59367080　59367097
经　　销／各地书店
读者服务／市场部　　（010）59367028
排　　版／北京中文天地文化艺术有限公司
印　　刷／三河市尚艺印装有限公司

开　　本／880×1230 毫米　1/32
印　　张／12.75
字　　数／326 千字
版　　次／2009 年 3 月第 1 版　2009 年 3 月第 1 次印刷

书　　号／ISBN 978 - 7 - 5097 - 0660 - 2
定　　价／38.00 元

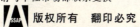

《列国志》主要编辑出版发行人

出 版 人　谢寿光

总 编 辑　邹东涛

项目负责人　杨　群

发 行 人　王　菲

编 辑 主 任　宋月华

编　　　辑　（按姓名笔画排序）

　　　　　　孙以年　朱希淦　宋月华

　　　　　　李正乐　周志宽　范　迎

　　　　　　范明礼　赵慧芝　袁卫华

　　　　　　黄　丹　魏小薇

封 面 设 计　孙元明

内 文 设 计　熠　菲

责 任 印 制　岳　阳

编　　　务　杨春花

责 任 部 门　人文科学图书事业部

电　　　话　59367215

网　　　址　ssdphzh_cn@sohu.com